形体礼仪规范

杨静 著

PHYSICAL ETIQUETTE STANDARD

中国戏剧出版社
CHINA THEATRE PRESS

图书在版编目（CIP）数据

形体礼仪规范 / 杨静著. -- 2版. -- 北京 :
中国戏剧出版社，2019.4（2021.1重印）
ISBN 978-7-104-04731-5

Ⅰ. ①形… Ⅱ. ①杨… Ⅲ. ①形体－礼仪－教材
Ⅳ. ①K891.26

中国版本图书馆CIP数据核字(2018)第235094号

形体礼仪规范

责任编辑：肖　楠
项目统筹：李　静
责任印制：冯志强

出版发行：中国戏剧出版社
出 版 人：樊国宾
社　　址：北京市西城区天宁寺前街2号国家音乐产业基地L座
邮　　编：100055
网　　址：www.theatrebook.cn
电　　话：010-63385980（总编室）
传　　真：010-63383910（发行部）

读者服务：010-63381560
邮购地址：北京市西城区天宁寺前街 2 号国家音乐产业基地 L 座

印　　刷：三河市兴国印务有限公司
开　　本：787mm×1092mm　1/16
印　　张：17.5
字　　数：250千字
版　　次：2021年1月　北京第2版第2次印刷
书　　号：ISBN 978-7-104-04731-5
定　　价：78.00元

前　言

礼仪是在人际交往活动中，以一定的、约定俗成的程序和方式来表现的律己敬人的行为，是一门行为科学。礼仪是人类文明延续的结果，是一个国家、民族、地区和个人道德文化水准发达程度的重要标志，也是一个团体、组织和个人修养与形象的具体反映。随着人类历史的发展和社会的进步，礼仪又在不断更新中注入了新的形式和内容，成为现代人际交往中必不可少的重要内容。无论是政府部门、学校、企业还是个人，规范的礼仪都将是顺应时代进步、树立自身形象、提高竞争力的前提。通过学礼仪、讲礼仪、用礼仪，人们能够自觉建立一种内心的道德信念、礼貌修养准则，获得一种内在的力量，在与他人交往时，自觉地按礼仪规范去做，使大家彼此间相处得和谐、愉快。

礼仪对人的要求包括“表”和“里”两个方面，“表”为优雅得体的言行举止；“里”为以人为善的道德观念。“里”的美由“表”的美所展现；形体美是“表”的一个具体表现方面，是个体在举手投足之间表现出的自然优雅的气质。形体美的建立必须依靠适宜的指导和不间断地练习，将形体语言的训练运用到十分纯熟的地步，以至于化为个人生活的一部分，这样的举止行为才能显现美的效果。正如弗朗西斯·培根所说“在美的方面，相貌的美高于色泽的美，而秀雅合适的动作美又高于相貌的美”。因此，塑造完美的形体、良好的气质修养与仪态礼仪，是一个渐进的“养成”过程。

本书共十章四十一节，图文并茂，不同于同类书籍“纸上谈兵”的模式，坚持以理论为主，结合实践指导，注重全面性、实操性和直观性，语言简洁明快，配以大量案例和示范图片。形体训练部分从“形”的塑造着手，系统介绍形体语言的基本理论，体会“提”“收”“挺”“控”的形体感觉及精神状态，强化形体梳理和气质养成，循序渐进地引导读者塑造“形”、学习“礼”、掌握“仪”、诠释“美”。

在本书写作过程中，参阅借鉴了一些相关的资料和文献，在此一并致谢！向承担本书图片演示的拍摄和示范人员表示衷心的感谢！

本书主要基于长期的教学研究、实践和体会，对于个人主观臆断之处，敬请广大读者不吝赐教。

作者

2018 年 8 月 10 日于郑州

目录

第一章　礼仪概述

章前启示

国尚礼则国昌，家尚礼则家大，身尚礼则身正，心尚礼则心泰。

——明代著名思想家颜元

不学礼，无以立。

——孔子

人无礼则不生，事无礼则不成，国无礼则不宁。

——荀子

不是因为这些事情难以做到，我们才失去信心，是因为我们缺乏自信心才使这些事情难以做到。

——塞涅卡（古希腊哲学家）

第一节　礼仪的概念

人类的活动在受自然规律的影响和制约的同时，还受社会规律以及由社会规律决定的各种社会规范的影响和制约。在这些社会规范中，除了道德规范和法律规范外，还有一个很重要的方面——礼仪规范。礼仪是人们在现代生活中处理人际关系时用来约束自己以示尊敬他人的行为准则。礼仪的本质是尊敬友善，相互谦让；礼仪的目的是为了让人们能轻松愉快地交往；礼仪的基本原则是“为他人着想”。礼仪，作为人类历史发展中逐渐形成并积淀下来的一种文化，始终以某种精神的约束力支配着每个人的行为。礼仪是人类文明的重要标志，是适应时代发展、促进个人进步和成功的重要标志。（图 1-1）

一、礼仪的含义

1. 什么是礼仪

礼仪是对礼节、仪式的统称。“礼仪”一词常被人们挂在嘴边，但对这个词进行科学、准确的定义却很不容易，因为礼仪是一个比较复杂的概念，有广义与侠义之分。

广义上讲，是指一个时代的典章制度。狭义上讲，是指人们在社会交往中由于受历史传统、风俗习惯、宗教信仰、时代潮流等因素的影响而形成，既为人们所认同，又为人们所遵守，以建立和谐关系为目的的各种符合礼的精神及要求的行为准则或规范的总和。

“礼”的含义主要有以下四个方面：

（1）表示敬意的通称。如礼貌、敬礼等；

（2）为表示尊敬或表示隆重而举行的仪式。如婚礼、典礼、丧礼等；

图 1-1　交谈礼仪

（3）泛指社会生活中的某种社会准则、道德规范。如《论语·为政》中所说的“齐之以礼”，朱熹注曰“礼，谓制度品节也”；

（4）指礼物。如送礼、礼品等；

“仪”的含义主要有以下五个方面：

（1）法度、准则。如《墨子·天志》所说的“置此以为法，历此以为仪……”；

（2）典范、表率。如仪仗、礼仪小姐，“上者，下之仪也”等；

（3）形式、程序。如司仪、仪式等；

（4）容貌、风度。如仪表、仪态等；

（5）礼物。如贺仪、谢仪等；

礼仪的表现形式有：礼节、礼貌、仪态、仪表、服饰、仪式、器物等。（图 1-2）

图 1-2　旗袍

礼与仪的关系

中国古代的“礼”和“仪”实际是两个不同的概念。“礼”是制度、规则和一种社会意识观念；“仪”则是“礼”的具体表现形式，它是依据“礼”的规律和内容，形成的一套系统而完整的程序。不同的“礼”有不同的形式。“礼”是“仪”的标准；“仪”则将“礼”具体化、形象化。

礼仪是“礼”和“仪”复合而成的一个词语。从词源上追溯，礼仪一词出自《诗经》“献酬交错，礼仪主度”。按古代“礼”和“仪”的含义解读“礼仪”，意思就是用一定的制度、规范和标准，按照一定的形式去“事神”“致福”。在现代社会，礼仪的含义没有古代那么宽泛，主要指人们在社会交往中，相互之间为了表示尊重、敬意、友好而约定俗成的、共同遵守的行为规范和交往程序，包括语言、仪表、风度、礼貌、礼节、礼典以及仪式等。

礼与仪即谓思想与形式。仪好比是礼的外壳，思想是礼的灵魂。只有思想而没有躯壳，那就成了无处寄寓的游魂，思想要借由某种形式才能显示出来。只有形式没有思想，那就成了没有灵魂的躯壳，形式是为内容服务的。因此，礼与仪互为依存，缺一不可，否则就不是真正意义上的礼仪。但是，礼的形式即“仪”，最为直观，最容易引起人的注意，学起来也不困难，因此，人们总是喜欢在礼的外在形式上下功夫。礼的思想内涵是外在形式出现的理由，但深藏在心中，别人无法看到，而且追求思想境界很难，因此每每被人有意无意地忽略。于是就出现了重形式、不重内容的礼仪活动。这个道理，可以用《左传》中一个非常著名的故事来说明。

鲁昭公到晋国去访问，抵达国都郊外时，晋君派大臣到宾馆去慰劳他，这一礼节称为“郊劳”。晋人迎接鲁君的仪式从郊劳开始，步步为礼，极其复杂。鲁昭公居然一点都没做错，晋国人看了佩服得不得了，说他真是懂礼呀！晋国有一位叫女叔齐的大夫说：“他哪是懂礼呀，他做的不过是‘仪’罢了。礼的根本是要治国安邦，现在鲁国的政治非常混乱，而鲁昭公还到处欺骗大国、凌虐小国，甚至做些乘人之危的事情。灾难就要降临到头上了，他却浑然不知。他不把精力放在礼的根本上，却屑屑于礼仪的末节，这样的人怎么算是懂礼呢？”女叔齐把昭公的行为举止称为“仪”，真是一针见血。礼的根基是内心的德，根基全无，外表虽然做得像模像样，也只是“作秀”而已。

我们从大量的礼仪现象认识到，大多数礼仪形式的诞生都是约定俗成的过程，而这个产生往往是从下意识、不自觉的行为中产生的。

【例】握手礼，传说是远古人类为了防身和狩猎随身带着木棒、石块，路上遇到陌生人，为了表示没有恶意，就放下手中的武器，伸开双手让对方看，甚至让对方抚摸，以此表示亲善。这种方式由于简单易行，易于理解，所以逐渐被人们认同，并不断演变，形成握手礼。

约定俗成的礼仪规范，一旦形成，便会有强大的生命力。许多礼仪所以能代代沿袭就是有力的说明，要想硬性改变是极为困难的。

2. 具体解释

（1）礼仪是一种行为准则或规范。一个人要进入某一地域，就要对这一地域里人的习俗和行为规范有所了解，并按照这样的习俗和规范约束自己的言行。

（2）礼仪准则或规范是一定社会阶段人们约定俗成、共同认可的。在社会实践中，礼仪往往首先表现为一些不成文的规矩、习惯，然后才逐渐上升为大家认可的，可以用语言、文字、动作进行准确描述和规定的行为准则，并成为人们自觉学习和遵守的行为规范。

（3）礼仪可以有效地展现施礼者和受礼者的教养、风度与魅力，它体现着一个人对他人和社会的认知水平、尊重程度，是一个人的学识、修养和价值的外在表现。一个人只有在尊重别人的前提下，才会被他人尊重，人与人之间和谐的关系，也只有在这种相互尊重的过程中，才能逐步建立起来。

3. 不同的角度的解释

（1）个人修养角度：是一个人内在修养和素质的外在表现。即教养、素质体现于交往礼节的认知和应用。

（2）道德角度：是为人处世的行为规范或标准做法、行为准则。

（3）交际角度：是人际交往中适用的一种艺术。

（4）民俗角度：是在人际交往过程中必须遵守的律己敬人的习惯形式，即是在人际交往中的待人以尊重、友好的习惯做法。简言之，礼仪是待人接物的一种惯例。

（5）传播角度：是一种人际交往中进行相互沟通的技巧。

（6）审美角度：是一种形式美。它是人心灵美的必然外化。

二、礼仪的种类

礼仪的内容涵盖着社会生活的各个方面，包括仪容、举止、表情、服饰、言谈、待人接物等；从对象上看有个人礼仪、公共场所礼仪、待客与作客礼仪、餐桌礼仪、馈赠礼仪、文明交往等。在人际交往过程中的行为规范称为礼节；礼仪在言语动作上的表现称为礼貌。依据其适用对象、适用范围的不同，礼仪包括以下几种：

（1）一般礼仪。包括言谈、举止、特征和方法等。

（2）礼仪修养。涉及礼仪修养的本质、意义、特征和方法等问题。

（3）个人礼仪。主要包括言谈、举止、服饰等方面的礼仪要求。

（4）家庭礼仪。礼仪在家庭及亲友交往范围内的运用为家庭礼仪，它包括家庭称谓、问候、祝贺、赠礼、家宴及家庭应酬等等。

（5）社交礼仪。从家庭走向社会，进行社会交往，是礼仪行为向大社会的拓展。通常包括见面与介绍的礼仪、拜访与接待的礼仪、交谈与交往的礼仪、宴请与馈赠的礼仪、舞会与沙龙的礼仪、社交禁忌等等。

（6）公务礼仪。是人们在公务活动过程中所遵循的礼仪规范，它存在着自身的特殊性。在礼仪的一般原则指导下，把握公务活动过程中特殊的礼仪规范，可以提高公务活动的效率。

（7）礼仪文书。是人们在日常交往过程中，用书信和其他文字方式表达情感、互通信息、加深友谊的礼仪形式。常见有：礼仪书信（如邀请函、贺信、感谢信等）、礼仪电报、请柬、名片、贺年片、题词、唁电、碑文等。

（8）商务礼仪。与一般的社交礼仪不同，它体现在商务活动的各个环节中。对于商业企业来说，从商业采购到销售、售后服务等，每一环节都与企业形象息息相关。因此，商业企业及其每一个成员，如果能够时时按照商务礼仪的要求去开展工作，对塑造良好的形象，促进商品销售，将会起极其重要的作用。商务礼仪主要包括柜台接待礼仪、商务洽谈礼仪、推销礼仪、商业仪式，等等。

（9）习俗礼仪。不同国家、不同的民族存在着不同的风俗习惯，充分了解不同的风俗习惯，并在社交往来中自觉尊重这些风俗习惯，有助于促进交往的成功。习俗礼仪主要包括日常生活礼俗、岁时节令礼俗、人生礼俗（如婚嫁礼俗和丧葬礼俗）等。

三、礼仪的起源

礼仪是人际交往的重要的行为规范，了解礼仪的起源，有利于对礼仪本质的认知，自觉地按照礼仪规范的要求进行社交活动。对于礼仪的起源，研究者们的观点可以归纳为以下几种：

观点一：礼仪起源于祭祀。东汉许慎的《说文解字》中，对“礼”字的解释是：“履也，所以事神致福也从示从豊豊亦声。”意思是实践约定的事情，用来给神灵看，以求得赐福。“礼”字是会意字，“示”指神，从中可以分析出，“礼”字与古代祭祀神灵的仪式有关。古时祭祀活动有严格的程序和一定的方式。郭沫若在《十批判书》中指出：“礼之起，起于祀神；其后扩展而为人；更其后而为吉、凶、军、宾、嘉等多种仪制。”这里讲到了礼仪的起源，以及礼仪的发展过程。

观点二：礼仪起源于风俗习惯。人与人在长期的交往活动中，逐渐产生了一些约定俗成的习惯，久而久之这些习惯成了人与人交际的规范，这些交往习惯被以文字的形式被记录并同时被人们自觉地遵守，形成了人们交际固定的礼仪。遵守礼仪，不仅使人们的社会交往活动变得有序，有章可循，同时也能使人与人在交往中更具有亲和力。1922 年《西方礼仪集萃》一书问世，开篇中这样写道：“表面上礼仪有无数的清规戒律，但其根本目的在于使世界成为一个充满生活乐趣的地方，使人变得和易近人。”

观点三：礼仪是为表达自身感情而存在的，如同语言一般，是因为需要才产生的。在没有礼仪存在的时候，人们祭祀天地根本无法表达心中的敬畏，后来才出现了礼仪，拓展开始向长辈行礼来表达本身的敬意，存有敬意施礼才是真正的礼。总而言之，礼仪是在人们的社会活动中，为了维护一种稳定的秩序，为了保持一种交际的和谐而应运产生的。

四、礼仪的原则

1. 遵守原则

在交际应酬中，每一位参与者都必须自觉、自愿地遵守礼仪，用礼仪去规范自己在交际活动中的言行举止。任何人，不论职位高低、职位大小、财富多寡，都有自觉遵守礼仪的义务，否则，就会受到公众的谴责。

2. 自律原则

礼仪规范由对待个人的要求和对待他人的做法两大部分构成。对待个人的要求，是礼仪的基础和出发点。学习、应用礼仪，最重要的是要自我要求、自我控制、自我约束、自我对照、自我反省、自我检点。

3. 敬人原则

在礼仪的两大构成部分中，有关对待他人的做法这一部分，比对待个人的要求更为重要，这一部分实际上是礼仪的重点和核心。而对待他人的诸多做法中关键的一条，就是要敬人之心常存，处处不要失敬与人，不可伤害他人的个人尊严，更不能侮辱对方的人格，掌握了这一点，就等于掌握了礼仪的灵魂。

尊重他人是一种美德。常言道："你敬我一尺，我敬你一丈"，就是说在你尊重别人的同时，也会使自己的自尊心得到满足。在现实生活中，我们会发现那些越是有道德、有修养、有文化的人，就越是谦虚、谨慎，待人和善、宽厚，时时都关心着他人的存在。在与人的交往中，他们有时宁可把"自尊"放在第二位，也不会对别人无理，表现出一种"虚怀若谷"的高尚境界。他们甚至在个人独处的时候，也还要讲究"慎度"。我们与这样的人交往，会感到非常快乐和满足，所以大家都愿意和他交往，当然，他也赢得了人们的尊敬。

4. 宽容原则

要求人们在交际活动中运用礼仪时，既要严于律己，更要宽以待人。要多容忍他人，多体谅他人，多理解他人，切不可求全责备、斤斤计较、过分苛求、咄咄逼人。

5. 平等原则

在礼仪的核心点，即尊重交往对象、以礼相待这一点上，对任何交往对象都必须一视同仁，给予同等程度的礼遇。不允许因为交往对象彼此间的年龄、性别、种族、文化、职业、身份、地位、财富以及与自己的关系亲疏远近等方面有所不同，厚此薄彼，给予不同待遇。

礼仪应注重仪表，因为一个人的仪表可以折射一个人的内心深处。但决不能以貌取人，以对方的外貌来决定自己对他要采取的态度，这种做法是非常不明智和不可取的，有些庸俗，可能还有些危险。

讲礼仪不能以权取人，不要对权大官高的阿谀逢迎、献媚取宠；不要对平民百姓趾高气扬、不屑一顾。无论职位高低、权力大小，在人品上是平等的。孔子早就告诫人们要“上交不谄，下交不渎”。应根据不同交往对象，采取不同的具体方法。

6. 从俗原则

由于国情、民族、文化背景的不同，必须坚持入乡随俗，与绝大多数人的习惯做法保持一致，切勿目中无人、自以为是。

7. 真诚原则

真诚守信，是建立良好人际关系的基本条件。

真诚，就是要待人真实诚恳，是一个人外在行为与内在道德的有机统一。在与人的交往中，要心口一致、表里一致、言行一致、前后一致，只有这样才能取得人们的信任。在人际交往中运用礼仪时，务必诚实无欺，只有如此，自己在运用礼仪时所表现出来的对交往对象的尊重与友好，才会更好地被对方理解并接受。

8. 适宜原则

要求在应用礼仪时，为了保证取得成效，必须注意技巧极其规范，特别要注意做到把握分寸，认真得体。当然，运用礼仪要真正做到恰到好处，只有勤学多练，积极实践。

第二节 形体与礼仪

一、言语的表达形式

中国人讲究“听其言，观其行”，把言语谈吐作为考察人品的一个重要内容。

言语的表达形式有三种：

（1）有声语言。即自然语言，是发出声音的口头语言。它是以说和听力形式的语言，也称口语。

（2）无声语言。借助非有声语言来传递信息、表达感情、参与交际活动的一种不出声的伴随语言。言谈中的无声语言以身体语言为主，如用眼睛传情、用身体姿势表意等。无声语言包括人体语言、物体语言和空间语言三类。其中，人体语言又分为身势语言和视觉语言。

（3）类语言。是交际过程中一种有声而无固定语意的语言，也称副语言。如说话时的重音，语调语速的变化等。

这三种语言形式在人际交往中被广泛且经常使用，可以说是三者的相互作用才使人类准确而充分的表达自己的情感成为现实。尤其是无声语言的主要形式——形体语言，形体语言是人体体态语言的简称，它以人的动作、表情、界域等来传递信息。形体语言具有形象性，以直观的形象告诉别人所要表达的意思，形体动作使人们的交往更富有表达性和渲染性。形体语言还具有约定性，即形体被赋予了他人所能理解的意义，也有约定俗成的意思。比如，“摇头不算点头算”，在许多国家和地区能被使用不同语言的人所理解。形体语言以它神奇的功力，弥补口语沟通的不足，揭示了语言的深层含义，即“此时无声胜有声”。

值得强调的是，尽管我们理直气壮地讲：“不要以书的表面来判断其内容。”但是不可否认，全世界范围内人人都在这么做，包括我们自己。无论我们认为从外表衡量人是多么肤浅和愚蠢的观念，但是社会上的他 / 她每时每刻都在根据我们的外表和举止动作判断我们所包含的内容；我们也通过观察别人的外表，包括长相、身材、服装、语言、声调、动作等来判断他们。无论你愿意与否，你都在留给别人一个关于你形象的印象，这个印象在工作中影响着你的升迁，在商业上影响着你的交易，在生活中影响着你的人际关系和爱情关系，它无时无刻不在影响着你的自尊和自信，最终影响着你的幸福感。

美国心理学家奥伯特・麦拉比安发现人的印象形成是这样分配的：55% 取决于外表，包括服装、个人面貌、体形、发色；38% 是如何自我表现，包括语气、语调、手势、站姿、动作、坐姿等；只有 7% 才是所讲的内容（见图 1-3）。由此可见，形体、仪态、形象、礼仪在人的印象中占据绝对重要的位置。

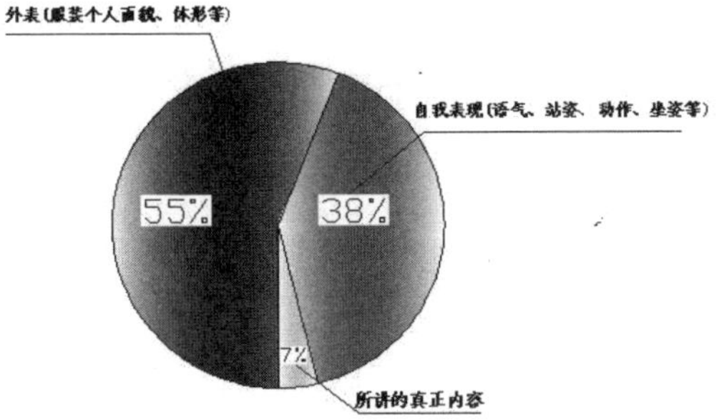

图 1-3　人的印象形成分配图

二、形体与礼仪

1. 举止与礼仪

形体是指身体的形态。

仪态包括仪表与仪姿。仪表美包括容貌美、形体美和在前二者基础上通过装束打扮而获得的修饰美。仪姿美包括姿态美、体态美和举止美。（图 1-4）

图 1-4　日常仪态

中国人讲究“站有站相，坐有坐相”。随着人类文明的提高，人们对自身行为的认识也日益加深。温文尔雅、从容大方、彬彬有礼已成为现代人的一种文明标志。举止礼仪，是人们为了克己、自律、自尊、自爱，为了维护道德、秩序，在人际交往中相互表示友好、敬意以及为了便于使自己为对方所接受而对自己的日常举止提出的要求和规范。

体姿的改变比语言的叙述简洁、迅速且真实。体姿语言、表情比有声语言的抽象层次要低，比有声语言要形象、生动。例如：婴幼儿总是最先，也最容易看懂母亲的体语、表情，对母亲的有声语言往往反应迟钝。即使是成年人，也有类似的情况。当一个人心情好、很兴奋的时候，如果他只是用语言说：“我真是太兴奋了，简直兴奋极了！”就往往不如他用笑得合不拢嘴、乐不可支的表情给人的知觉生动、形象、准确。像断线的珠子下掉的泪水一定比他说“我无限悲哀，痛苦极了”而又毫无表情更让人感动。站有站相、坐有坐相的人，比那些自称“我是最有教养的”，可是体态上却东倒西歪、不成体统的人更能引起人们的尊重。另外，经理性加工后表达出来的语言往往不能率直的表露出一个人的真实意向，而人的动作比理性更能表现出人的情感和欲望。

【例】有的主人对客人说：“没关系，再多坐一会儿吧。”可是双手早已支在双膝上或椅子扶手上，这位主人的内心是在说：“你早就该离开了！”一个正在被领导错误批评的人，当领导问他“知错了吗？以后改还是不改？”时，他嘴上说：“我错了，以后当然要改的。”而他却眼望天花板，双手交叉抱于胸前，那他心中的真实想法是：“我压根儿就没错，你让我改什么呢？”

人的面部表情、手势及其他体姿与有声语言相比，更是内心冲突的直接表现。由于有声语言是经过理性处理过的，有时缺乏真实性，而体态语言则多数是不由自主的，主要受潜意识的支配，因此，从体态语言去判读对方，其结论会有更高的可靠性。

优美的肢体语言是配合了礼节时尚、场合和年龄、身份等穿着打扮所展露出来的自然、流畅的肢体美感。要想拥有仪态美之中最重要的肢体美感，必须有赖于平时的勤练与培养。坦然面对现实，深刻分析自己外表的优点、缺点与特色，并能虚心矫正，严格自我训练与自我要求，直到思想、个性与仪容、体态全然融为一体，并把美姿视为身体的一部分，与生命和生活紧紧地联系在一起，假以时日，相信终有一天，在举手投足之间，自然流露出自信、平和、智慧与优雅。

【例】1954 年 4 月 24 日，周恩来总理率领代表团参加第二次世界大战后国际性的重大会议——日内瓦会议。当时的中国正处于贫穷落后状态，正受到许多西方国家的敌视。在日内瓦会场前，周总理身着黑色的呢大衣，两肩端平，挺胸收腹，神情严峻，用有力沉稳的步伐，大踏步走过。值得注意的是，如果他阔步时，又上扬下巴，就很容易给人飞扬跋扈的感觉。而周总理下巴内收，目光平视。这个姿势蕴涵着谦虚和沉稳，这不仅体现了他不卑不亢的修养，体现了他坚毅自尊的个人气质，更重要的是在全世界面前，用自己的勃发英姿演绎了中华民族的自信自强和意气风发。这赢得了周围人们包括一些国外人士赞赏的目光。

周总理的另一些在公众场合的仪态：1973 年亚非拉乒乓球锦标赛举

行的时候，据日本乒乓球冠军松崎君代回忆："总理公务缠身，在观看球赛的过程中，秘书向他悄悄耳语，他便离席而去了。总理敏捷地走了出去，怎么也看不出已经75岁高龄。不久，他又以同样矫健的步伐走了回来。来去时，周总理总是低着头，弓着腰，尽量的不引人注目。"

按照礼仪规范，周总理低着头，弓着腰，小步紧走的样子似乎是不规范、不端庄的。但实际上是总理为了不遮挡观众视线和不干扰运动员的注意力，而灵活地调整了自己的步态。对比日内瓦会议的情景，在这里他放弃了个人仪态，却体现了一种关怀他人的风范。这值得世人学习，也给松崎君代留下历久弥新的美好印象。

2. 健康的形体与仪态

一个人的仪容、仪表、仪态往往是与他的生活情调思想修养、道德品质和文明程度密切相关的。每个人总是以一定的仪态出现在别人面前，一个人的仪态包括他的所有行为举止：一举一动、一颦一笑、站立的姿势、走路的步态、说话的声调、对人的态度、面部的表情等等。而这些外部的表现又是他内在品质、知识、能力等的真实流露。在与人交往中，我们可以通过一个人的仪态来判断他的品格、学识、能力，以及其他方面的修养程度。仪态的美是一种综合的美、完善的美，是仪态礼仪所要求的。这种美应是身体各部分器官相互协调的整体表现，同时也包括了一个人内在素质与仪表特点的和谐。容貌秀美，身材婀娜，是仪态美的基础条件，但有了这些条件并不等于就是仪态美。与容貌和身材的美相比，仪态美是一种深层次的美。容貌的美，只属于那些幸运的人；而仪态美的人，往往是一些出色的人。因而仪态的美更富有永久的魅力。

图1-5　形体仪态

为了达到美丽的仪态，我们可以练习平衡、稳重、优雅、自信的行为动作，使内心的心理状况得到改善，由颓废变为积极，由拘谨变为大方，由退缩变为进取，由嚣张变为谦和、有礼。一个人的仪态，除了与心理有关之外，对生理也有

很大的影响。当然，形体的美感必须先具有健全的形体。（图 1-5）

倘若一个人四肢健全就应该讲究健康、优雅的姿态。如果一个人长久站立姿势不良，会因此得到生理上的疾病，如消化不良、中年后腰背酸痛等。所以，不论一个人的年龄有多大，要想拥有健康、年轻的身材，就要在生活中注意自己的姿势与体态。最重要的先决条件是，必须拥有一副强健而有力的脊柱骨。

美国南加利福尼亚大学医学教授雷纳博士（Dr. Rene Caiffit）说："最容易使人显老的因素就是佝偻脊背的姿势，造成身体骨骼、肌肉机能的恶性循环。"因为姿势的不正确、肌肉失去弹性，使得身体很容易失去疲劳。身体一旦疲劳，就不容易坐立及站立得很好，不良的坐立及站立姿态，将致使连接骨骼的韧带过分地伸张和摩擦，渐渐失去应有的连接效果，造成背脊的支持力减弱和松塌，产生弯腰驼背的现象。雷纳博士提出："为了要使自己有一个健康优美的体态，就必须经常做有规律的运动，使身体机能保持应有的柔软度。"他提出以下几个很重要的建议：

（1）维持良好的姿势习惯，成为生活的一部分。每天如果只做少许几个背部运动，但大部分时间仍用错误的姿势行走（如垂头、驼背走路），坐立（如随意歪坐或陷在沙发里的姿势），不仅使运动效果大打折扣，还会对脊柱骨的结构有不良影响。

（2）弯腰驼背的后果是，使腹部肌肉松弛而失去弹性。纠正；每隔 20 分钟，对自己做一次重点检查，看自己身体各部分的姿势是否正确。这样可使各部分的肌肉感应到良好姿态应有的舒适感。

优雅的举止不是天生就有的，每个人应积极主动进行形体训练，掌握正确的举止仪态，矫正不良习惯，达到自然美与修饰美的最佳结合。

三、没有自信就别想成功

古希腊哲学家塞涅卡说道："不是因为有些事情难以做到，我们才失去信心，是因为我们缺乏自信心才使这些事情难以做到。"美国维思公司 1996 年对 522 人的随机抽样调查中发现，人们对服装效果的第一要求是能让他们表现得更自信（60%），而对服装效果的最后要求才是"看起来漂亮"（6%）。可见自信的魅力是人人渴望的，但也是大多数人所不具备的。

一个人成就大小，往往不会超出他的自信心的大小。自信是人意志与力量的体现，是交际能力最重要的因素之一。一个人外表美，特别是风度美、气质美、韵致美，在很大程度上取决于这个人心理素质的优劣。一个人如果缺乏自信，自惭形秽，就不可能有良好的风度、气质和韵致；对于一个没有自我认同、自我价值感，在他人面前唯唯诺诺、依附属从的人，谁又会喜欢他呢？自卑实际上是一种对自我人格的轻视和不尊重。无论任何场合，最被人瞧不起的，是那些自己瞧不起自己的人。

自信是一种认识和态度，也通过人的风格来表现。美国形象设计大师鲍尔说："成功男人的风格反映在外表，而优雅来自内在，它是自信及对自己的满意，他通过你的外表、举止、微笑展示。"自信并不一定天生具有，它可以通过后天的培养而产生。如果你在生活中认真观察，你会发现自信是有感染力的。心理学家发现，外向的性格与自信是吸引你和保持朋友的重要原因。由于自信，朋友和同事愿意跟随着你，上司也会因此高看你一眼。因为自信的气势，让别人相信你能把任何事都变成现实。然而自信却不一定需要用语言来表达，它通过你的神态、语气、姿势、仪态等等，无声无息地、由内而外地散发着魅力。这种魅力的力量。不是外表的伪装，而是发自内心地对自己的信任及对生活的信任。自信的人首先忠诚于自己的信念，这种信念融入你的言行、举止，让你的举手投足都在辅助你的语言所表达的信息，因而让人相信你的能力和人格。无数的案例曾证明自信能够创造奇迹。

【例】在1960年尼克松和肯尼迪的电视辩论中，阴郁的尼克松没有展示出美国人渴望的总统的自信，而毫无政绩的肯尼迪在与尼克松握手的最后一刻，自信地把尼克松的手压在自己的手掌下，他的这种超级自信满足了美国选民对于总统的神话般力量的渴望。

记住了：地球不会因为你的自卑而停止转动，却会因为你的自信而转得更好。

专家建议：

1. 礼仪在于积累和完善，不断地学习和运用将是你在不同的场合散发特有的魅力。
2. 坦然接受别人的赞扬。
3. 只穿你自信的服装。
4. 眼睛能与别人直视。
5. 敢于说"不"，用坚定、果敢、热情的语气说话。
6. 不要自我贬低，不要说不利于自己和他人能力的话，不要过分的谦虚。

第二章　身势语言

章前启示

在美的方面，相貌的美高于色泽的美，而秀雅合适的动作美又高于相貌的美。

——［英］弗朗西斯·培根

温文尔雅的举止，更富有人情味，所以也就更具有男人气概。

——马克·奥乐留（古希腊哲学家）

握手是陌生人的第一次身体接触，这五秒钟意味着经济效益！

——凯伦·布朗杰（加拿大形象设计师）

第一节　站姿

一位在公共场合中受人欢迎的人，最重要的是要具备正确的站立姿势。因为站姿是我们日常生活中正式或非正式场合中第一个引人注视的姿势。站姿是人的静态造型动作，是其他人体造型动作的基础和起点。优美、典雅的站姿是发展人的不同质感美的起点和基础。良好的站姿能衬托出美好的气质和风度，显示个人的自信，并给他人留下美好而隽永的印象。一个人如果站没站相，不但影响骨骼、体态的正常发展，也影响服装造型的呈现，更重要的是使一个人的气势大打折扣。所以要有一个成功的形象，一个人的气势很重要，它虽是一种无声言语，但更具有说服力。

一、基本站立姿势

站姿的基本要点是挺直、均衡、灵活。

基本站立姿势的要求是“头正、颈直、两眼平视前方、闭嘴、下颚微收、双肩要平、微向后张、挺胸收腹、上体自然挺拔”。挺胸收腹时注意夹臀前送；双臂自然下垂，手指并拢，两脚尖张开夹角为45°—60°；身体重心穿过脊柱，落在两腿正中。从侧面看，重心应落在骨盆正中。从整体看，形成一种优美挺拔、精神饱满的状态。（图2-1）

图2-1　常用站姿

良好的站姿应是以下各方面的综合表现：

（1）平肩，直颈，下颌微向前收；两眼平视，精神，面带微笑。

（2）直立，挺胸，收腹，略微收臀。

（3）两臂自然下垂，手指自然弯曲；两手也可在体前交叉，一般是右手放在左手上。肘部应略向外张。男性在必要时可单手或双手背于背后。

（4）两腿伸直，膝盖放松，大腿稍收紧上提；身体重心落于前脚掌。

（5）上体保持标准站姿。

（6）两脚分立，与肩同宽。

（7）站累时，脚可向后撤半步，但上体仍需保持正直。

（8）将左脚收回，与右脚成垂直，左脚跟在右脚跟前面，两脚间有少许空间。

（9）右脚向后撤半步。

（10）身体重心移至右脚。

（11）男子站立时，双脚可微微张开，但不可超过肩宽。

（12）女性站立时，脚应成“V”字形，膝和脚后跟应靠紧，身体重心应尽量提高。

二、常用站姿

（1）规范站姿：如前文介绍。

（2）叉手站姿：直立，双手在腹前交叉，右手搭在左手上。男子可两脚分开，距离不超过 20cm。女子可用小“丁”字步，即一脚稍微向前，脚跟靠在另一脚内侧。（图 2-2）（图 2-3）

这种站姿端正中略有自由；郑重中略有放松。在站立中身体重心还可以在两脚间转换，以减轻疲劳，这是一种常用的接待站姿。

图2-2　女握手式“丁”字步

图2-3　女“V”字步垂手站姿

图2-4　男站姿

（3）背手站姿：双手在身后交叉，右手贴在左手外面，贴在两臀中间。两脚可分可并，分开时不超过肩宽，脚尖展开，两脚夹角成60度，挺胸立腰，收额收腹，双目平视。（图2-5）

这种站姿优美中略带威严，易产生距离感，所以常用于门童和保卫人员。如果改为并立，则突出了尊重的意味。

（4）背垂手站姿：一手背在后面，贴在臀部，另一手自然下垂，手自然弯曲，中指对准裤缝，两脚既可以并拢也可以分开，也可以成小“丁”字步站。

这种站姿，男士多用，显得大方、自然、洒脱。

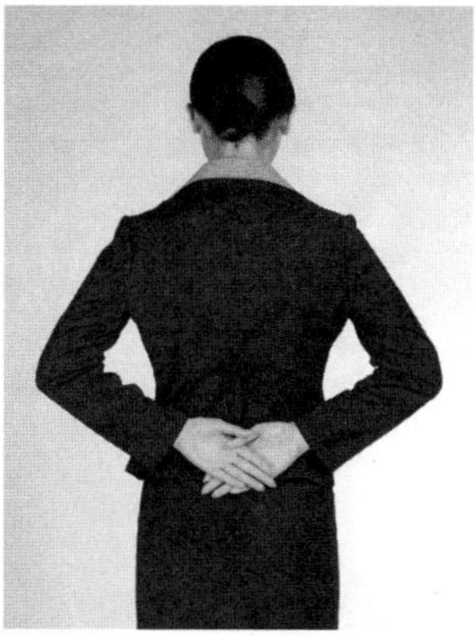

图2-5 背手站姿

三、应避免的站姿

（1）身体抖动或晃动（给人以漫不经心或没有教养的感觉）。

（2）双手插入衣袋或裤袋内（不严肃，拘谨小气；实在有必要时，可双手插入前裤袋）。（图2-6）

图2-6

（3）双臂交叉抱于胸前（这会有消极、防御、抗议之嫌）。（图2-7）

图2-7

（4）双手或单手叉腰（往往含有进犯之意，异性面前叉腰，则有性侵略或性挑逗之意）。（图2-8）

（5）两腿交叉站立（不严肃）。（图2-9）

四、站姿训练

1. 基本站姿要领

（1）假想自己站在一个大时钟的正当中，面向12点的方向。

（2）后脚（右脚）脚尖指向2—3点的方向。

图2-8

图2-9

图2-10

图2-11

图2-12

（3）前脚（左脚）脚尖指着正 12 点方向，脚跟顶着后脚的脚穴处。

（4）前脚膝盖放松，身体重心放在后脚。

（5）双手的姿势可以变换；双掌相握，轻轻放在肚脐的下方或放在后腰部皆可，左右脚配合着变换，就不会觉得呆板。（图 2-10）

（6）如此就完成一个很标准的站立姿势，反方向亦相同。

2. 社交中常见站姿训练

站立时手的摆放有三种方式。一是握手式，即右手握住左手，垂放于腹前，需微微上提并注意后开肩膀；二是垂手式，即两手放于身体两侧；三是背手式，两手背后交叉。交谈时，双臂放松，手的位置可随意些。

基本动作：女士双脚成“V”形，男士双脚平行开立，距离不超过肩，保持站立的基本姿势，目视前方，面带微笑，均匀呼吸。

（1）握手式

在基本动作基础上双手交叉置于腹前，右手虎口卡住左手虎口，右手在上。（图 2-11）

（2）垂手式

在基本动作基础上双臂自然下垂于体侧。（图 2-12）

（3）背手式

在基本动作基础上双手交叉置于背后髋骨处，右手虎口卡住左手虎口，左手在上。

专家建议：

注意肌肉张弛的协调性，强调挺胸收腹，平肩梗颈，两肩适当放松。
以标准站姿的形体感觉为基础，注意矫正不良的站立姿势。
强调眼神、表情与站姿的配合，形视统一，才能显示站立姿势之美。

第二节　行姿

一、基本行走姿势

走路姿势的基本要点是从容、平稳、直线。

男士走路要抬头挺胸，收腹直腰，两眼平视前方。行走间两肩不摇晃，步态稳健，以显示出阳刚、英武的男子汉风度。（图 2-13）

图 2-13

图 2-14

女士走路时应头部端正，目光平和，直视前方。行走间上身挺直收腹，以肩关节为轴，两臂前后自然摆动，两手前后摆动幅度要小。出脚是直线不能画小半圆落地，前脚尖稍向外撇，两腿膝内侧要贴近，小步前进，走成直线。步态要自如、均称、轻柔，以显示女性端庄、文静、典雅的窈窕之美。（图 2-14）

二、不同着装的行姿

（1）穿平底鞋：走路比较自然、随便，要脚跟先着地，前行力度要均匀，走起路显得轻松大方。

由于穿平底鞋不受拘束，往往容易过分随意，步幅时大时小，速度时快时慢，还容易因随意而给人以松懈的印象，应当注意防止。

（2）穿高跟鞋的行姿：由于穿上高跟鞋后脚跟提高了，身体重心自然前移，为了保持身体平衡，膝关节要绷直，胸部自然挺起，收腹、提臀、立腰，使走路更显挺拔，平添几分魅力（走路要有像皇后、公主那样高雅的姿态）。

穿高跟鞋走路时，直膝、立腰、收腹、紧臀、挺胸抬头。膝关节不要前屈，臀部不要向后撅。踝、膝、髋挺直。步幅要小，虽脚跟先着地，但脚底板平一些伸出去，感觉脚尖先着地，有一点像跳芭蕾舞时走路的姿态，两脚着地时脚跟要落在一条直线上，像一根柳条上的柳叶一样，俗称“柳叶步”，就会感觉脚步比较轻盈、优雅。

有人穿高跟鞋走路时，用屈膝的方法来保持平衡，结果行姿不但不挺拔，反而因屈膝撅臀显得粗俗不雅。行进时一定要保持踝、膝等关节的挺直和挺胸、收腹、向上的姿态。

（3）上下楼梯：上楼或下楼时，上体均应保持直挺，且靠右行，勿低头看梯，两眼应正视前方。落脚要轻，重心一般位于前脚的前部，以求平稳。

穿西装的走姿

着西装行走以直线为主，尽显穿着者的挺拔、优雅的风度。着西装时，后背保持平正，立直，步幅可略大，手臂放松伸直摆动，手势简洁大方。行走时男士不要晃动；女士不要左右摆髋。

穿旗袍的走姿

行走时，要求女士身体挺拔，胸微含，下颌微收，不要塌腰撅臀。走路时，步幅不宜过大，以免旗袍开衩过大。两脚跟前后要走在一条线上，脚尖略微外开，两手臂在体侧自然摆动，幅度不宜过大。站立时，双手可交叉于腹前。

穿裙装的走姿

穿着长裙显出女性身材的修长和飘逸美。行走时要平稳，步幅可稍大些。转动时，要注意头和身体相协调，调整头、胸、髋三轴的角度。（图 2-15）

穿着短裙，要表现轻盈、敏捷、活泼、洒脱的风度，步幅不宜过大，但脚步频率可以稍快些，保持轻快灵巧的风格。

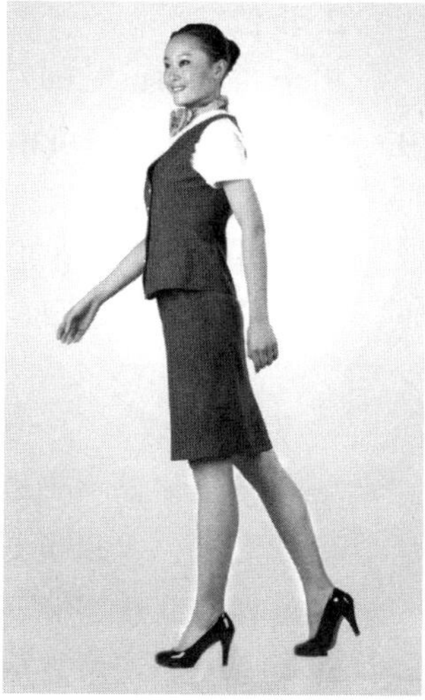
图 2-15

三、变向行姿

（1）后退步：与人告别时，应当后退两三步，再转身离去，退步时脚轻擦地面，步幅要小，先转身、后转头。（图 2-16）

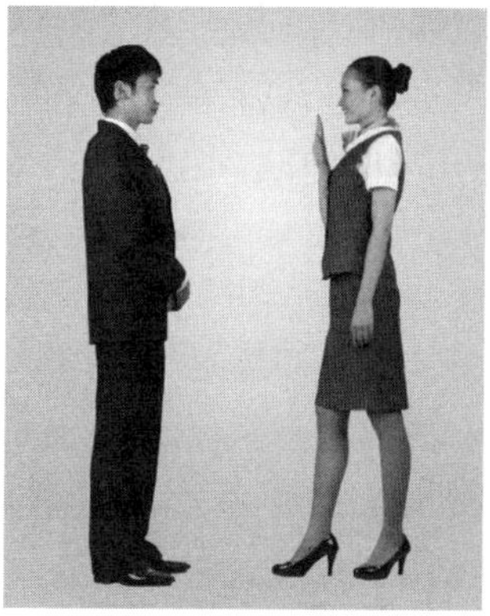
图 2-16

（2）引导步：用于走在前边给宾客带路的步态。引导时要尽可能走在宾客左侧前方，整个身体半转向宾客方向，保持两步的距离，遇到上下楼梯、拐弯、进门时，要伸出左手示意，并提示客人上楼、进门等。（图 2-17）

图 2-17

（3）前行转身步：在行进中要转弯时，要在距所转方向远侧落地后，立即以该脚掌为轴，转过全身，然后迈出另一脚。即向左拐，要右脚在前时转身；向右拐，要左脚在前时转身。

四、应避免的行姿

（1）身体乱晃乱摆（轻佻、浮夸、缺少教养）。

（2）双手反背于背后（傲慢、呆板）。

（3）双手叉于裤袋（拘谨、小气）。

（4）步子太大或太小（太大不雅观；太小不大方）。

五、行姿训练

基本动作：女士双脚并拢，挺胸立腰紧臀，两肩自然下垂；男士双脚平行开立，距离不超过肩，保持站立的基本姿势，目视前方，面带微笑，均匀呼吸。

行走时注意重心的前后移动，蹬地要有力。

1. 步度

男士每步 40cm，女士每步 30cm。

2. 步位

男士“走两点”即左右脚下不在一条线上；女士“一条线”即左右脚下位置在一条线上，练习时可稍放宽，注意两臂摆动、双脚移动与步位之间的控制。

3. 步速

男士每分钟约 110 步，女士每分钟约 120 步，可根据自身条件适当调整。

专家建议：

保持上体基本姿势不变，双臂摆动幅度要适度。

练习时，重视步度、步度练习，那是良好走姿的基础。

注意增强腰、背、胸、腿和手臂的力量与控制能力。

可选择不同节奏的音乐如布鲁斯、福克斯、探戈、狐步、华尔兹、迪斯科等配合练习，这样不仅可以进行速度练习，还可以在音乐中体会到优美走姿带来的心理感受。

第三节　坐姿

一、基本坐姿

（1）就座时，应在适当之处，从座位左侧，缓慢而文雅、轻松而自然，毫无声息地着椅，以背部接近座椅，并坐在椅子的 3/4 处。因为，如果将整个臀部塞满椅子，甚至把双手靠在脑后，是一种对对方不够尊重的表示，显得傲慢无礼。而仅坐在椅子的一角，则又是自卑胆小、拘谨害怕的反应。所以，在初次见面时，要特别注意把握就座位置的多少，从而展现出从容不迫、大大方方、不卑不亢、彬彬有礼的一面。

（2）男士就座时，上身挺直，稍向前倾。双腿平稳放好，双脚叉开，与肩同宽，双臂自然放松，或放在沙发扶手处，或置双膝之上，以显示男士沉稳、成熟的阳刚之气。

（3）女士就座时，双腿不宜叉开，同时，将双手自然交叉或相叠于身前，以表现女性轻盈秀气的阴柔之美。

（4）宾主正式友好交谈时，就座的位置一般是主左宾右。即主人坐在左方，客人坐在右方，以显示对宾客的尊重。

（5）宾主交谈时，应相邻而坐，相对而跷。相邻而坐，体现了宾主之间亲切友好的和睦关系。而相对而跷，又暗示了双方交谈氛围的融洽和谐。

（6）离座，先有表示，注意先后，起身缓慢，站好再走，从左离开。

二、常用坐姿

1. 女士常用八种坐姿

（1）标准式：轻缓地走到座位前。如果是从椅子的后面靠近椅子的，应从椅子的左边走到座位前（图 2-18）。背向椅子，右脚稍向后撤，使腿肚贴到椅子边（图 2-19）；两膝并拢同时上体前倾向下落座。如果穿的是裙装，在落座时要用双手在后边从上往下把裙子拢一下（图 2-20），以防止出皱折或因裙子被打褶坐住后使腿部裸露过多。

坐下后，上体挺直，两肩平正，两臂自然弯曲，两手交叉叠放在两腿中部，并靠近小腹。两膝并拢，（图 2-21）小腿垂直于地面，两脚可保持小“丁”字步。

（2）前伸式：标准坐姿的基础上，两小腿向前伸出一脚的距离，脚尖不要跷起。（图 2-22）

（3）前交叉式：在前伸式坐姿的基础上，右脚后缩，与左脚交叉，两踝关节

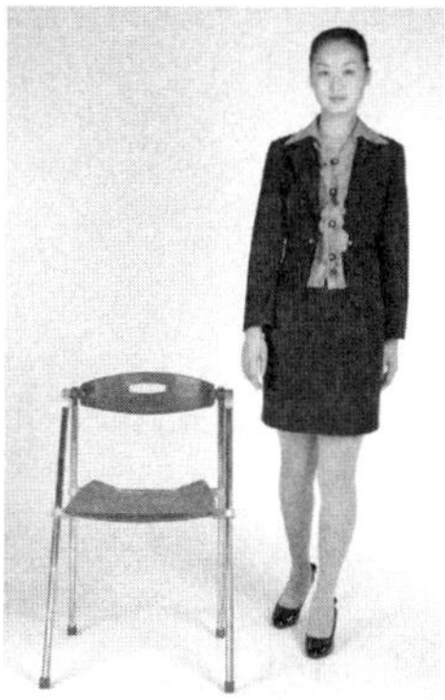
图2-18

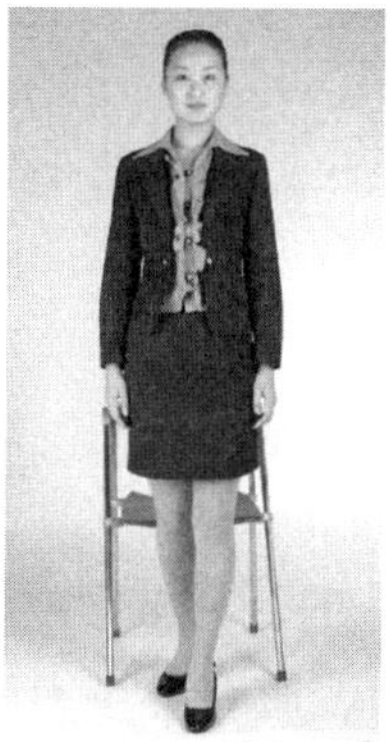
图2-19

图2-20

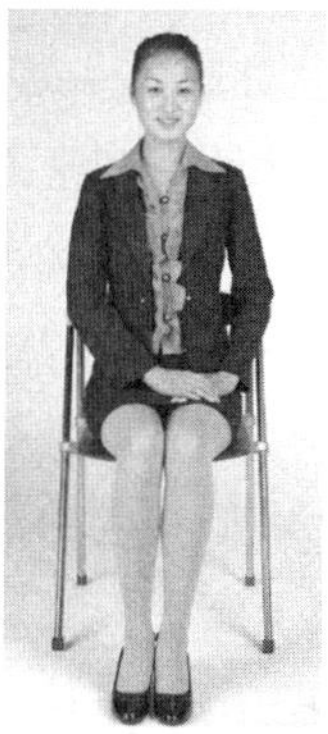
图2-21

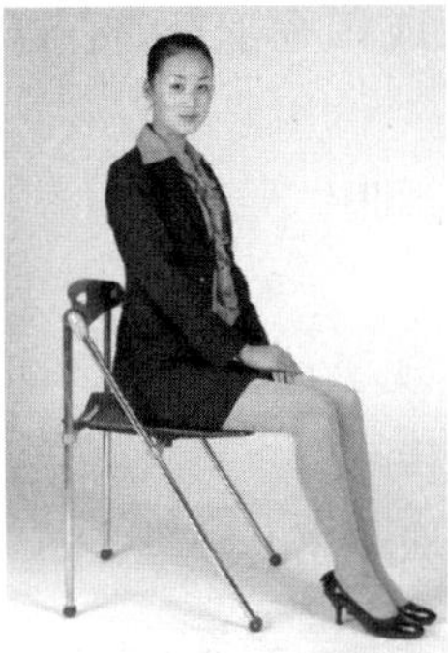
图2-22

图2-23

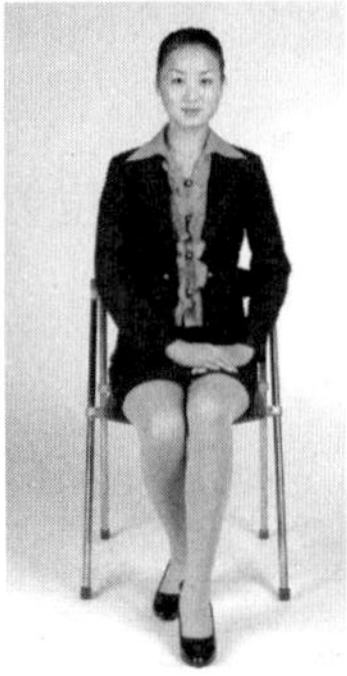
图2-24

图2-25

图2-26

重叠，两脚尖着地。（图 2-23）

（4）曲直式：左脚前伸，右小腿屈回，大腿靠紧，两脚前脚掌着地，并在一条直线上。（图 2-24）

（5）后点式：两小腿后曲，脚尖着地，双膝并拢。

（6）侧点式：两小腿向左斜出，两膝并拢，右脚跟靠拢左脚内侧，右脚掌和左脚尖着地，头和上体微向左倾斜。注意大小腿成 90°，小腿要充分伸直，尽量显示小腿长度。（图 2-25）

（7）侧挂式：在侧点式基础上，左小腿后曲，脚绷直，脚掌内侧着地，右脚提起，用脚面贴住左脚踝，膝和小腿并拢，上体右转。

（8）重叠式：也叫“二郎腿”或标准式架腿等。（图 2-26）

在标准式坐姿的基础上，两腿向前，一条腿提起，轻柔地将腿窝落在一条腿的上边。要注意上边的腿向里收，贴住另一条腿，两脚尖朝同一方向向下。

重叠式还有正身、侧身之分，手部也可有交叉、托肋、扶把手等多种变化。

“二郎腿”一般被认为是一种不严肃、不庄重的坐姿，尤其是女子不宜采用。其实，这种坐姿常常被采用，因为只要注意上面的小腿向回收，脚尖向下这两个要求，不仅外观优美文雅，大方自然，富有亲近感，而且还可以充分展示女性的风采和魅力。（注意：在马来西亚人面前，任何人都最好不要架腿。）

如果你做这种姿势时，上腿搭起来感觉吃力而困难，这就表明你太胖了，应该马上减肥或运动，以减少大腿部分的脂肪。

在坐姿上要抓住一个原则，就是要使小腿部分显得修长。坐时，要使膝盖与脚尖的距离尽量拉远。当脚斜伸出去时，脚背要用力挺直，这时脚尖与膝盖的距离最远，视觉上产生延伸效果，使小腿部分看起来修长。

2. 男士常用六种坐姿

（1）标准式：上身正直上挺，双肩正平，两手放在两腿或扶手上，双膝并拢，小腿垂直于地面，两脚自然分开成 45°。（图 2-27）

图2-27

（2）前伸式：在标准式的基础上，两小腿前伸一脚的长度，左脚向前半脚，脚尖不要跷起。

（3）前交叉式：小腿前伸，两脚踝部交叉。

（4）曲直式：左小腿屈回，前脚掌着地，右脚前伸，双膝并拢。

（5）斜身交叉式：两小腿交叉向左斜出上体向右倾，右肘放在扶手上，左手扶把手。

（6）重叠式：右腿叠在左膝上部，右小腿内收、贴向左腿，脚尖自然下垂。贴向左腿，脚尖自然下垂。（图 2-28）

图2-28

三、应避免的坐姿（图 2-29；图 2-30；图 2-31）

（1）脚尖指向他人。就座时，要注意不可将脚尖冲向对方，以免给人造成咄咄逼人的架势。

（2）架腿方式欠妥。女性就座时，如穿旗袍，不可跷腿，以免裸露过多。也不可将其高跟鞋随意脱下，有

图2-29

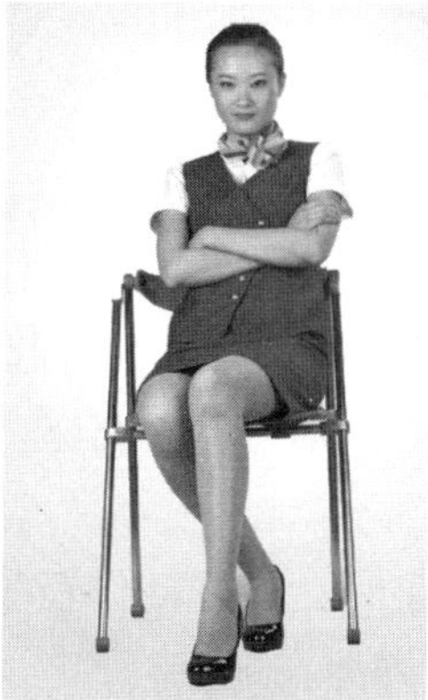

图2-30

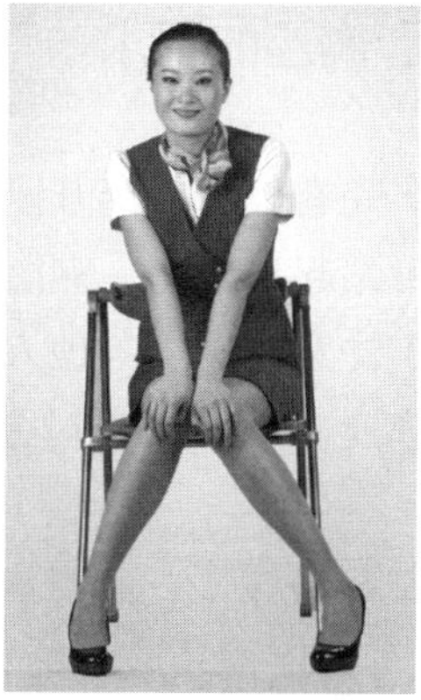

图2-31

碍文明。

（3）腿部抖动摇晃。无论男女，坐下后，手脚都应有所约束，不要抖动双腿，以免给人造成缺乏修养的印象。更不可猛起猛坐，给人以粗鲁无礼之感。

（4）双腿直伸出去。坐下后，不宜将双腿直挺挺地伸向前方。那样做不仅会有碍于人，而且还有碍观瞻。身前若有桌子，双腿尽量不要伸到外面。

（5）脚跟接触地面。坐下后如以脚部触地，通常不允许仅以脚跟接触地面，而将脚尖跷起。如双脚都这么做，则是一种严重的违规。

（6）手部置于桌下。就座后，双手皆应在身前，有桌时置于其上。单手或双手放于其下，都是不允许的。

正确的坐姿能够反映出良好的习惯、优雅的气质和高雅的风度，反之，就会表现出低劣的修养、粗俗的气质和平庸的风度。而这些并非和一个人的学识成正比。因此，“从某种意义上讲，生活中最重要的是礼貌，它比一切学识都重要”这句话，是有一定道理的。每一个人都应把握正确的坐姿，从而准确地表达自己的感情，使动机和效果完美地统一起来。

【案例】被“抖掉”的合同

有一位美国华侨，到国内洽谈合资业务，洽谈了好几次，最后一次来之前，他曾对朋友说：“这是我最后一次洽谈了，我要跟他们的最高领导谈，谈得好，就可以拍板。”过了两个星期，他又回到了美国，朋友问：“谈成了吗？”他说：“没谈成。”朋友问其原因，他回答：“对方很有诚意，进行得也很好，就是跟我谈判的这个领导坐在我的对面，当他跟我谈判时，不时地抖着他的双腿，我觉得还没有跟他合作，我的财都被他抖掉了。”

四、离座的要求

（1）先有表示。离开座椅时，身旁如有人在座，须以语言或动作向其先示意，随后方可站起身来。一蹦而起，有时会令人受到惊扰。

（2）注意先后。与他人同时离座，须注意起身的先后次序，地位低于对方时，应稍后离座。地位高于对方时，则可首先离座。双方身份相似时，才可同时起身离座。

（3）起身缓慢。起身离座时，最好动作轻缓，无声无息，尤其要避免“拖泥带水”，弄响座椅，或将椅罩弄掉在地上。

（4）站好再走。离开座椅后，先要采用“基本的站姿”。站定之后，方可离去。

要是起身便跑，或是起身与走开同时进行，则会显得自己过于匆忙。

（5）从左离开。有可能时，离座起身后，宜从左侧离开。与“左入”一样，“左出”也是一种礼节。

五、乘坐汽车（图 2–32；图 2–33）

女性乘坐小轿车，要讲究仪表风度。特别是身穿裙子时要注意举止。上车时应先上一只脚，然后侧身坐下，再上另一只脚，而不要低头弯身往车里爬，以显得没有风度和教养。下车时应双脚同时伸出车外着地，尔后略弯一下腰，前倾而出，最后站直。

图2–32

图2–33

第四节　蹲姿

一、基本蹲姿

1. 女生的蹲姿

左脚在前右脚在后向下蹲去，左小腿垂直于地面，全脚掌着地，大腿靠紧；右脚跟提起，前脚掌着地；左膝高于右膝，臀部向下，上体稍向前倾。重心主要在左脚。

2. 男生的蹲姿（图 2–34）

基本同女生的蹲姿，但两腿须有一定距离，不要靠紧。

3. 低处拾物（图 2–35）

当你拾拣掉落的东西或取放

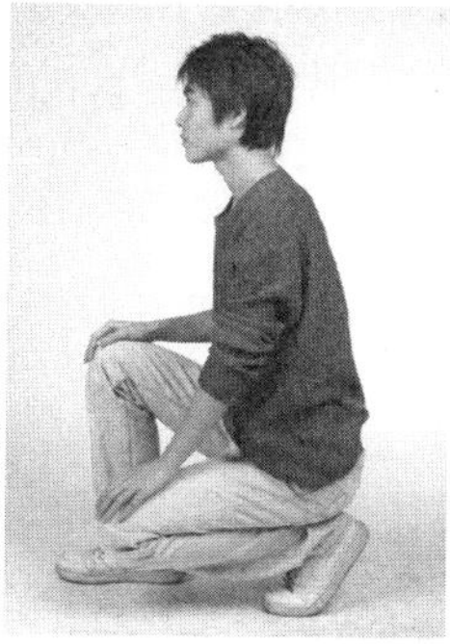

图 2–34

图 2–35

低处物品时，最好走近物品再采用蹲姿。这样既可以轻松自如的达到目的，又能展示优美的体态。

二、应避免的蹲姿

（1）不要突然下蹲。蹲下来的时候，不要速度过快。当自己在行进中需要下蹲时，要特别注意这一点。

（2）不要离人太近。在下蹲时，应和身边的人保持一定距离。和他人同时下蹲时，更不能忽略双方的距离，以防彼此“迎头相撞”或发生其他误会。

（3）不要方位失当。在他人身边下蹲时，最好是和他人侧身相向。正面他人，或者背对他人下蹲，通常都是不礼貌的。

（4）不要毫无遮掩。直腿下腰翘臀或双腿下蹲的取拣物品，在大庭广众面前，尤其是着裙装时，一定要避免下身毫无遮掩的情况，防止双腿叉开。

（5）不要蹲在凳子或椅子上。

第五节　手势

手是传情达意的重要手段和工具。劳动创造了人，劳动离不开手，人手使人具有了区别于其他动物的特殊本质。手势是人的第二面孔，虽不能完全表达出我们所经历过的事情大小、模样、节奏、分量或感觉，但具有抽象、形象、情意、指示等多种表达功能，可以反映事实。有时说话的同时，我们的手就会画出未说出的“言外之意”，为了有效地根据不同对象适度施礼，必须通过对方的手所表现出来的各种仪态，根据现代形体语言的研究成果，判读他人手势语的真实含义，然后决定自己如何去施礼或受礼。

一、手势分类

（1）情意手势。表达动作者的表情，使其内涵丰富，寓意深刻。如：鼓掌，挥手，伸大拇指等。

（2）象征手势。表示某种抽象的信念，且他人予以理解。如：宣誓，敬礼。

（3）形象手势。在交往中模拟某种状物，给人一种具体、形象的感觉。如：请给我一杯水。

（4）指示手势。指示具体的某项行为和事情的手势。如：请看屏幕提示。

二、规范的手势

规范的手势应当是手掌自然伸直，掌心向内向上，手指并拢，拇指稍稍自然分开，手腕伸直，使手与小臂成一直线，肘关节自然弯曲，大小臂的弯曲以140°为宜。

在出手势时，要讲究柔美、流畅，做到欲上先下、欲左先右。避免僵硬死板、缺乏韵味。同时配合眼神、表情和其他姿势，使手势更显协调大方。

三、常用手势

（1）横摆式：常用于"请进""请"。做法是：五指并拢，手掌自然伸直，手心向上，肘微弯曲，腕低于肘。开始做手势应从腹部之前抬起，以肘为轴轻缓向一旁摆出，到腰部并与身体成45°时停止。头部和上身微向伸出手的一侧倾斜，另一手下垂或背在背后，目视宾客，面带微笑，表现出对宾客的尊敬、欢迎。（图2-36；图2-37）

（2）前摆式：如果右手拿着东西或扶着门又要向宾客做出向右"请"的手势时，可以用前摆式，五指并拢，手掌伸直，由身体一侧由下向上抬起，以肩关节为轴，到腰的高度再由身前右方摆去，摆至距身前15cm，并不超过躯干的位置。

图2-36

图2-37

图2-38

图2-39

图2-40

目视来宾，面带笑容，也可双手前摆。（图 2-38）

（3）双臂横摆式：用于当来宾较多时，表示“请”动作需大一些。两臂从身体两侧向前上方抬起，两肘微曲，向两侧摆出。指向前进一侧方向的臂应抬高一些，伸直一些，另一手稍低一些，曲一些。也可以双臂向一个方向摆出。（图 2-39）

（4）斜摆式：请客人落座时，手势应摆向座位的方向，手要先从身体一侧抬起，至高于腰部后，再向下摆去，使大小臂成一斜线。

（5）直臂式：常用于给宾客指方向时。手指并拢，掌伸直，曲轴从身前抬起，向抬到的方向摆去，摆到肩的高度时停止，肘关节基本伸直。（图 2-40）

四、不同手势通常的含义

（1）双手自然摊开，表示心情轻松，坦诚而无顾忌。

（2）紧攥双拳，说明怒不可遏或准备“决战到底”。

（3）以手支头，表明对方对你的话全神贯注或十分厌烦。

（4）迅速用手捂在嘴前，显然是他觉得吃惊。

（5）用手成“八”字形托住下颌，是沉思或深算的表现。

（6）用手挠后脑，抓耳垂，表明有些羞涩或不知所措。

（7）手无目的地乱动，说明很紧张，情绪难控。

（8）不自觉地摸下巴、擦眼睛，表明十有八九没说实话。

（9）双手相搓，如果不是天冷，就是在表示一种期待。

（10）咬手指或指甲，如果不是幼儿，那说明在心理上一定不成熟，涉世不深。

（11）指尖相对，支于胸前或下巴，是自信的表现。

（12）与你说话时，双手插于口袋，则显示出没把你放在眼里或不信任。

（13）“OK”形手势的含义：拇指和食指合成一个圆圈，其余3个指头伸直或略曲。在我国和世界其他一些地方，伸手示数时表示零或三，在美国、英国表示“赞同”“了不起”的意思；在法国，表示零或没有；在泰国表示没问题、请便；在日本、缅甸、韩国表示金钱；在印度表示正确、不错；在突尼斯表示“傻瓜”；在巴西表示侮辱男人、引诱女人。

（14）“V”形手势的含义：食指和中指上伸成“V”形，拇指弯曲压于无名指和小指上，这个动作在示数时表示二。用它表示VICTORY（胜利），据说是第二次世界大战时期英国首相丘吉尔发明的。不过，表示胜利时掌心要向外，如果掌心向内，就是贬低人、侮辱人。在希腊，这一手势，即使掌心向外，如手臂伸直，也有对人不恭之嫌。（图2-41）

图2-41

（15）举食指的含义：左手或右手握拳，伸直食指，在世界多数国家表示数字一；在法国则表示“请求提问”；在新加坡表示“最重要”；在澳大利亚则表示“请再来一杯啤酒”。（图2-42）

图2-42

（16）举大拇指手势的含义：在我国，左手或右手握拳，伸出大拇指，表示“好”“了不起”等，有赞赏、夸奖之意；在意大利，伸出手指数数时表示一；在希腊表示“够了”，是让对方“滚蛋”之意。中国人在与希腊人交往时，千万不要按着本国的习惯使用这一手势去称赞对方，以防止出现笑话或产生不愉快的结局。拇指下伸表示“厌恶”“坏蛋”；在美国、英国、澳大利亚等国，表示“好”“行”“不错”，拇指左、右伸则大多是向司机示意搭车方向。

除握手外，作为人体语言之一的手势语还有许多。特别是在国外，人们在日常生活中常常借助于各种手势来表达自己的思想和愿望，久而久之，这些手势形成一定的思想意义，为本国和本民族所熟悉。然而，有时在不同地区，同一种手势会表达截然相反的意思。对此，我们应略知一二，以便在国际交往中，能恰当地使用各种手势，准确表达自己的内心感情，判断他人的态度情感，建立友好的人际关系。

搓手掌即两手相互摩擦搓动，冬天人们有时用它来增加手掌热量，以防冷冻。在运动场上，运动员搓手掌又表示对成功的一种期待心理。假如推销员使用这一手势，那则是告诉对方：“我们又搞到一笔好生意！”而在国外一些饭店，当顾客就餐结束前，服务员面对客人搓手掌，并问：“先生，您还想喝点什么？”这时，搓手掌则暗示了期待小费或渴望赞扬的心理。

合十礼在印度、尼泊尔以及东南亚信仰佛教的一些国家，晚辈见到长辈，下级见到上级，妻子见到丈夫，都要行这种见面礼，以示尊敬。而对方不必还礼。在同事之间，双方则互用双手合十礼。所以，当对方向我们致以这种礼节时，应以双手合十礼相还。行合十礼一般双目注视对方，双手十指在胸前约 20 厘米处对合，手指并拢向上，手掌略向外倾斜，指尖一般在下颌位，指尖越高礼越重，指尖高过头一般为礼佛，然后低头，双腿直立，上身前倾约 30°—45°，对合的双手微微上举。施礼时若戴帽子，必须先摘下夹左腋下方，方可施礼。

另外，与手势语相关的一些动作，如点头，在大多数国家表示肯定、同意、赞成之意，而在保加利亚、南斯拉夫、希腊等国，点头表示不同意或不赞成。再如在剧院观看演员演出，中国、日本以及一些国家的人们用频频鼓掌表示对演员的欢迎和鼓励，英国人则用有节奏的拍掌，表示对演员演技的不满。在意大利、西班牙、葡萄牙、法国以及大部分拉丁美洲国家，人们把三个指头按在嘴上并发出亲吻声，表示对演出的赞许，但同一动作在部分巴西人中却是发泄对拙劣演技的不满。还有一种，用食指把自己眼睛往下扒一下的动作，也常在涉外交往中使用。这种动作在意大利、西班牙等国是在提醒某人有危险，在英国意味着自己所做的事被对方看穿，在拉丁美洲表示殷勤和客气，在澳大利亚则表示对某人蔑视。

了解以上这些常见的手势语及相关的一些动作，并掌握其在不同国家、民族和地区的不同含义，可以避免可能发生的误会，或避免使自己陷入困境，从而减少阻力，提高交际效益。

五、应避免的手势

（1）注意指引方向时，不可以用一手指指出，那样显得不礼貌。更不要指指点点与他人说话，这样不仅不礼貌，更是对他人的轻视和瞧不起。（图 2-43）

图2-43

（2）打响指是一些人在兴奋时的习惯动作，有些人在碰到熟人或招呼服务员，常常用打响指来表示，这不仅仅是对对方的不尊重，也表明了自己不严肃，应该纠正。

第六节　握手

一、握手的意义

人类文明发展到今天，无论哪个民族，哪种信仰的人，见面时都要使用各种各样的见面礼，其中最常见，最为广泛的就是握手礼。它是沟通思想、交流感情、增进友谊的重要方式，是现代交际和应酬的礼仪之一。

握手既是一种礼仪方式，又可称之为“次语言”。深情、文雅而得体的握手，往往蕴藏着令人愉悦、信任、接受的契机。两人见面，若是熟人，不用言语，两手紧紧一握，各自的许多亲热情感就互相传递过去了；若是生人，一握之际，就是由生变熟的开端。因此，它已成为世界上通行的人们在日常交际中使用的见面礼节。

握手，多用于见面致意和问候，也是对久别重逢或多日未见的友人相见或辞别的礼节。（图2-44）

图2-44

握手，有时又具有“和解”的象征意义。据说握手是西方中世纪骑士相互格斗，势均力敌，作为和解的表示，把平时持剑的右手伸向对方，证明手中没有武器，相互握手言和，发展到后来，便演变为国与国之间言和的象征。

握手除了作为见面、告辞、和解时的礼节外，还是一种祝贺、感谢或相互鼓励的表示。如对方取得某些成绩与进步时，赠送礼品或发放奖品、奖状，发表祝词讲话后，均可用握手来表示祝贺、感谢、鼓励等。

二、握手礼仪

1. 握手基本礼仪（图 2-45）

握手应自然大方地距受礼者约一步（75cm左右）时，上体微微前倾，同时伸出右手。除年老体弱或残疾人以外，坐着握手是很失礼的。在一般情况下，应由主人、年长者、身份地位高者、女性先伸手；应注意的是，在社交场合，无论谁先向我们伸手，即使他忽视了握手礼的先后顺序而已经伸出了手，都应看作是友好、问候的表示，应马上伸手相握；拒绝他人的握手是很不礼貌的。

图 2-45

【例】2003 年 6 月 24 日，俄罗斯总统普京对英国进行历史性访问，英女王以盛大礼仪隆重欢迎。普京在出访前曾接受礼仪训练，希望在这次访英行程中表现得体。不过他在第一天就犯了规。当女王抵达白金汉宫步下马车时，普京似乎很有绅士风度地走上前，轻扶英女王手臂。根据英国文化传统，作为宾客的他是不可以随便触碰女王的。但英国女王并没有拘礼拒绝，而是微笑地接受了普京善意的错误，避免了尴尬氛围的出现。女王的应变智慧，体现她对礼仪的理解——宽容、真诚才是礼仪和本质。

2. 与女士握手的礼仪

与女士握手时，应等对方首先伸出手，男方只要轻轻一握就可。如果对方不愿握手，也可以微微欠身问好，或用点头、说客气话等代替握手。一个男士主动与女士握手是不适宜的。

握手之前，男士必须先脱下手套，而女士握手，则不必脱手套。客人多时，握手不要与他人交叉，让别人握完后再握。按国际惯例，身穿军装的男士可以戴着手套与女士握手，握手时先行举手礼，然后再握，这是一种惯例。握手时，应微笑致意，不可目光看别处，或另与第三者谈话。握手后，不要当对方的面擦手。

与女性握手最应掌握的是时间和力度。一般来说，握手要轻一些、短一些，

图 2-46

也不应握着对方的手用劲摇晃。但是，如果用力过小，也会使对方感到你拘谨或虚伪敷衍。因此，握手必须因时间、地点和对象不同对待。（图 2-46）

3. 与老人、长辈或贵宾握手的礼仪

一般情况下，对平辈、朋友，或熟人先伸手有礼，而对老人、长辈或贵宾时则应等对方先伸手，自己才可伸手去接握。否则，便会看作是不礼貌的表现。握手时，不能昂首挺胸，身体可微微前倾，以视尊重，但也不能因对方是贵宾时就显得胆小拘谨而只把手指轻轻接碰对方的手掌就算握手，也不能因感到“荣幸”而久握对方的手不放。

当老人或贵宾向你伸手时，应快步向前，用双手握住对方的手，这也是尊敬对方的表示。并应根据场合，边握手边打招呼问候，如说“您好”“欢迎您”“见到您很荣幸”等热情致意的话。

4. 上级或下级之间的握手礼仪

在与上级或下级握手时，除应遵守一般握手的礼仪外，还应注意以下几个方面：

上级为了表示对下级的友好、问候，可先伸出手，下级则应等对方有所表示后再伸手去接握，否则，将被视为不得体或无礼。

当遇到几位都是你的上级时，握手时应尽可能按其职位高低的顺序，但也可由他们中的一位进行介绍后，由你与对方一一握手致意。如同来的上级职位相当，握手的顺序应是先长者（或女性），然后再是其他人。如果长者中有自己比较熟悉者，握手时应同时说些如“近来身体可好”之类表示问候的话。

上级与下级握手，一般也应以其职位高低为序，遇有自己熟悉的下级，握手同时也应说些问候、鼓励和关心的话。

不论与上级还是下级握手，都应做到热情大方，遵守交往礼节。

下级与上级握手时，身体可微欠，或快步趋前双手握住对方的手，以表示尊敬，但切不可久握不放，表示过分热情。

上级与下级握手时同样要热情诚恳，应面带笑容，注视对方的眼睛，切忌用指尖相握，或敷衍一握了事。也不可在握手时，东张西望或漫不经心，使对方感到你冷漠无情。在众多的下级面前，也不要厚此薄彼，只与其中一两个人握手，而冷落其他人，更不能与下级握手后，急忙用手帕擦手。这些表现，都会被人认为是轻慢与无礼的行为。

三、握手具体的样式

握手既有较为统一的礼仪规范，又因各种具体情况的不同有许多具体样式。了解一些握手的典型式样，既有助于通过我们握手了解交际对方的性格、情感状况、待人接物的基本态度等等；也有助于我们在交往中根据不同的场合、不同的对象去自觉的应用各种具体的样式。

（1）对等式握手。这是标准的握手样式。握手时两人伸出的手都不约而同地向着对方，或者说是到了最后都不得不将手心向着对方。这样的握手多见于双方的社会地位不相上下，由于双方都“试图”处于支配的地位，通过“竞争”，最后双方的手心在握住时不得不都向着对方；也可能是一种单纯的、礼节性的表达友好的方式。

（2）双握式握手。美国人称“政客式”握手。据说在美国历届竞选总统时，几乎所有的竞选人都要以这样的样式对上至亿万富翁、下至西部牛仔握手。其具体样式是：在用右手紧握对方右手的同时，再用左手加握对方的手背、前臂、上臂或肩部。使用这种样式握手的人是在表达一种热情真挚、诚实可靠，显示自己对对方信赖和友谊。从手背开始，对对方的加握部位越高，其热情友好的程度显得也就越高。

（3）支配式握手。也称“控制”式握手，用掌心向下或向左下的姿势握住对方的手。以这种样式握手的人想表达自己的优势、主动、傲慢或支配地位。这种人一般说话干净利落、办事果断、高度自信，凡事一经自己决定，就很难改变观点，作风不大民主，在交际双方社会地位差距较大时，社会地位较高的一方易采用这种方式与对方握手。

（4）谦恭式握手。也叫“乞讨式”握手，顺从型握手。与支配式握手相对，用掌心向上或向左上的手势与对方握手。用这种样式握手的人往往性格软弱，处于被动、劣势等地位，这种人处世比较民主、谦和、平易近人，对对方比较尊重、敬仰，甚至有几分畏惧。这种人往往易改变自己的看法，不固执，愿意受对方支配。

（5）抠手心式握手。两手相握之后，不是很快松开，而是双手掌相互缓缓滑离，让手指在对方手心适当停留。握手本来就是身体感觉最敏感的部位相互接触，彼此都能通过握手获得一种快感。如果再让手指在手心轻轻划过，无疑更能使对方热血沸腾、情绪高涨。因此，抠手心式握手一般只见于恋人、情人之间，或心有灵犀的好朋友之间。

（6）拉臂式握手。将对方的手拉到自己的身边相握，且往往相握时间较长。这常常是社会地位较低者，特别是那些较强自卑感的人在与社会地位较高者握手时采用的形式。这种人往往过分谦恭，在他人面前唯唯诺诺，轻视自我、缺乏主见与敢作敢为的精神。

（7）捏手指式握手。不是两手的虎口相触对握，而是有意或无意的只捏住对方的几个指头或手指尖部。女性与男性握手时，为了保持自己的矜持和稳重，常采取这种样式。如果是同性这样握手，就显得有些冷淡与生疏。据说，英国女王与人握手时，为了不让对方完全握住她的手，她总是不把手完全伸出来，并把拇指明显地曲向下方。有不少官僚显贵人物，与人见面时，也总是伸出两三个指头一握了之，以显示他们地位的“尊贵”。（图 2-47）

图 2-47

（8）“死鱼”式握手。握手时伸出一只无任何力度、质感，不显示任何信息的手。给人的感觉就好像是握住一条三伏天腐烂的“死鱼”。这种人的特点如不是生性懦弱，就是对人冷漠无情，待人接物消极傲慢。假如你握到一双这样的手，那你就不要指望手的主人会热情地为你办事。

四、握手注意事项

（1）多人见面时应避免交叉握手。多人相会或道别时，不能交叉握手。因为四人交叉握手，手臂恰好形成一个十字架形。在西方有些国家，传说交叉握手会招来不幸。另外，多人交叉握手也显得比较忙乱，缺少从容态度。

（2）跨门槛时不可握手。宾主告别时，要注意跨门槛时，不可握手。因为这是一种不礼貌的握手。

（3）握手时应面带微笑，目光专注，与对方握手时应注意面部表情，手的力度，眼光以及显示诚意和郑重，千万不可往顾左右而握之。

（4）握手忌讳：伸出左手，戴墨镜，戴帽子，戴手套，过分用力，敷衍造作。

（5）与女士握手式注意力度不要太大，时间不超过 3 秒钟。

第七节　拥抱、鞠躬、拱手和作揖

一、拥抱

1. 拥抱的作用

拥抱礼是西方国家传统的礼节形式。在人们见面、告别、祝贺、慰问、欣喜时，常采用拥抱礼，随之而来的还有贴面颊或亲脸。在我国，部分少数民族使用拥抱礼。由于汉民族是一个非常内向的民族，所以拥抱在日常交往中一般不使用。

对人类来说，拥抱是传递感情、寄托感情、释放感情的一种举动。夫妻之间拥抱是爱的表示；婴儿一出世便接受拥抱是很自然而纯洁的反应；母亲抱着孩子，就感受到一种精神慰藉和爱心的冲击；孤儿院的孩子渴望被人拥抱，祈望得到爱心的滋润和情感的沐浴。进入青年期后，没有人拥抱自己，表明没有人爱自己，没有人关心自己。因此，拥抱是人类感情的需要。

成年异性的拥抱也只限于无旁人在场，且更多的是在居室里面。倒是青年同性的朋友，如好朋友久别重逢时，常见使用拥抱表示双方的感情，且一般都在公开场合。

2. 拥抱使用方法

正规的拥抱礼一般是两人正面相对而立，各自举起右臂，右手扶住对方左后肩，左手扶住对方右后腰，按各自的方向，两人头部及上身都向左相互拥抱，然后头部及上身向右拥抱，再次向左拥抱后，礼毕。

因亲疏、远近、关系的不同而有不同的要求。夫妻之间是拥抱亲吻，父母子女之间是亲脸、亲额头，兄弟姐妹平等的亲友都是贴面颊。一般在公共场合关系亲近的妇女之间是亲脸，男子之间是拥抱，男女之间是贴面颊，晚辈对长辈一般亲额头。至于官方和民间的一些表示祝贺、欢迎和感谢的隆重场合，也有使用拥抱的礼节。

由于各民族所处的历史环境、地理条件、文化背景不同，因而各国形成了各具特色的见面礼节。对于这些，我们应当有所了解，以便根据不同国家、不同民族的习惯，采取正确的方式，给对方留下良好印象，促使双方建立和睦的人际关系。

二、鞠躬（图 2–48）

1. 鞠躬的形成与发展

鞠躬源于中国先秦时代，而且因使用者鞠躬时身体向前躬弯的程度不同，形成表达感情上的细微差别。如果上身微向前倾，是谓恭敬之意。倘若身体向前弯曲程度较大，在礼貌恭敬的感情则较深厚。

图 2–48

鞠躬的礼节不仅中华民族有之，在朝鲜、新加坡、日本等国，这种礼节也普遍被人们所接受和使用。特别是在日本，可说是以鞠躬“独步天下”。一般双方见面后，都要鞠躬致意。女性鞠躬时双手合拢，自然放在身前并弯下身子。男士则将双臂自然下垂，放在身体两侧，同时弯腰。弯腰度数因场合、对象的不同而有所区别。

2. 鞠躬使用的场合

（1）演员谢幕时

当一场精彩的演出结束时，观众往往报以热烈的掌声，演员则以鞠躬谢幕。有的演员每唱完一支歌或奏完一首曲，也常以鞠躬礼对观众的鼓励表示感谢。

（2）演讲和领奖时

演讲者在演讲开始前和结束后，要以深深地鞠躬表示自己对听众的敬意。得奖人在台上领取奖品时，也总是要向授奖人和全体与会者鞠躬，以表示感谢上级领导的关心和爱护，与会者支持和鼓励。

（3）师生见面时

学生上下课多行此礼。上课时由值日生呼喊起立，全体学生向老师行鞠躬礼，然后老师还鞠躬礼。下课亦然。途中相见，也先由学生行此礼，老师则点头还礼。

（4）举行婚礼时

在举行婚礼时，一般都要“新郎新娘三鞠躬”。这是传统礼节，至今沿用，以代替过去的“交杯礼”。同时，新婚夫妇要向尊长、亲友和来宾行诚挚的鞠躬礼。

（5）青年男女初次拜访双方父母时

当青年男女恋爱后，第一次到对方家里做客时，为了表示对长辈的尊重和礼貌，也可向对方父母鞠躬问候，以示知书达理、注重礼节。

3. 鞠躬使用的方法

鞠躬时，应从心底里发出向对方表示感谢和尊重的意念，从而体现在行动上，给对方留下诚恳、真实的印象。遇到客人或表示感谢或回礼时，行 15° 鞠躬礼；遇到尊贵客人来访时，行 30° 鞠躬礼。行礼时面对客人，并拢双脚，视线由对方脸上落至自己的脚前 1.5m 处（15° 礼）、脚前 1m 处（30° 礼）或脚前 0.5m 处（45° 礼）。90° 的大鞠躬常用于悔过、谢罪等特殊情况。男性双手放在身体两侧，女性双手叠放在身体前面。（图 2-49；图 2-50；图 2-51）

图 2-49

图 2-50

图 2-51

三、拱手和作揖（图 2–52）

拱手和作揖是中国汉民族的一种传统交际礼节，是古人最常用的见面礼。施礼者右手在内，左手在外，两手合抱至下巴处。自上而下或由内到外，有节奏地晃动两三下。

拱手在周朝已很普遍。据考证，拱手姿势最初是双手抱拳，模仿戴手枷的奴隶，以表示自谦之意。拱手无所谓高低贵贱，属人们日常礼节，用在亲友相见、迎送宾客、向人问讯和谦让客气上面。

作揖的礼节于先秦时代开始使用。方式一般是双手叠抱举前轻轻晃动，身略前倾，表示问候、致谢、邀请、讨教等，还常伴以谦辞、敬辞。古人常以作揖时推手位置的高低之别和屈身打躬的角度的不同来定尊卑、别亲疏。由此可见，作揖是以拱手为基本姿势，辅之上下左右的具体动作而成的一种礼节。

当代中国人行此礼，多分不清“拱手”与“作揖”的区别，目前，我国行拱手作揖礼的场合主要有以下四种：

（1）团拜。每逢佳节，机关团体成员相聚在一起互相祝贺时，常以拱手为礼。领导下基层拜年，也常一边说“恭贺新禧”，一边拱手作揖，表示拜年。团拜时，

图2-52

施礼者面向全体与会者，呈环状拱手作揖，向大家表示节日祝贺。

（2）开会。在供销会、产品鉴定会或订货会上，施礼者也常采取一边向大家拱手致敬，一边说："请大家多多关照！"比之鞠躬礼要随便一些，较之握手礼，又方便得多。

（3）过春节。邻居、朋友、同事或亲戚之间，相见时拱手行礼，口道："恭喜发财""万事如意"，向对方表示祝愿和敬意。

（4）祝贺。如向寿星祝寿，向同学祝贺高中，向同事祝贺取得成果，向邻居祝贺乔迁新居等等，习惯上一般也可以拱手为礼。

另外，当开会时，领导提前退席，也常用拱手礼，以示歉意。

专家建议：

1.保持头部直立，走路和坐立都不要让自己松懈，运用自信的身体语言。

2.与初次相识者相遇要用自己的身体语言展示出自信的态度，保持仪态。

3.先自我介绍，再伸出你的手。

通常是高职位的人或女士、长者先伸手，表示愿意与对方握手。如果他们没伸手，你应该等待。若是对方非常积极主动地先伸出手来，你一定要回握，否则不但让对方感到窘迫，也显得你不懂礼仪。

4.握手时，要与对方目光接触，面带笑容，目光接触显示你对别人的重视和兴趣，也表现了自信和坦然，同时还可以观察对方的表情。

5.当你伸手时，手掌和拇指应该成一个角度，一旦你的手与别人握在一起，你的四指与拇指应该全部与对方的手握在一起。"死鱼"式的握手特征之一就是不用拇指。

6.握手要有一定的力度，它表示了你坚定、有力的性格和热切的态度，但又不要握得太紧。

7.握手时间3–5秒，少于显得太仓促；握得太久显得过于热情，尤其是男生握女生的手，握得太久，容易引起对方的防范之心。

第三章　形体美塑造

章前启示

发展体育运动，增强人民体质。体育于吾人占第一之位置。体育之效，在于强筋骨，增知识，调感情，强意志。体育者，人类自养生之道，是身体平均发达，而有规则次序之可言者也。德志皆寄予体，无体是无德志也。文明其精神，野蛮其体魄。

——毛泽东

优美就在于：每一个举动与姿势都是最轻便、最适度、最自然地做成的……

——叔本华（德国唯心主义哲学家）

你的体重是你的等级宣言！

——保罗·福赛尔

世界上没有比结实的肌肉和新鲜的皮肤更美丽的衣服。

——马雅可夫斯基

第一节　形体美的标准

一、形体的含义

形体即身体的形态，由体格、体型、姿态三个方面构成。

图 3-1

体格指标包括人的高度、体重、围度、宽度、长度等。其中身高主要反映骨骼的综合情况；体重主要反映骨骼、肌肉、脂肪等重量的综合情况；围度包括胸、腰、臀、臂、腿、颈围等，胸围主要反映胸阔的大小及胸部肌肉生长发育状况。因而，身高、体重和胸围被列为人体形态变化的三项基本指标。（图 3-1）

图 3-2

体型是指身体各部分的比例。如上下身长的比例，肩宽与身高的比例，各种围度之间的比例，等等。体型主要取决于骨骼的组成与肌肉的状况。达·芬奇说："美感完全建立在各部分之间神圣的比例上"；美国艺术史学家潘诺夫斯基深刻地指出："美，不在于各种成分，而在于各个部位和谐的比例"；艺术大师笛卡儿也说："恰到好处的适中与协调就是美。"由此可见，体型是否美，主要取决于身体各部分发展的均衡与整体的和谐。早期古希腊标准人体比例的规定是面长的 10 倍或头长的 7—8 倍等于标准身长；在埃及则把中指的 19 倍或鼻高的 32 倍视为标准身长。目前人们公认的是头长的 8 倍等于身高，如果破坏了一定的比例，人体就会失去匀称而显得不协调。

姿态是指人坐、立、行、走等各种基本活动的姿势。人体的姿势主要通过脊柱弯曲的程度、四肢和手足以及头的部位等来体现。

姿势的正确、优美，不仅体现人的整体美，还反映出一个人的气质与精神风貌。可以说，它是展示人的“内在美”的一个窗口。（图 3-2）

在现实生活中，身材高矮、胖瘦不是美的主要方面，关键是看身高与体重的比例是否恰当。比例失调不能产生美感，比例适中则给人以和谐匀称的美感。“环肥燕瘦”就是典型的例证。此外，一个人尽管体型很美，却病态恹恹，站无站相，坐无坐相，走起路来弯腰弓背，摇摇晃晃，又怎能产生美感呢？这就告诉我们，姿态美对充分表现体型美、烘托体型美起着重要的作用。因此，在鉴别与评价形体美时，切不可把体格、体型、姿态三大要素孤立的割裂开来，必须全面综合分析，着眼于整体。而在塑造自身的形体美时，则要根据本身的自然条件，从整体美的角度出发，进行形体训练，方能实现美化形体的愿望和目的。（图 3-3）

图 3-3

二、形体美的标准

形体美是指具有强健的体格、健美的体形、良好的姿态及高雅的气质和风度的一种综合的身体美。

1.“黄金分割律”

普列汉诺夫说过：“绝对的美的标准时不存在的，并且以不可能存在。”这是因为，在人类历史发展过程中，形体美的标准是不断变化的，即使是同一时代的人，由于民族特点、种族差异、地理环境、审美习惯、受教育背景、受教育程度等方面的不同，标准也不尽相同。所以，只能根据现代人对人体美的研究，提出相对稳定的评价标准。我们来看看专家学者根据“黄金分割原理”，从生物学、心理学角度，提出的见解。

“黄金分割原理”也叫“黄金律”，是意大利著名画家、解剖学家达·芬奇通过无数尸体解剖的实际测量和研究证实，人体中有许多部分符合黄金分割律的比例关系，19 世纪德国美学家柴依辛又做出了进一步的计算。学者们发现，一个长方形的长边（a）和短边（b）的比例，若与两边之和（a+b）与长边（a）的比例相等，即 a∶b=（a+b）∶a。那么，这个长方形就具有多样的统一，且轻重匀称。许多美学实验表明，多数人喜欢这种比例，认为最合乎美感的要求。这个比例是一个常数，长边：短边的比值符合或接近 1：1.618 的比例，等于 5：3 或者 8：5，或 13：8，或者短线与长线的比值为 0.618。现实生活中所见得照片、屏幕和很多艺术品也都呈现这种比例。所以，均衡的比例与整体的和谐更符合人们的审美标准。

例如：美丽的人容貌和形体结构中有 18 个“黄金点”（一条线段的短边与长边之比为 0.618 或近似值的分割点）、15 个黄金矩形（宽与长之比为 0.618 或近似值的长方形）、六个“黄金指数”（两条线段：短段与长段之比为 0.618 或近似值的比例关系），仅鼻子就有三个“黄金三角”（外鼻正面观、外鼻侧面观、鼻根和两侧口角组成的三角形）。人体的黄金指数有上下肢指数、目面指数、鼻唇指数、唇目指数、上下唇高指数、切牙指数等均近似 0.618。

我国体育美学研究人员结合古今中外美学专家对人体健美的理解，结合我国民族体质和体形现状，提出了人体健美的十条基本标准：（图 3-4）

（1）骨骼发育正常，关节不显得粗大凸出；

（2）肌肉发达匀称，皮下有适当的脂肪；

（3）头顶隆起、五官端正、与头部比例配合协调；

（4）双肩平正对称，男宽女圆；

（5）脊柱正视垂直，侧视曲度正常；

（6）胸廓隆起，背面均略呈倒三角形，女子乳部丰满而不下垂，侧看有明显曲线；

（7）女子腰略细而结实，微呈圆柱形，腹部扁平；男子有腹肌垒块隐现；

（8）臀部圆满适度；

（9）腿长，大腿线条柔和，小腿腓肠肌稍突出；

（10）足弓较高；

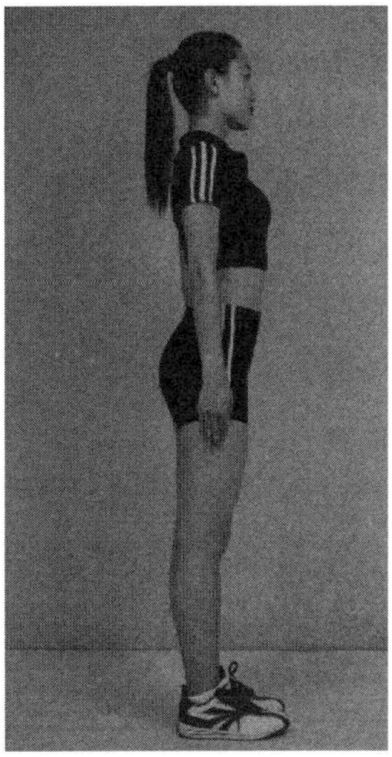

图 3-4

2. 具体的评价指标

（1）标准身高（cm）

身高指数 = 身高（cm）– 体重（kg）

男子身高指数为 109，女子身高指数为 104。

高于此指数者，说明发育良好；低于此指数者，说明发育较差。

（2）标准体重

北方人 =［身高（cm）– 150］×0.6+50

南方人 =［身高（cm）– 150］×0.6+48

（3）上下身比例

男子以股骨大转子为中心，上下身长相等；女子以肚脐为界，上下身比例为5∶8。

（4）男女两臂侧平举时的长度等于身高。

（5）男女肩的宽度，约等于 1/4 身高。

（6）长等于 1/4 身高。

（7）围约等于 1/2 身高 +5cm；女子胸围是身高的 53.4%。

（8）围约小于胸围 18cm；女子腰围不大于 1/2 身高。

（9）围约等于胸围（是身高的 50.6%）；女子臀围约大于胸围 1~2cm（是身高的 54.5%）。

（10）男子大腿围约小于胸围 22cm；女子大腿围约小于腰围 8~10cm。

（11）男子小腿围约小于大腿围 18cm；女子小腿围小于大腿围 18~20cm。

（12）男子脚腕围约小于小腿围 12cm，上臂围约等于 1/2 大腿围，前臂围约小于小腿围 5cm，颈围约小于小腿围。

评定男性体形美的公式是：

胸围／身高＝ 0.53

上臂围／身高＝ 0.17

大腿围／身高＝ 0.30

【例】身高 170cm

胸围 90.1cm

上臂围 28.9cm

大腿围 51cm

测量方法：

胸围：由腋下沿胸部的上方最丰满处。

腰围：正常情况下，腰最细的部位。

髋位：体前耻骨平行于臀部最大的部位。

大腿围：在大腿的最上部，臀折线下。

小腿围：小腿最丰满处。

上臂围：分紧张围和放松围。测紧张围时，一臂握拳最大限度屈肘，测量最隆起部位；测放松围时，测量部位相同，臂自然下垂。

颈围：臂自然下垂，均匀呼吸，测甲状软骨的喉结处颈部周长。

女性理想体形的身高与三围的比例关系：

胸围／身高＝ 0.535

腰围／身高＝0.365

臀围／身高＝0.565

【例】身高 160cm

胸围 85.6cm

腰围 58.4cm

臀围 90.4cm

实际测得的数据与标准指数 ±3 厘米均属标准。小于 5 厘米，说明过于苗条（偏瘦）；大于 5 厘米则说明过于丰满（偏胖）。生活中，女性的美在于围度而不在于胖瘦，完美的体型有一定的围度范围。

测量方法：

胸围：身体直立，两臂自然下垂，由肩胛骨下角处经腋下沿乳头上边最丰满处。

腰围：正常情况下，腰最细的部位。

髋位：两腿并拢直立，两臂自然下垂，由体前耻骨平行于臀部最大的部位。

三、形体训练

形体训练就是以人体科学理论为基础，通过各种身体练习，运用专门的动作方式和方法，从而改变人的原有不良体态，以增进健康、增强体质、塑造体形、训练仪态、陶冶情操为目的的形体素质基本练习。形体训练主要包括形态训练、姿态训练和气质训练。形态训练是指针对人的身体的各个部位进行的训练。姿态训练是针对人的站、立、行等姿势而进行的练习。气质训练是个人内在的文化修养和外在的精神面貌的专门练习。

形体练习是一个完整、系统的锻炼体系，其内容根据所练习的部位和作用分为下列几个方面：

（1）正确的感知是形成和保持优美形体的必要条件之一，包括头颈、躯干、上肢、下肢感知和站立基本姿态。通过身体各部位的感知练习，可以体会保持正确身体姿态所必需的肌肉感觉，提高身体的自控能力，是形体练习中不可缺少的锻炼内容。

（2）基本形态是指先天形态和后天塑造的最基本的身体姿态。其练习内容包括基本方向、与基本部位练习、扶把姿态练习、离把徒手姿态练习和表现力练习。在基本姿态和基本部位练习中，将方向的认知，对脚与手的基本部位，进行了规范的要求；在扶把练习中，练习的内容是根据普通大学生的身体条件编排的，并提出了规范性的要求；离把徒手姿态练习，包括各种基本步法和手臂动作，强调了举手投足的优美性，内容丰富；表现力练习着重培养人的优美体态和以肢体动作以及面部表情表现情绪情感的能力，该部分是形体练习中最主要的练习内容之一。

（3）基本素质是形体姿态控制和保持的必要条件，该部分筛选了柔韧、力量、协调三项素质，将其锻炼方法进行了归类介绍。

第二节　营养与健康

一、健康的标准

当今社会，人们对健康的衡量与评价始终和“美”联系在一起。强健的体魄，婀娜的身姿都要有健康作为基础。

1. 世界卫生组织（WHO）根据健康的定义，制定了界定健康的10条标准：

（1）充沛的精神，能从容不迫的担负日常生活和繁重工作而不感到过分紧张和疲劳；

（2）处事乐观，态度积极，乐于承担责任，事无巨细不挑剔；

（3）善于休息，睡眠良好；

（4）应变能力强，能适应外界环境中的各种变化；

（5）能够抵御一般性的感冒和传染病；

（6）体重适当，身体匀称，站立时头、肩位置协调；

（7）眼睛明亮，反应敏捷，眼睑不发炎；

（8）牙齿清洁，无龋齿，不疼痛，牙龈颜色正常，无出血现象；

（9）头发有光泽，无头屑；

（10）肌肉丰满，皮肤有弹性。

2. 心理学家马斯洛的9条健康标准

（1）对现实具有高效率的知觉；

（2）具有自发而不流俗的认识；

（3）能悦纳自己、悦纳他人、接受自然；

（4）在其环境中能保持独立，能欣赏宁静；

（5）主要基本的哲学和道德理论；

（6）对平常的事物，如朝旭夕阳，甚至每天的例行工作能经常保持兴趣；

（7）能和他人建立深厚的友情，并且有乐于助人的热心；

（8）具有民主的态度，创造性的观念和幽默感；

（9）能承受欢乐和忧伤。

3. 现代人的健康状况调查

世界卫生组织一项全球性调查结果表明，全世界真正健康的人仅占5%，经医生诊断有病的人也只占20%；75%的人处于亚健康状态。最近我国卫生部对10个城市上班族的调查表明，上班族中处于“亚健康”状态的人占49%。美国每年有600万人被怀疑处于亚健康状态。

我国的心脑血管疾病发病40年来一直持续上升，目前已占城市人口死因的41%，北京则高达51%。而心脑血管病发病在美国、日本却都是前20年上升，后20年下降，目前仍保持下降趋势。

二、影响健康的因素

健康程度15%取决于内因，85%取决于外因，其中10%取决于社会因素，8%取决于医疗条件、7%取决于气候环境因素，60%取决于自己（行为和生活方式）。

1. 环境因素

自然环境：人一时一刻都离不开自然环境，空气、阳光、水是人类赖以生存的自然条件，粮食、蔬菜、鱼肉、食盐等是人类生活所必需的物质。在优美的自然环境中，人精神振奋、呼吸畅通、内分泌协调。这些对人的身心健康无疑是十分有利的。

社会环境：社会是人类生存和发展最重要的环境。人们一方面享受着社会生产的成果（科技的进步、工业的发展，使人们有了丰富的物质文明）；另一方面社会生产的发展也对人体健康造成危害（现代工业的发展同时带来了废水、废气、废渣、噪声等污染）。随着社会生产发展的加速，也就带来了越来越多值得研究的影响人体健康的问题。

2. 行为生活方式

生活方式是指人们长期受一定文化、民族、经济、社会、风俗、家庭等影响而形成的一系列生活习惯、生活制度和生活意识。人类在漫长的发展过程中，虽然很早就认识到生活方式与健康有关，但由于人们一直认为危害人类生命的各种传染病是人类死亡的主要原因，从而忽视了生活方式对健康的影响。直到 20 世纪 60 年代后，人们才逐步发现生活方式在全部死因中的比重越来越大，例如，1976 年美国年死亡人数中，50% 与不良的生活方式有关。可见，形成良好的生活方式对于健康至关重要。国际医学界提倡一种新的科学生活方式，称之为 FUN 的生活方式。F——健身，每天坚持进行至少 30 分钟的适合自身能力的运动；U——和谐，指心理放松，人际和谐，开展家庭聚会、野外旅游活动等；N——营养，提倡科学的、合理的营养，适量的碳水化合物，中等量的优质蛋白质，低脂肪以及新鲜的水果和蔬菜等。

3. 卫生保健设施因素

保健是包括对疾病患者进行治疗在内的康复训练、普查疾病、促进健康、预防疾病、预防伤残以及健康教育等一系列活动的总和。显然，健全的社会保健制度是维护和促进健康的重要保障。

4. 生物遗传因素

后代形成和亲代相似的多种特征称为遗传特征。遗传不仅使后代在形态、体质以至性格、智力、功能等方面和亲代相似，而且还把亲代的许多隐性的或显性的疾病传给了后代。遗传病不仅种类多，而且发病率高（约占一般病的 20%）。某些遗传病不仅影响个体终身，而且是重大的社会问题。

5. 适宜的营养

适宜的营养可以促进人体生长发育和修复机体组织，还可以满足人们身体活动所需的能量。营养吸收太少会削弱体能和引起疾病，因此，保持足够的营养应引起每个人的重视。然而，营养吸收又不能过多，暴饮或暴食会导致肥胖，肥胖症可引起心脏病、糖尿病，等等。

6. 体育锻炼因素

人体在适宜的运动过程中，机体将产生一系列适应性的良性变化而达到健身防病的目的。然而，运动量过大，则可能因身体承受不了而导致伤害；运动量过小，又达不到刺激体内各组织器官从而提高生理功能的目的。因此，体育锻炼要想获得健身效果，必须注意科学性。

三、健康膳食指导

1. 平衡膳食的原则

（1）合理的膳食调配

合理的膳食调配就是供给比例合适当各种营养素，使其互相配合而增加其营养价值。在调配过程中应注意以下几个方面：

①组成平衡膳食：按照热量和营养素标准，选择食物的种类和数量，组成平衡膳食。

②膳食的色、香、味多样化俱全：这样才能增加就餐者的食欲，有利于消化和吸收。

③注意季节配膳：各类食物应该根据气候、季节和环境的变化进行调配。夏季应选用清淡爽口、具有酸味和辣味的食物；冬季应以口味浓重点食物为宜，适当多放些脂肪。

④适应用餐人的习惯：选择用餐人喜爱的食物品种，按其最习惯的方法烹调，以利于食物的消化、吸收利用。同时，用餐人也要克服暴饮、暴食和偏食等不良习惯。

（2）合理的膳食制度

膳食制度是指把全天的食物定质、定量、定时地分配给人们食用的一种制度，包括严格的饮食时间、饮食质量和饮食分配。

在一天的不同时间内，人体所需热量和各种营养素的量不尽相同。合理的膳食制度有助于机体建立条件反射，用餐时间一到，人就会产生食欲，并预先分泌适合各餐膳食的消化液，以利于对食物的充分消化、吸收和利用。确定合理的膳食制度，应考虑以下几点：

①注意胃、肠道的消化能力：人在进行剧烈运动后，消化能力减弱。因为运动时，体内血液集中于运动器官，消化器官相对缺血，此时进食不利于消化，停止运动 30 分钟后再进食。进食后应休息 1.5—2.5 小时才能剧烈运动。因为进食后，胃、肠道被食物充盈，不利于运动；加之，运动也会影响正常的消化功能。

②两餐的间隔要适宜：若两餐间的间隔时间太长，则会引起强烈的饥饿感和血糖浓度的下降，明显影响学习和工作效率。若两餐间的间隔时间太短，就会使人食欲降低。混合性食物在胃中排空的时间为 4—5 小时，故两餐间的间隔时间至少也应为 4—5 小时。每日最好能用四餐，同时，注意用膳时间应和生活规律、工作制度相配合。

③全天各餐食物的分配比例要合理：一般认为早餐提供的热量占全天总热量的 25%—30%、午餐占 40%、晚餐占 30%—35% 是比较合理。对运动员一日三餐食物的分配原则是：运动前的一餐，食物不宜过多，但要提供一定的热量，要易消化，含有较多的糖、维生素和磷，少含脂肪和纤维素；运动后的一餐，量可以大些；晚餐不宜过多且不宜吃含脂肪和蛋白质过多以及刺激性较强的食物，以免影响睡眠；早餐应含丰富的蛋白质和维生素。

(3) 一个人每天应吃多少

一个人要维持目前的体重，每天每公斤体重必须吃进 30—35 卡的热量。一个 50 公斤的人，每天吃进 1500—2000 卡的热量，体重就会维持现状。如每天多吃了 250 卡而维持一个月，就会长肥 1 公斤。相反，每天少吃了 250 卡而维持一个月，则可减肥 1 公斤；每天少吃了 1000 卡而维持一个周，同样也可减肥 1 公斤。也就是每 7000 卡热量可换一公斤肥肉。

2. 平衡膳食宝塔

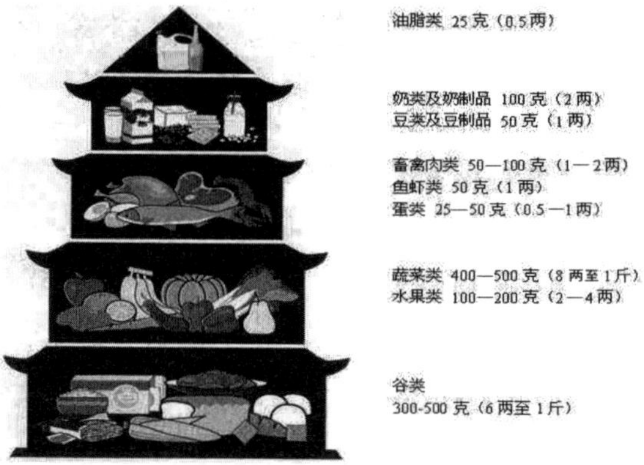

中国居民平衡膳食宝塔

膳食专家曾提出了一些建议，认为应从四组基础食物中选择食物。这四组食物为豆类、粮食和坚果，水果和蔬菜，家禽、鱼、肉和蛋、奶制品。尽管这些建议具有一定的意义，但缺点是没有阐明这些不同食物的最理想的比例。中国营养学会根据营养学原则并结合国情制定了“中国居民膳食指南及平衡膳食宝塔”。形象地说明了健康膳食的最新推荐量。它把平衡膳食的原则转化成各类食物的重量，并以直观的宝塔形式表现出来，便于日常生活中实行。

平衡膳食宝塔共分五层，包含我们每天应吃的主要食物种类。宝塔各层位置和面积不同，这在一定程度上反映出各类食物在膳食中的地位和应占的比重。谷类食物位居底层，每人每天应吃 300—500 克；蔬菜和水果占据第二层，每天应吃 400—500 克和 100—200 克；鱼、禽、肉、蛋等动物性食物位于第三层，每天应吃 125—200 克（鱼虾类 50 克，畜、禽肉 50—100 克，蛋类 25—50 克）；奶类和豆类食物合占第四层，每天应吃奶类及奶制品 100 克和豆类及豆制品 50 克。第五层塔尖是油脂类，每天不超过 25 克。

膳食中用平衡膳食宝塔可达到两个重要的目标。第一是将可能产生疾病的相对膳食比例减少到最小。第二是将营养丰富的食物（如含有高微量营养素的食物）增加到最大。因此，通过与平衡膳食宝塔的比较，你可以得到一个含三大营养素和微量营养素的合理的平衡膳食。

许多国家的健康机构对健康膳食提出了指导性建议，具体如下：

（1）保持理想体重。

（2）增加多糖的摄入，其摄入 >58% 的总能量。

（3）减少脂肪的摄入，其摄入 <30% 的总能量。（饱和脂肪 <10%）

（4）减少胆固醇的摄入，其摄入 <300 毫克 / 天。

（5）减少膳食中单糖的摄入。

（6）减少钠的摄入，其摄入 <3000 毫克 / 天。

3. 膳食中的“一二三四五”

我国著名心内科、高血压、冠心病专家洪韶光教授提出膳食中的“一二三四五”非常直观和科学，符合现代营养的新观念。

“一”就是每天喝一袋牛奶。因为我们的东方的膳食习惯有一个最大的缺点，就是钙太少，中国人多数缺钙。牛奶中钙质丰富，可以补充我们的饮食缺憾。1937年日本侵略我国时是“小日本”，个子矮、罗圈腿。但是现在日本中小学生比中国北京同龄孩子身高要高，比广东、福建高更多。很简单，“二战”后，日本政府每天中午给中小学生供应一袋牛奶，日本人一代比一代高，现在超过了中国人。

“二”是每天 250 克到 400 克碳水化合物，也就是五两到八两主食（米饭或馒头）。当然这也不是固定的，根据实际需要可作调整，比如男性重体力工作者，主食可以是 400 克到 500 克或更多，较胖的女性，轻体力劳动者，250 克或 200 克甚至 150 克就可以。另外，最近科学家提出一句话减肥，叫作“饭前喝汤，苗条健康”。饭前喝汤，汤到胃里，通过迷走神经，反射到脑干的食欲中枢，就能是食欲中枢兴奋下降，食量就自动减少 1/3，而且吃饭变慢；而饭后喝汤，会把胃撑得很大，如果汤中脂肪热量高的话，就会越喝越胖。

“三”是指三份高蛋白。人不能光吃素，也不能光吃肉。蛋白不能太多也不能太少，三四份就好。一份是指一两瘦肉或一个鸡蛋，或者二两豆腐，或者二两鱼虾，或者二两鸡和鸭，或者半两黄豆。一天三份。动物类蛋白以鱼类最好，植物类蛋白以黄豆最好。

“四”是指四句话。即“有粗有细、不甜不咸、三四五顿、七八分饱”。主食应粗细粮搭配，进行互补，营养才能全面。一星期吃 2—3 次粗粮，有助于调整脂肪和糖的吸收和代谢，还能防止便秘。“不甜不咸”指饮食应清淡，不要太甜或太咸。“三四五顿”是指一天吃饭要吃 3—5 顿，做到少食多餐。尤其是老年人，越是少食多餐，血糖波动越小，胃负担轻，有利于减肥，有利于预防糖尿病、脂肪肝和高血脂。

“五”是指 500 克蔬菜和水果。具体是 400 克蔬菜、100 克水果。这样一天的纤维素就够了。纤维素、维生素、矿物质对预防肿瘤有很大的效果。

4. 安全食物

食物的安全性对健康有积极影响。近些年来，由于不当地食品储存和食品加工而导致机体患病和死亡的报告有所增加。下面具体讨论增加食物安全性方面一些最新的建议。

（1）食物感染

据报告，每年大约出现 8000 万种由食物引起的细菌性疾病，这些疾病在感染后 2 到 5 天里会出现恶心、呕吐和腹泻等症状，其严重程度取决于微生物的摄入量和受害者的综合健康状况。实际上，对那些免疫系统遭受损害的人和处在疾病中的人来说，食物产生的感染可能对他们是致命的。

最常见到食物中毒之一是由沙门菌引起的，它通常在没有烧熟的鸡、蛋和加工的肉中被发现。另一个相对较少、有时却是致命的食物中毒是肉毒中毒，这种中毒通常是由于不适合的家庭罐装过程所引起的。下面的建议可防止食物中毒。

①彻底清洗所用的农产品和生肉，并且确信罐装食品没有泄漏和膨胀现象。

②喝消毒过的牛奶。

③不吃生蛋。

④彻底煮熟家禽。

⑤烹调猪肉时，使猪肉内部队温度达到 80° 以上，以至杀死寄生虫。

⑥彻底煮熟所有的水生贝壳类动物。

⑦当心生鱼，其体内可能含有寄生蛔虫，应将鱼冷冻或烧熟。

⑧加工家禽后，用消毒液和非常热的水，清洗器皿、盘子、切菜板、刀、搅拌器等烹调用具。

（2）食物添加剂

食物添加剂常常用来延长食物储存的时间，改变食物的口味和颜色。对食物进行一些加工使食物更加诱人，但是它们易形成亚硝酸盐。亚硝酸盐常常在咸猪肉、香肠和午餐肉中发现，可防止食品的腐败和肉毒中毒，但在体内也容易形成致癌物亚硝酸胺。

（3）被照射过的食品

照射是指放射性射线（X 射线）来杀死食物中的微生物。这个过程并不使食物含有放射性，但可延长食物的保存时间。事实上，被照射过的食品可以在室温下密闭的容器中保存数年而不变坏。此外，照射可以推迟马铃薯和洋葱等蔬菜的发芽，也可以推迟香蕉、芒果、西红柿、梨等水果的成熟，这可以明显地节省费用。

这些被照射过的食物是否可以安全食用呢？目前认为是可以食用的。近年来的一些研究表明，这些食物是安全的，但这些研究尚没有充分的事实加以证明。因为目前大部分研究是用非常低的照射量去照射食物的，这就产生了一个问题："对处理食物来说，安全的放射量究竟是多少为宜呢。"

（4）用抗菌素和激素治疗过的动物

近年来，消费者越来越担心自己在吃用抗菌素治疗过的动物肉，这种担心还在发展，因为吃了这些肉可能导致体内出现抗菌素抵抗性细菌的繁殖。现在，专家们认为这些用抗菌素治疗过的动物是不宜食用的。

近来的厂家常常用激素来增加牛奶的产量，最值得注意的是，牛生长激素已经用来增加牛奶的产量。这种用激素帮助生产出的奶制品可以导致一些不确定的健康问题，应引起人们的注意，许多超市也严格限制这类奶制品的出售。

（5）绿色食品

每年有数万公斤的农药被利用，尽管这些农药有助于防止植物的病虫害，但它们对人类的健康也构成了威胁。近年来，许多人都开始购买绿色食品。绿色食品是指那些在生长过程中没有使用过农药和其他化学药品而生长出来的食物。由于绿色食品是天然生长出来的食品，且没有太多污染而对健康有益，因此深受大家的欢迎。

在不久的将来，随着生物学的发展，人们可寻找到一种新的基因技术，并能开创一个无农药、无杀虫剂的新的绿色食品世界。这种新技术可以将各种植物中能够抵抗病虫害的基因原料结合起来，产生出高质量、无化学污染的高产粮食植物，也可以使植物结合起来形成新品种，最大限度地提高其营养价值。

5. 运动女性的饮食参考

作为经常参加运动的女性，应该了解人体每日大致应该摄取多少维生素和矿物质；每日最好吃 5 次蔬菜和水果，并且保证摄入足够的膳食纤维；如何保持饮食的平衡以及适当体脂含量。然而，参加健身活动经常运动的女性对身材有更高的要求，她们必须注意在训练前给身体提供充足的能量，在训练后使身体得到充分的恢复。

首要因素是热量

食物中所含的总热量是日常饮食很重要的一个指标。对于几乎不参加运动而且久坐办公室的女性来说（以 30 岁，体重 60 公斤为例），每日大约只需要 2000 千卡的热量。而对于日常需要经常步行等轻微体力活动的女性，大约需要 2400 千卡。经常参加健身和各类运动的女性每日需要多少热量呢？运动的类型和运动量不同，所需热量也不尽相同。基本原则是在运动中消耗电热量越多，需要摄入的热量就越多。在温度比较低的时候，需要摄入更多的热量。具体所需的热量请参考以下“每日饮食测算法”。

注意不要拘泥于具体的数字，自身的感觉也很重要。如果你的目标是减脂，可以适当减少热量摄入，但一定要保证运动中基本的能量供应。

每日饮食测算法

如果你当天进行大约 1 小时的力量训练：

你的体重（公斤）×40 ＝所需热量数

如果你当天进行大约 2 小时的有氧训练：

你的体重（公斤）×45 ＝所需热量数

如果你当天进行大约 3 小时的有氧训练：

你的体重（公斤）×50 ＝所需热量数

碳水化合物的摄入量

如果你当天进行大约 1 小时的训练：

你的体重（公斤）×8 克＝所需碳水化合物的克数

如果你当天进行大约 2 小时的训练：

你的体重（公斤）×10 克＝所需碳水化合物的克数

如果你当天进行大约 3 小时的训练：

你的体重（公斤）×12 克＝所需碳水化合物的克数

蛋白质的摄入量

如果你的训练以力量训练为主：

你的体重（公斤）×1.2 克＝所需蛋白质的克数

如果你的训练以有氧训练为主：

你的体重（公斤）×1.6 克＝所需蛋白质的克数

（6）饮食误区

误区之一——不吃早餐：你相信吗？如果想加速新陈代谢和减肥，早餐是你一天中最重要的一餐。根据相关研究，吃早餐的人比不吃早餐的人更容易减少体重。因为在睡觉的时候，身体的新陈代谢会减慢，而只有在你再次进食的时候，它才会回升。所以，如果你跳过早餐不吃，身体消耗卡路里的能力在午餐前都无法达到正常水平。这也就是为什么新的一天最好从一顿拥有 300—400 卡路里的早餐开始，它能立刻把你的新陈代谢带入“工作状态”。

误区之二——少吃或不吃主食：碳水化合物是人体热能最重要的来源。脑组织中无能量储备，几乎完全依靠血糖供给能量。碳水化合物供应不足时，血糖下降，脑组织功能不足，人体就会出现疲劳、头晕、昏厥等低血糖症，严重时可昏迷、休克甚至死亡。另外，人体在运动时，除极短时间的大强度运动外，各项运动都首先以糖原作为能源，供肌肉收缩用，所以肌糖原的储备量直接影响肌肉收缩时的能量供应，从而影响运动能力。

误区之三——脂肪是肥胖的孪生兄弟，只有与脂肪“绝缘”，才能获得苗条的体型。其实，脂肪在减肥过程中，不总是充当反面角色。食用的脂肪不仅不会很快在体内转化为脂肪储存起来，而且脂肪的分解还能在一定程度上抑制脂肪在体内合成。

含有单一非结合性脂肪的玉米油和橄榄油，具有降低低密度脂蛋白的作用，是减肥健美的理想食用油，另外，脂肪类食品耐消化、抗饿，食入后可减少对淀粉类食物以及零食的摄取，对减肥起积极作用。 有些减肥者为了控制食物或零食充饥，致使体重有增无减。所以说，摄取适量的脂肪不仅不影响体型，而且对健美有益处。

误区之四——不吃晚饭：有些人认为晚上不吃饭可以让机体多消耗一些能量，从而达到减肥的目的。这种做法不正确，如果你从中午吃晚饭一直到第二天早上才吃下一顿饭，会让你的胃有十几个小时处于饥饿状态，除了会出现上面的结果以外，胃病恐怕离你不远了。

另外，各种营养素要补充齐全，碳水化合物、脂肪、蛋白质、维生素、水、无机盐必须要充足，以保证新陈代谢能够顺利进行。要注意每顿饭的热量分配比例，不能早餐不吃，午餐多吃，所吸收的热量最好是三餐平均分配，晚餐可以少吃些。

四、人生各阶段的健康法则

0—3 岁：婴幼儿时期，要特别注意窒息、意外、先天性心脏病以及川崎氏疾病、肺炎、支气管炎、皮肤感染等症。

4—7 岁：仍需注意因意外及心脏病造成的死亡，预防针的追加应在此时完成。要注意孩子的失足、溺水、烫伤、过度肥胖等。

8—17 岁：青春期是与性有关的成长期。女孩子的月经来临，乳房发育；男性的性冲动、生殖器官成熟的问题，都足以造成困扰，需加以正确对待。

18—24 岁：是成年求偶期。对一个健康成人来说，此阶段需做一次包括性病、营养不良、胆固醇和高血压的检查。

25—39 岁：是人生社交生活和人际关系的展开阶段。要保持良好的健康习惯及早诊断、预防和治疗慢性疾病。包括高血压、贫血、胆固醇增高、子宫肌瘤和乳腺癌等。

40—59 岁：是中年社交活动最活跃的时期。应尽可能早发现慢性病，包括高血压、心脏病、胆结石及尿酸过度引起的骨质疏松等症。

60—70 岁：60 岁作一次体检，以后每两年检查一次。

70 岁以上：此阶段应尽可能避免住院或卧病在床。在生理上，需定期作牙齿和足部的坚持，应学会药膳、气功等多种养生方法。

第三节　形体美塑造

人体美是健、力、美三者的结合与统一，它包含了生长发育健康而又完善的机体，发达有力的肌肉，优美的人体外形和健康向上的精神气质。

一、运动项目选择（图 3–5）

现代新兴的健身健美运动包括三种运动种类，即有氧、伸展、力量性运动，以期达到全面锻炼的最佳效果。

图 3–5

1. 有氧运动

有氧训练的练习效果是通过肺循环将体外的氧气引入体内，在通过肺静脉回血至心脏，然后通过体循环由左心室将含氧最高的动脉血输出肌肉组织，肌肉利用氧进行收缩，产生运动。整个有氧运动的过程中身体的运动效果有赖于氧气的循环和利用。简单地说，有氧运动是一种中低强度、长时间的运动，整个运动过程主要依靠脂肪分解供能。有氧训练的运动形式很多，如步行、慢跑、爬山、划船、骑单车等户外运动和各种有音乐伴奏的肌体有氧健身形式。事实上任何协同大肌群参与的运动，都会引起心率的提高，呼吸的加快体温的上升等正常生理反应。

（1）有氧运动的有效练习强度和频率

训练频率	持续时间	训练强度
每周3—5次	每次20—60分钟	最大心率的55%—85%

健身效果与有氧训练的频率，强度和每次训练的持续时间有关。根据美国运动医学学院（ACSM）研究资料，有效的有氧运动负荷如下：

人体运动主要能源来自糖和脂肪，在有氧运动的前15分钟，肌肉利用氧进行收缩，肌糖元作为主要的能源物质为运动供能，脂肪酸是中、低强度、长时间运动的主要供能物质。脂肪的供能系统在有氧运动后的15—20分钟才开始启动。这也就是为什么有氧运动至少要持续30分钟的原因所在。有氧运动的时间超过1个小时后，脂肪供能还继续保持但比率比前一个小时会逐渐减少。另外，每次训练的时间超过1小时会因为肌体的疲劳而增加运动中损伤的危险。增加运动频率（每周超过5次）会因为疲劳的肌体没有充分恢复而导致身体防御疾病的能力下降。注意身体的反应，倾听肌体试图要对你说什么非常重要。休息，充足的睡眠，合理的饮食在我们每天正常的强化机体训练中就起到了决定性的作用了。

（2）有氧训练的效果

提高肺循环和体循环的技能水平。

强化肌功能。

提高运动后心脏的恢复机能水平。

提高清除血液中“坏”胆固醇的能力。

全方位调整身体以适应脂肪燃烧为供能的运动方式。

提高自我心理调整能力和平衡心态。

提高基础代谢率。

降低高血压。

降低高血脂。

强化肌肉。

改善和平衡身体形态。

提高血液中的含氧量。

提高身体柔韧性以增强机体的防损伤能力。

2. 伸展运动

以伸展，拉伸为主要内容的运动项目有广播操、伸展健美操、芭蕾形体操、健身瑜伽、普拉提等等。这类运动项目运动强度相对较小，但是也具有较高的健身和健心的锻炼价值。他们既可以作为一种独立的锻炼内容，又有必要在各类运动时作为运动前的热身和运动后的放松手段，以达到最大程度的减少运动中的损伤，缓解运动后的疲劳，以及最好的体现锻炼效果。

伸展运动的效果：

提高神经系统、内脏器官、运动系统等人体各部分的兴奋性。

降低血液黏滞性。

提高身体柔韧性，增加肢体活动范围。

有效预防运动损伤。

缓解运动后疲劳。

有助于运动后机体的放松和恢复。

3. 力量性训练（肌肉训练）

力量性训练主要是指徒手或持器械对身体各部分肌肉进行的训练，包括肌肉力量和肌肉耐力训练。肌肉力量是指肌肉进行一次主动收缩所产生的最大力。肌肉耐力是肌肉的坚持能力，是指极限下收缩和重复次数或极限下所能坚持的时间。科学的训练可以使肌肉力量和耐力得到最大限度的发挥。美国运动医学会推荐的力量锻炼项目，要有主要机群参与，每次锻炼 8—10 组，每组重复 8—12 次，每周至少锻炼 2 次。

肌肉训练的益处：

年轻人进行肌肉训练，可以使身材更完美，可以在运动和活动中有更出色的表现。

中年人进行肌肉练习，可以防止和减少腰部疾病。

老年人进行肌肉训练，可以维持骨密度，保持活动能力，延缓衰老。

二、运动与减肥

日益富裕的生活给了人们许多“副产品”，包括逐渐增加的体重，越来越“丰满”的腰围，出现赘肉的大腿等等。有觉悟的人们开始高呼——我们要减肥！还我一个好身材！于是乎“减肥药”琳琅满目，减肥健身俱乐部一家挨着一家，美体减肥业务在许多美容店兴起。急于求成的人们迫不及待地投入到减肥的大军中，效果呢？有不少“胖友”告诉我——我怎么减，效果都不好。原因之一：减肥之前必须了解自己，所谓“量体裁衣”“对症下药”；原因之二：科学健身，减肥同时也要健康。挑选既适合你自身情况又科学健康的塑身方式，您做到了么？

1. 了解自己

我国成年人理想体重的计算公式：

［身高（厘米）–150］×0。6+50=北方成年人理想体重（公斤）

［身高（厘米）–150］×0。6+48=南方成年人理想体重（公斤）

每个人均可按照这个公式测算出自己理想体重应该是多少，然后再称自己的实际体重，两者比较就知道了自己的体重是否正常。实际体重超过标准体重20%以上时，称为肥胖；超过29%—30%者为轻度肥胖；超过30%—50%者为中度肥胖；超过50%者为重度肥胖。

肥胖度计算公式：肥胖度＝（实际体重—标准体重）/标准体重 ×100%。您可以根据公式推断自己属于哪一类，然后决定如何行动。

2. 何时必须实施减肥

由于肥胖度不同，肥胖症患者可有不同的表现：轻度者一般无任何症状；中度者活动后会出现心慌、气短、容易疲乏、嗜睡等症状；重度者会行动不便、生活难以自理，男性还常会有性欲减退，甚至阳痿；女性常有月经稀少，闭经。再就是容易患动脉硬化、高血压、冠心病、糖尿病、胆囊炎等疾病。

何时必须实施减肥？有关专家指出，当体重指数≥30，或体重指数≥25同时伴有冠心病、糖尿病、高血压等疾病时就应立即实施减肥，因为那已经是一种需要接受正规治疗的病症。

3. 科学进行减肥健身练习

（1）运动减肥事半功倍

减肥是一种长期的渐进过程。请明白这样一个法则；减下来的速度越慢，就越不容易反弹。速成减肥因为使体重下降过快，将会造成代谢紊乱、体重反弹等不良后果，结果是欲速则不达。药物减肥和抽脂等手段所带来的副作用已经被大家所认识。专家建议：通常减肥的安全下降幅度为每周下降不超过1公斤。科学的减肥方式是有氧运动＋轻器械练习＋合理的饮食＋恒心。减肥之路任重而道远，这是一项只有开始没有结束的“持久战”，也是建立良好生活方式的过程，你必须养成良好的饮食和锻炼习惯，并永远保持下去，其前途绚丽诱人——健康的身体、靓丽的体态、自信的举止、快乐的心情。

研究表明，肥胖者的脂肪细胞可重达1.5微克，靠节食只能使其降到0.7微克，但体育锻炼可以使其降到0.3—0.5微克。因此，采用运动增加热量的消耗，促使体重下降，是防止肥胖不可缺少的手段；强烈运动热量的消耗可高于平时的两倍，而运动后能量消耗还要持续15个小时。所以，运动不仅能增加肌肉，还可以减少脂肪。

（2）有氧运动

一般来说运动强度越小，持续时间越长，依靠脂肪氧化供能的比例就越高。反过来说，脂肪只有在有氧运动的过程中才能被消耗。也就是说，只有有氧运动才能缩减体脂（减肥）。同时运动会使肾上腺素、去甲肾上腺素分泌量增加，提高脂蛋白酶的活性，加速富含甘油三酯的乳糜和低密度脂蛋白的分解，因而能降低血脂，使高密度脂蛋白升高，最终加快游离脂肪酸的作用。

①项目选择

选择减肥运动项目，原则是要适合自己的身体条件。体质好，肥胖度轻，一开始可以选择运动量较大的项目；体质较差，肥胖明显者，可选择运动量较小的项目。健身锻炼成功的关键是让锻炼适合自己的身体水平，然后循序渐进的给予压力。必须给身体以适应的机会，这样不仅可以避免受伤，还能帮助树立自信心，逐步加量的方式可以让你意识到自己有能力做得更好。

一个肥胖症患者，几个月来，曾坚持跑步 15 分钟约 800 米，结果不但没有减肥反而胖了。这是为什么呢？轻度能量消耗不多，但胃肠蠕动增强，有利于营养的吸收，所以人变得更胖了。要想减肥，从事每次不少于 40 分钟的有氧运动，才能取得效果，当然，时间越长，脂肪氧化功能的比例越大，减肥效果也越好。

如果已经开始进行有氧运动，并且也取得了一些进步，比如说上楼梯不再喘，拎重物不再心慌，但是围绕着你腰部的脂肪却没有像希望的那样减少。这时所需要的也许是一种能够有效燃烧脂肪但又不会过度剧烈的运动强度和局部针对性练习。

②减肥与饮食

训练之后很快进餐会使你保持警惕，从而控制住体重。如果你隔了很长时间才进食，那就很容易因为太饿而过食。有人为了减肥不吃早餐，以为少吃一顿就可以达到减肥的目的，这样效果并不好。因为早餐不吃，中、晚餐一定会多吃，结果反而会摄入更多热量。过分节食不会有用的，每天只吃 1200 卡热量，会感觉特别饿，情绪易激动而且没有力气，代谢水平也会下降，因为你的身体没有得到足够支持它日常活动的能量，锻炼就更谈不上了。早餐应多吃一点，晚餐应少吃一点。一般来讲，轻度患者只要不吃高脂肪、高糖食品，把摄入的热量控制在每日 2000 千卡左右即可；中重度肥胖者要严格控制热量，少女一般控制在每日 1500 千卡。严重肥胖者可控制在每日 1000 千卡。

对以减肥为主要目的的健身者来说，健身时间应在 1 小时以上，运动前应喝一杯水，运动中每个 30 分钟左右喝一杯水，运动后应喝 1—2 杯水，每杯水 300—400 毫升，水中应加少许盐，以口感有淡淡的咸味为宜。主要目的是尽量保持身体内环境稳定，使运动带来的脂肪燃烧作用能够充分发挥。

③器械练习

脂肪主要堆积区对女性而言是在大腿和臀部，而对男性则在腹部这些部位正是影响体型美观的关键，也是脂肪最难清除的部位，轻器械训练效果甚佳。另外，如果你并不超重，但身上却有许多赘肉，比如臀部肥胖或胸部肥胖。我建议每天热身练习后，在健身教练的帮助下选择你最适合的负重重量和练习方法，那么15分钟的负重练习是足够的。最后你一定能收到良好的减肥效果。

（3）下列情况发生时要停止运动

双腿感到疲劳或动作不协调。

任何疼痛变得明显。

出现头晕目眩。

心动过速。

三、形体基本素质练习

1. 你的脂肪、肌肉含量知多少？

为了使你的计划有效的实施，必须先做脂肪和肌肉含量的测验，检测一下自己的“肌耐力”，是属于肌肉多型的还是脂肪多型的呢？

方法一：

（1）站立，两脚并拢，两臂自然垂于体侧。（图3-6）

（2）立踵，同时两臂前平举，保持身体平衡。（图3-7）

（3）上体保持不动，缓慢下蹲。

（4）蹲至臀部碰到脚跟处，上体与大腿垂直。顺序反过来再做一次。

要求：上体不得前倾，每一动作过渡以3—4秒时间为佳，共测三次。

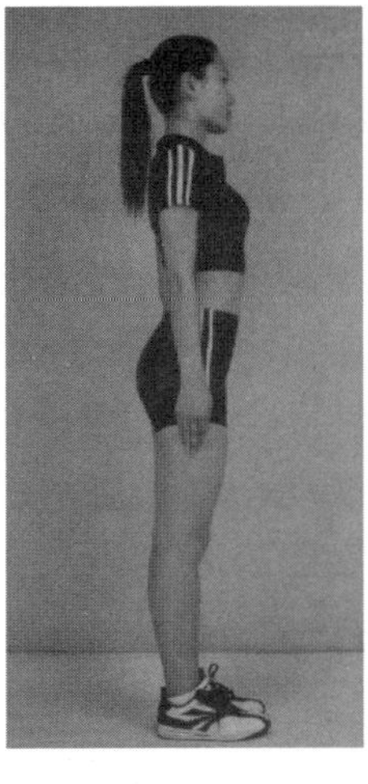

图3-6

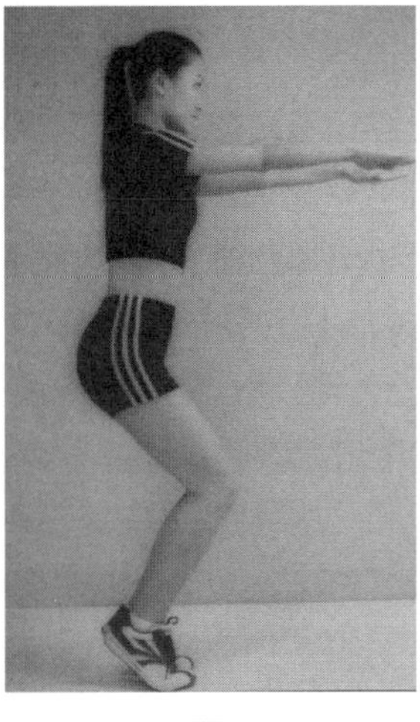

图3-7

方法二：

（1）站立（可单手扶椅）。（图3-8）

图 3-8

图 3-9

图 3-10

图 3-11

图 3-12

图 3-13

图 3-14

（2）立踵，一只脚抬起放在另一只脚的后方。（图 3-9）

（3）上体保持不动，缓慢屈膝下蹲。（图 3-10）

（4）蹲至臀部碰到脚跟处，上体与大腿垂直。顺序反过来再做一次。（图 3-11）

要求：上体不得前倾，每一动作过渡以 20—30 秒时间为佳，不可速度过快，共测三次。

方法三：

（1）站立，两脚并拢，两臂自然垂于体侧。（图 3-12）

（2）同时两臂前平举，保持身体姿态。（图 3-13）

（3）上体保持不动，向一侧体转，脚跟不可移动或抬起。（图 3-14）

（4）转至 180° 位置。顺序反过来再做一次。

要求：每一动作过渡以 5—10 秒时间为佳，体转要缓慢，避免受伤，共测三次。

结果与分析：

无法正确完成动作者：运动量不足，肌耐力程度较差，脂肪含量偏多。建议属脂肪族群的你，要强调全身性的运动，以肌肉训练开始练习，加强代谢，减少减重的困难与阻碍。

可顺利完成动作者：肌耐力程度中等以上，有运动习惯，身体代谢能力较好。建议以中等以上或局部性的运动训练为主，规律的运动训练，将使你的体重正常的下降，成为苗条的时尚曲线美人。

2. 腿部练习

修长、匀称、健美的双腿是形体美的关键，也是充满活力的象征。通过对腿部前、侧、后及整体肌肉群的练习，可以减少腿部多余的脂肪，增强腿部肌肉力量和弹性，使腿部肌肉纤长，矫正不良腿型，塑造一个“亭亭玉立”的形象。

第一节　小踢腿（图3–15，图3–16，图3–17）

预备姿势：左手扶把杆，侧对把杆站立，右手自然垂于体侧。

练习方法：1—2 拍，右腿直腿向前上抬至离地约15cm，脚尖绷直；3—4 拍，放松下落，重复做 15—20 次，然后向侧上抬，做法相同；再向后上抬，做法相同。换右手扶把杆，上抬左腿练习方法同前为 1 组，做 2—3 组。

要求：练习时，上体保持不动，腿部要主动发力，不要用惯性做动作。

第二节　提踵压脚跟（图3–18，图3–19）

预备姿势：正对把杆，双手扶把，直立。（可站在台阶边做，效果更佳）

练习方法：1—2 拍，提起脚跟，上体保持直立，收腹紧臀；3—4 拍，还原成预备姿势为一次，重复做 20—30 次，然后提踵，静止保持 10 秒钟为 1 组，做 2—3 组。

要求：两腿伸直，小腿肌群用力收紧，脚跟尽量上提。

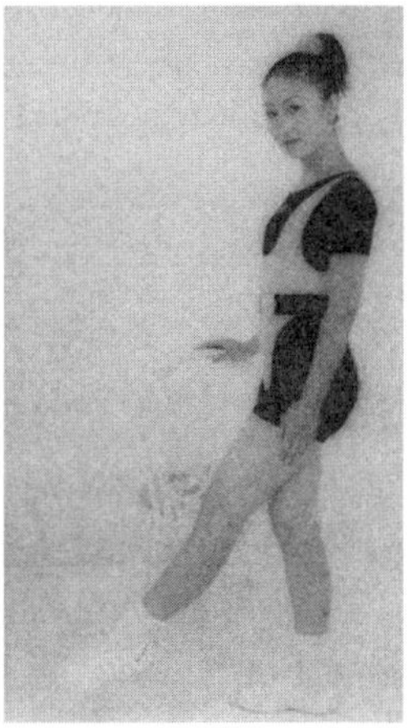

图 3–15

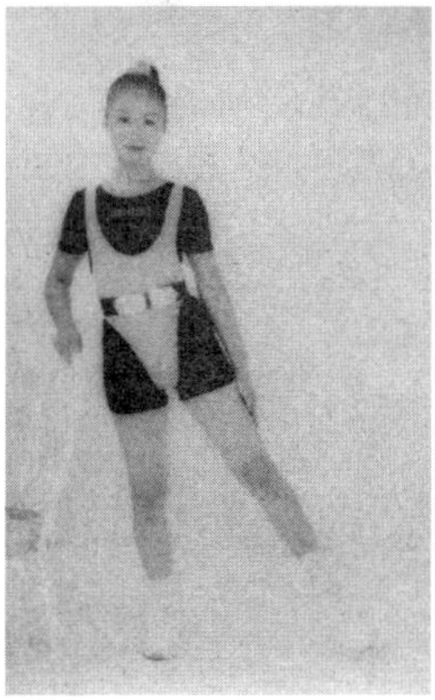

图 3–16

图 3–17

图 3-18

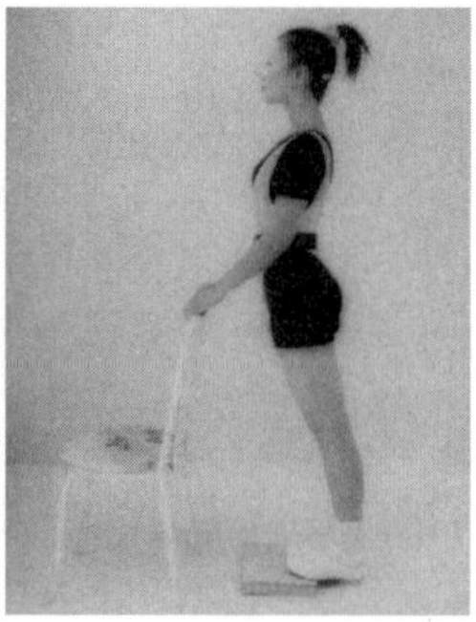

图 3-19

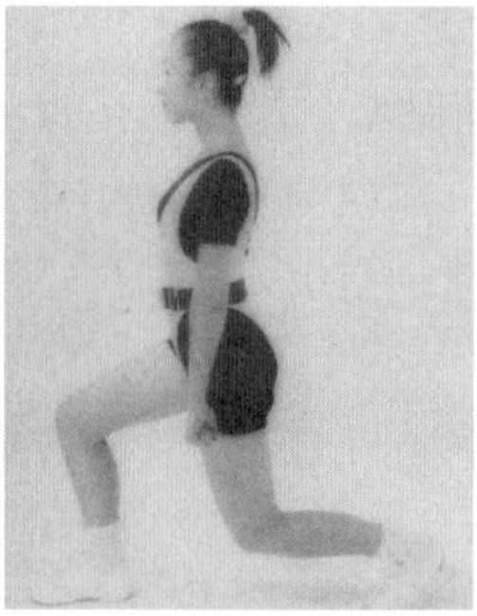

图 3-20

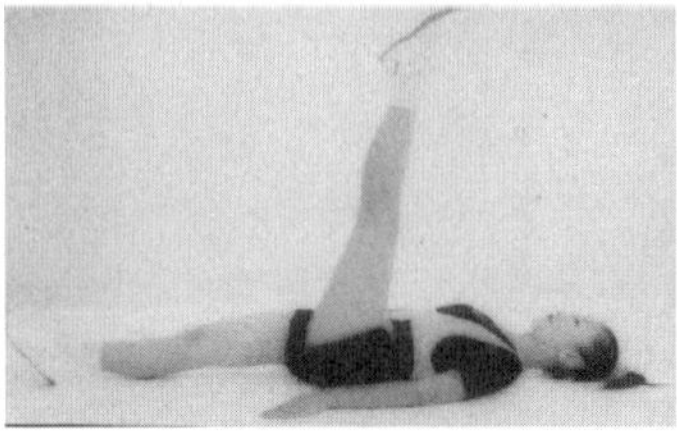

图 3-21

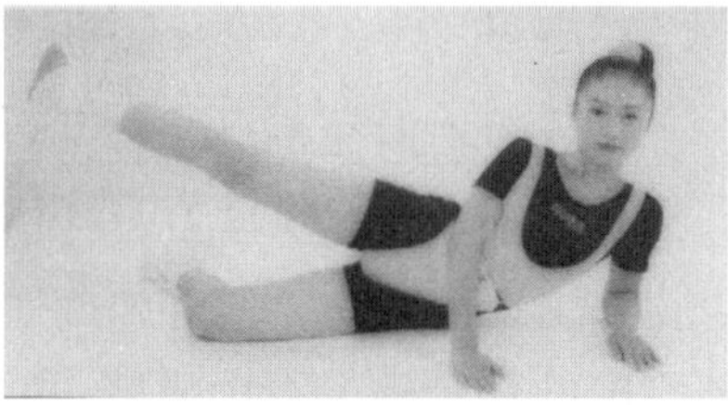

图 3-22

第三节　弓步下压（图3-20）

预备姿势：左腿前弓步，双手握拳自然垂于体侧，上体保持正直。

练习方法：1—4 拍，后腿屈膝下蹲，膝尽量触地，大腿前部用力；5—8 拍，身体还原直起，重复做 10—15 次，然后换右腿在前做，可多次反复练习。

要求：下蹲和还原均要有控制，不可借助惯性。身体重心始终在两脚之间。

第四节　仰卧举腿（图3-21）

预备姿势：仰卧，两臂放松置于体侧，两腿并拢绷脚尖。

练习方法：1—4 拍，左腿伸直上举尽量靠近胸部，右腿紧贴地面；5—8 拍，缓慢放下还原为一次。重复做 15—20 次，再换右腿做。

要求：腿部上举时尽量保持膝关节伸直，呼吸均匀不要憋气。

第五节　侧卧举腿（图3-22）

练习一（举外侧腿）

预备姿势：右侧卧，右肘及左手撑地，右膝弯曲，左腿伸直，微勾脚尖。

练习方法：1—2 拍，左腿伸直向上举起，脚尖向前；3—4 拍，还原落下成预备姿势为 1 次。重复做 15—20 次，然后左腿举起静止保持 10 秒钟，再换另一侧作为 1 组，做 2—3 组。

要求：大腿外侧及臀部发力上举，腰部挺直。

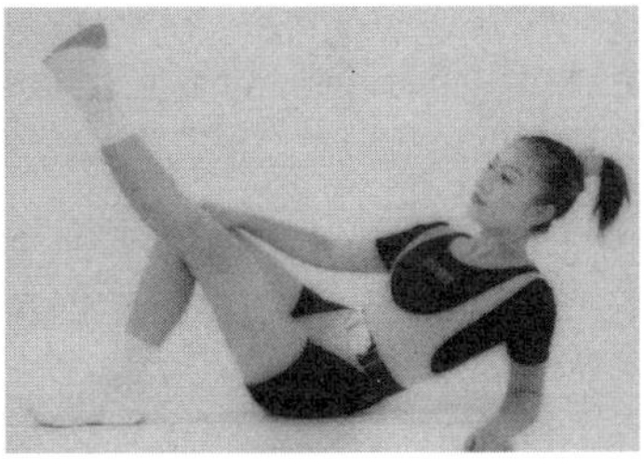
图 3-23

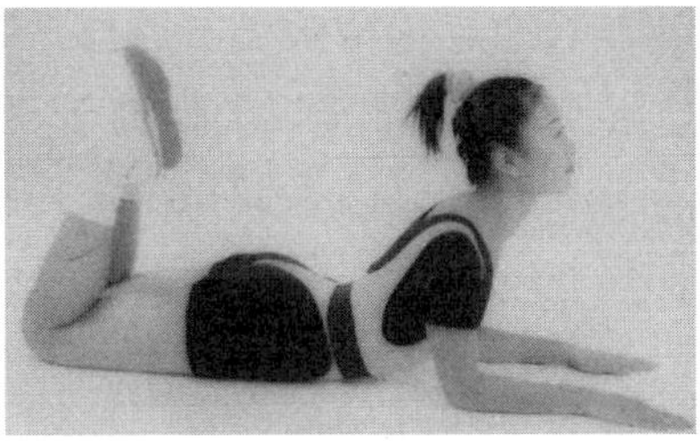
图 3-24

练习二（举内侧腿）（图 3-23）

预备姿势：右侧卧，右肘撑地，右腿伸直，脚尖微勾向前；左腿屈膝，膝关节向上，左手搭在左膝上；眼睛看着右腿。

练习方法：1—2 拍，右腿伸直尽量向上举起；3—4 拍，缓缓下落但不着地。重复做 15—20 次，然后左腿抬起静止，用力保持 10 秒钟，再换另一侧作为 1 组，做 2—3 组。

要求：只有腿部主动发力，呼吸均匀。

第六节　俯卧屈腿（图3-24）

预备姿势：俯卧，腿伸直，屈肘前臂支撑，上体稍抬起。

练习方法：1—2 拍，两腿向上屈膝勾脚，脚后跟尽量接近臀部；3—4 拍，缓缓下落还原为 1 次。重复做 15—20 次为 1 组，做 2—3 组。

要求：大腿后部肌肉收紧，屈伸腿时不要放松。

第七节　跪撑举腿

预备姿势：左腿跪地，右腿屈膝后举，两臂屈肘前臂撑地，后背平直。

练习方法：1—2 拍，右腿屈膝向上，大腿后部肌肉用力收紧；3—4 拍，放松下落为 1 次，重复做 15—20 次，然后换左腿作为 1 组，做 2—3 组。

要求：大腿后部及臀部主动发力，腰部保持平直。

第八节　放松练习

方法一：身体正直站立（可以右手扶把杆）。左手抓住脚背，使左腿向后弯曲，轻轻把腿向后拉，腰部要保持正直，左脚跟尽量靠近臀部，感觉到大腿前侧的股四头肌被拉伸，保持 10 秒钟，交换腿做。（图 3-25）

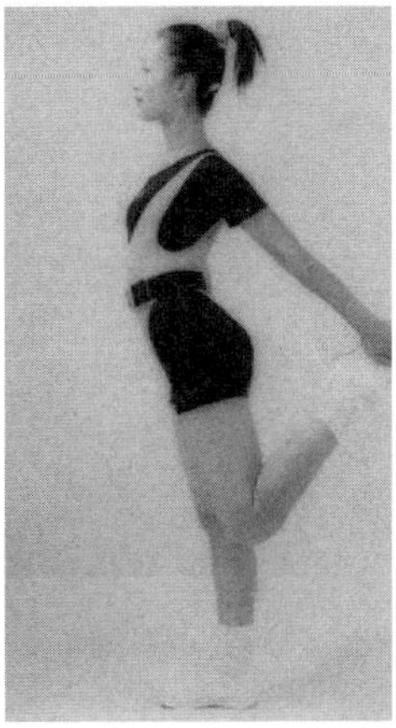
图 3-25

方法二：仰卧，右腿伸直贴于地面，左腿直腿勾脚尖举腿，双手抱住膝关节后部，轻轻用力使腿向胸部方向靠拢。保持 15 秒钟，双手放松腿还原，交换腿做——拉伸大腿后侧肌群。

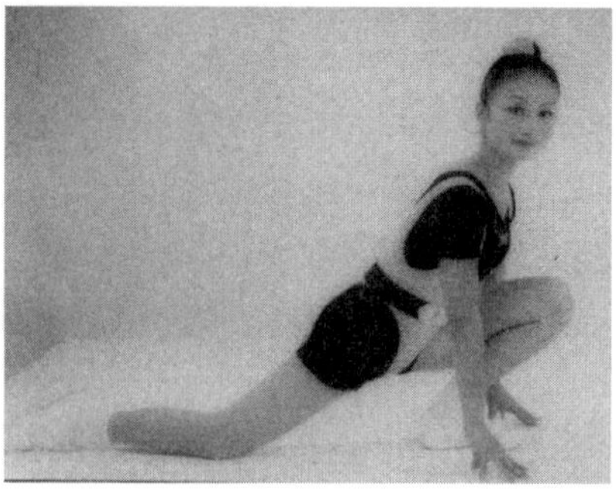

图 3-26

方法三： 左腿屈膝，右腿单膝跪地，双手扶地，腰部慢慢前移，立腰，使重心移到左腿上，直到右髋关节处及大腿前侧有伸拉感，停住 10 秒钟，交换腿做。（图 3-26）

注意： 正确的日常走路方式也是美腿的重要部分。走路时一定要脚后跟先着地，运动到脚踝、膝盖、股关节等所有关节。用脚尖走路会变成结实的"萝卜腿"，而脚拖地走路会变成松弛浮肿的"脂肪腿"。想拥有美腿，请注意正确的走路方式。

3. 塑腰练习

粗腰凸腹，不仅影响形体美，而且还易诱发多种疾病。通过塑腰练习，使腹肌和背肌收缩，可以消耗腰腹部多余脂肪，达到增强腰腹部肌肉弹性和力量、改变腰部形态的目的。

第一节　仰卧抬上体（图3-27）

预备姿势： 仰卧，屈膝分腿，双脚着地，两臂斜下举。

练习方法： 1—4 拍，上体抬起 30º，两臂伸直，5—8 拍，身体缓缓下落还原。连续做 12—20 次为一组，做 2—3 组。

要求： 抬起时呼气，保持腰部不要离地；下落时吸气，腿保持不动，动作有节奏。

第二节　举腿抬上体（图3-28）

预备姿势： 仰卧举腿，两踝交叉，膝微弯放松，两手交叉至于头后。

练习方法： 1—4 拍，上体抬起 30º，5—8 拍，身体缓缓下落还原，连续做 12—20 次为一组，做 2—3 组。

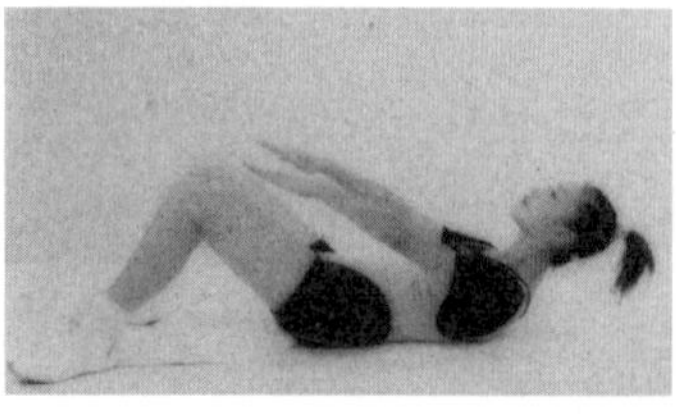

图 3-27

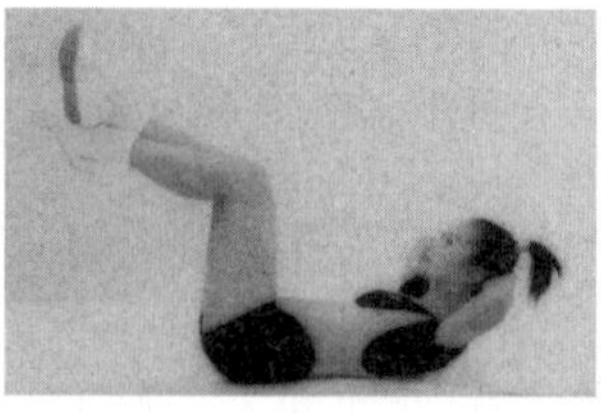

图 3-28

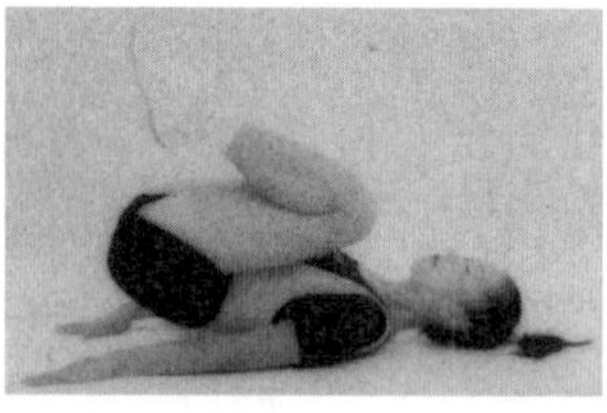

图 3-29

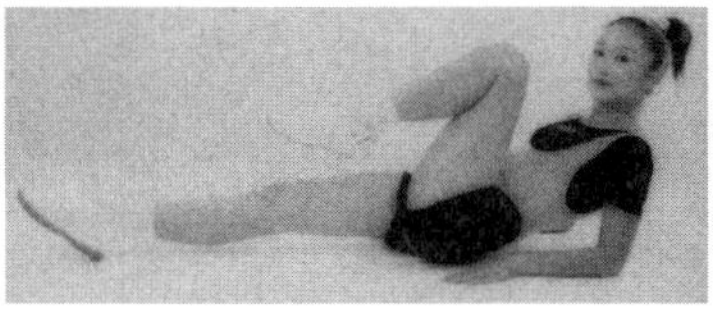

图 3-30

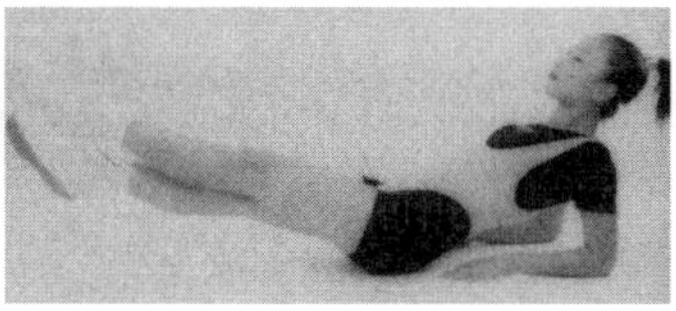

图 3-31

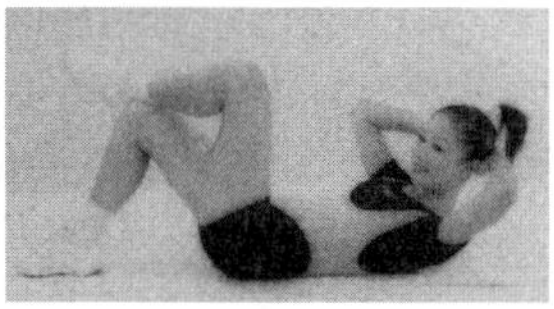

图 3-32

要求：上体抬起时两肘保持自然外张，同时呼气，腰部不离地。

第三节 仰卧屈膝举腿（图3-29）

预备姿势：仰卧屈膝两腿并拢，两臂自然贴于体侧。

练习方法：1—4 拍，膝关节带动腿部上抬至臀部离地；5—8 拍，身体缓缓落下，连续做 12—16 次为一组，做 2—3 组。

要求：均匀呼吸不要憋气，抬起时臀部离地要充分，下落要有控制。

第四节 肘撑交替屈膝（图3-30）

预备姿势：仰卧肘撑，腿放松。

练习方法：1—2 拍，左腿屈膝收至胸前，右腿自然举起（离地约 10cm）；3—4 拍，交换腿做。20—30 次为 1 组，做 2—3 组。

要求：腿收、伸充分，呼吸均匀。

第五节 肘撑举腿剪绞（图3-31）

预备姿势：仰卧，举腿起至 45º，两臂曲肘撑地。

练习方法：1 拍，左腿在上，右腿在下交叉，2 拍；换成右腿上，左腿下，似剪绞一样，连续做 12—20 次为 1 组，做 2—3 组。

要求：两腿做剪绞动作时，膝关节尽量伸直，呼吸均匀。

第六节 侧腰练习（图3-32）

预备姿势：仰卧两手抱头，屈左腿，右踝放于左膝上。

练习方法：1—2 拍，上体抬起右转，使左肘触右膝；3—4 拍，还原。连续做 10—12 次为 1 组，做 2—3 组。换相反一侧做动作相同。

要求：上体抬起时转体要充分，肘尽量触膝，腰腹用力但颈部放松。

第七节 背肌练习（图3-33）

预备姿势：俯卧放松，两臂前举于头上。

练习方法：1—2 拍，左臂连同上体抬起，抬头，同时右腿上抬；3—4 拍放松还原。重复做 12—20 次为 1 组，做 2—3 组。换相反一侧，动作相同。

要求：上下肢要同时抬起，动作充分，抬起时吸气，放松时呼气。

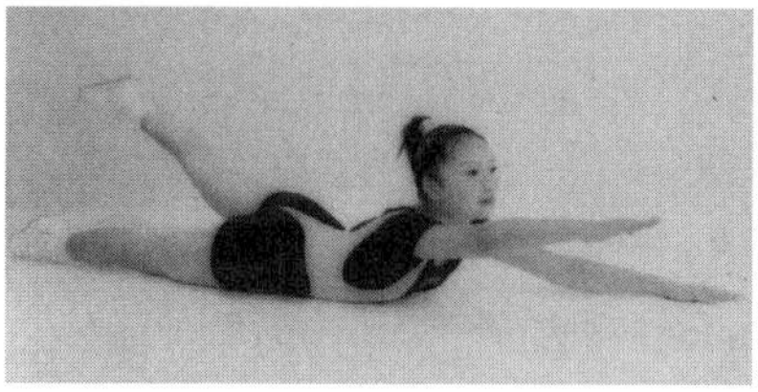
图 3-33

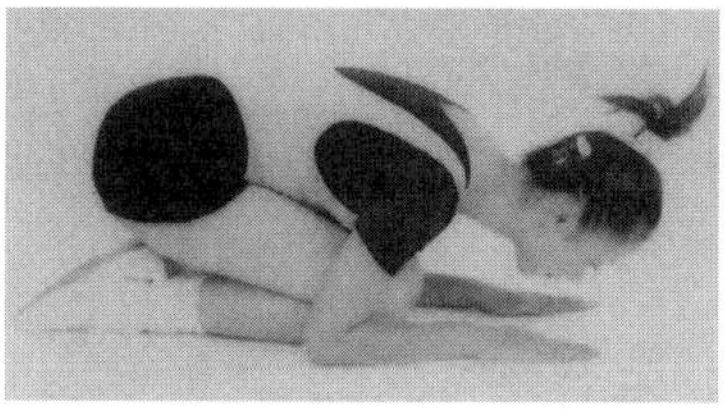
图 3-34

第八节　塑腰练习要点（图3-34）

动静结合：连续完成一定数量的收腹、抬体、举腿等动作时，注意力要集中，尽量用腰背肌力量练习，切勿用惯性完成动作。静止地控制某一动作，并保持一定的时间，会有良好效果。每组局部练习后，用手轻拍练习部位或伸拉练习部位，待放松后再做下一组。

上下结合：既要选择对腰腹上部影响大的动作，又要选择对腰腹下部影响较大的动作。

左右结合：要注意腰腹两侧均衡的练习。

快慢结合：练习时的节奏应是：开始慢、中间快、结束慢。练习强度、次数可因人而异。

平时走路时也要保持一定的腹部紧张度，收腹立腰。

4. 伸展练习

也许你在努力不懈，以求工作完美，也许你为完成任务而频繁外出活动。总之，你的肌肉很可能为了对抗压力而变得僵硬、疲倦及疼痛，尤其是在肩部、颈部、胸部以及背部最为显著。松弛紧张肌肉的最佳方法之一，就是伸展放松肢体。

注意事项：

（1）制订有规律的训练计划，每周 3—4 次，每次 30 分钟左右。坚持就能达到预期效果。

（2）寻找一个安静的练习环境，安静平稳的执行练习计划；感觉练习部位肌肉被拉伸即可（不要有痛觉）；呼吸自然流畅。

（3）练习时，请穿着宽松或有弹性的衣服，光脚。在地面练习时，最好使用柔软的体操垫。

（4）动作要领将决定练习效果，务必注意练习细节。

（5）每次练习时可以从以下练习中找出 8—10 个动作，每个动作每侧至少进行 2—3 次，可交替进行。

（6）伤病练习者（如腰椎间盘突出症），练习前请咨询医生或专业教练。

图 3-35

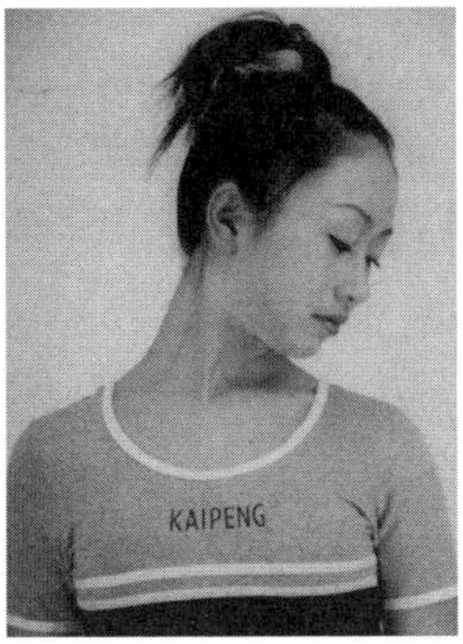

图 3-36

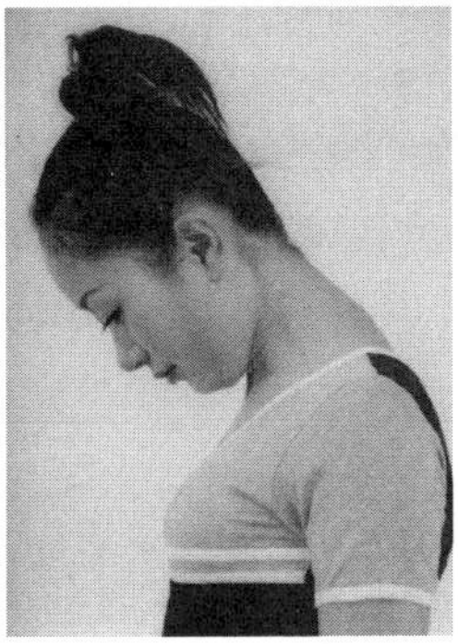

图 3-37

颈部（图3-35，图3-36，图3-37）

（1）坐姿，左手轻按右太阳穴，头部向左倾斜，肩放松，同时右臂肘关节伸直通过弯曲的手腕轻轻向下压，以达到颈部、肩部肌群的伸展和放松。

（2）站姿，颈尽量向右靠，好像要使右目和右肩结合保持 5 秒钟；然后头部前屈，下巴触及胸部，保持 5 秒钟。换方向再做。

（3）头部向一侧转动，保持 5 秒钟。

肩部

（1）耸肩：深吸一口气，并将双肩尽量抬高，然后将双肩放下的同时呼气。

（2）绕肩：肩向前绕 5 次，然后向后绕 5 次。

胸部和手臂

（1）左臂向右侧伸直，右手拉住左肘慢慢向身体靠拢。（图 3-38）

（2）左臂屈向头后，小臂放松，右手向下轻压左肘。（图 3-39）

（3）站姿，两手交叉，两臂向上尽量伸展。（图 3-40）

（4）站姿，离墙 20 厘米两臂伸直上举，手扶墙，两脚保持不动，肩及手臂尽量贴于墙 。（图 3-41）

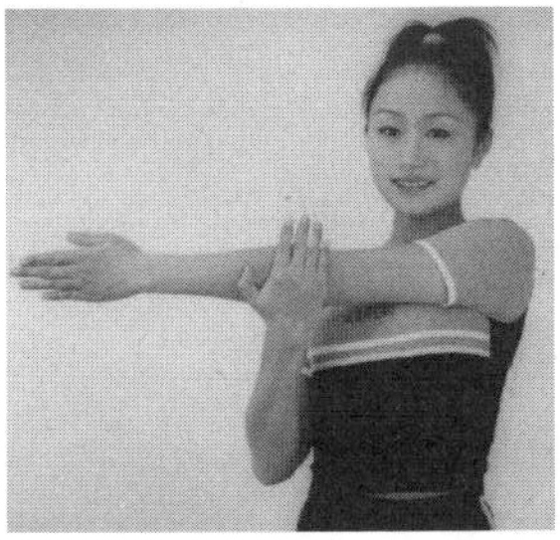

图 3-38

图 3-39

图 3-40

图 3-41

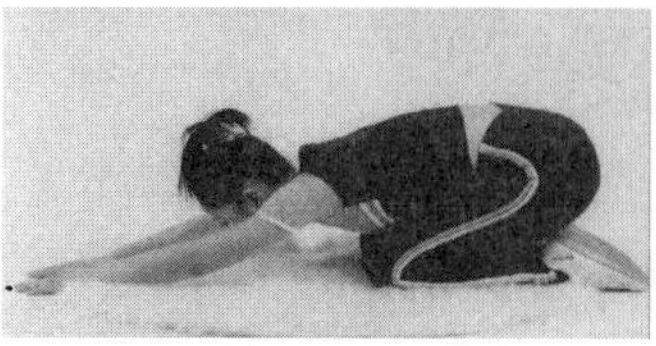
图 3-42

图 3-43

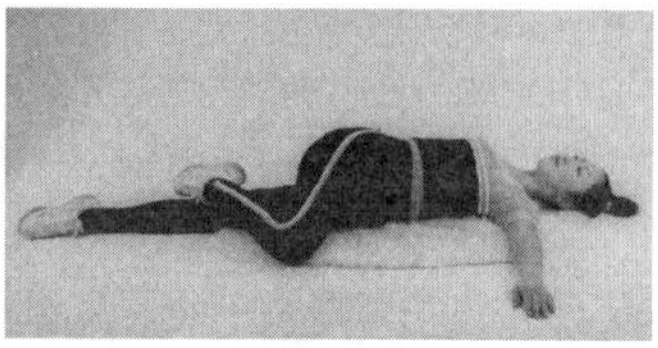
图 3-44

背部和躯干

（1）跪坐，两臂前伸，全身放松保持 10 秒钟，然后手臂收回于体侧，尽量使身体曲卷成球状，保持 10 秒钟。（图 3-42，图 3-43）

（2）仰卧，保持双肩着地，右臂侧伸掌心向下，右腿屈膝慢慢左转使右膝触地，保持 10 秒钟。（图 3-44）

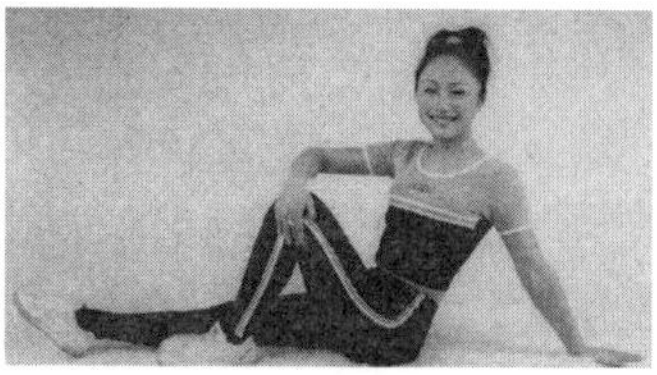
图 3-45

（3）坐姿，右腿伸直，左腿弯曲，右臂置于左膝上，左臂于体后侧支撑，上体左转，保持 10 秒钟。（图 3-45）

腿部

（1）身体正直站立（可以右手扶墙）。左手抓住脚背，使左腿向后弯曲，轻轻把腿向后拉，腰部要保持正直，左脚跟尽量靠近臀部，感觉到大腿前侧的股四头肌被拉伸，保持 10 秒钟。（图 3-46）

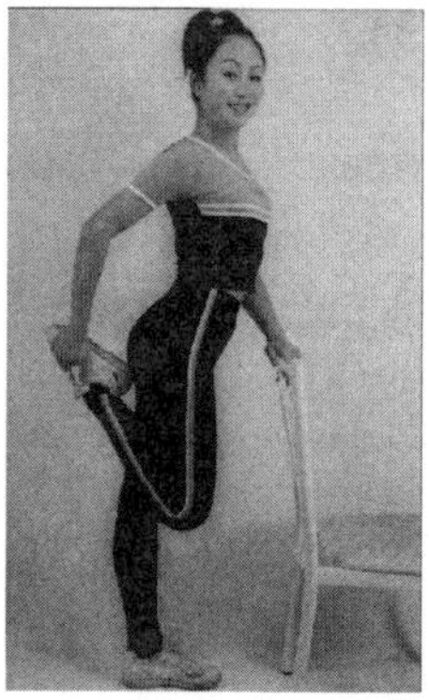
图 3-46

（2）仰卧，右腿伸直贴于地面，左腿直腿勾脚尖举腿，双手抱住膝关节后部，轻轻用力使腿向胸部方向靠拢。保持 10 秒钟；然后屈膝，动作不变，双手放松腿还原——拉伸大腿后侧及臀部肌群。（图 3-47，图 3-48）

图 3-47

图 3-48

图 3-49

（3）左腿屈膝，右腿单膝跪地，双手扶地，腰部慢慢前移，立腰，使重心移到左腿上，直到右髋关节处及大腿前侧有拉伸感，停住 10 秒钟。

分腿坐，腰部保持正直，上体轻轻前屈——拉伸大腿内侧肌群。

全身伸展与放松

（1）坐姿，俯身用双手触脚，然后背部紧靠座椅，双手向后上方伸展，再向左右伸展，练习中要深呼吸。（图 3-49）

（2）仰卧，双手合十于头上，两脚并拢，尽量拉长身体，保持 10 秒钟。（图 3-50，图 3-51）

（3）轻松地躺在地上或坐在地上，闭上眼睛，均匀呼吸，保持 1 分钟。（图 3-52）

图 3-50

图 3-51

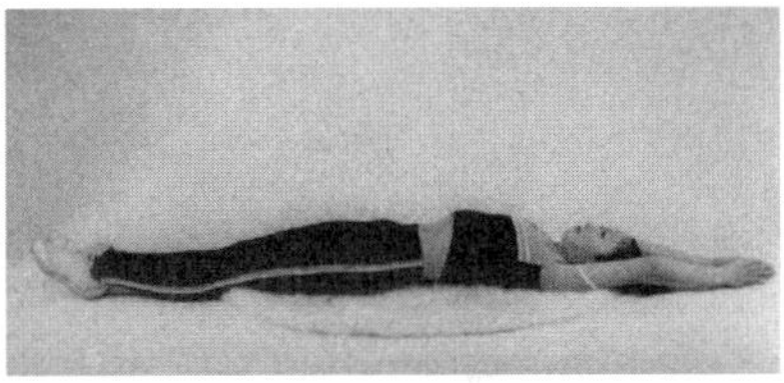
图 3-52

专家建议：

1. 如果你同时在使用减肥茶之类的减肥食品和减肥药品（L-肉碱除外），千万不要在运动前 2 小时及运动后 1 小时之内使用，否则不仅不会给你带来双倍的减肥效果，而且还会带来某些不良的作用。

2. 寻找一个锻炼伙伴。当你和一个朋友一起运动时，不仅可减少运动本身的单调枯燥，而且可以提高运动情趣，消除羞怯、畏难、自卑等心理障碍，激励自己坚持运动。

3. 每周应至少进行三次锻炼，其中应包括有氧运动和力量练习。

4. 可以偶尔享受一下你最喜欢吃的食品，作为调剂。

5. 节制饮食、合理调整膳食结构和适量运动是一个人健康的生活方式，应保持终身。

第四章　视觉语言

章前启示

一个脸上的表情比他身上穿的更重要。

——戴尔·卡耐基

眼睛如同我们的舌头一样能表达，只是它的优势不需要任何词典，就能完全被世界理解。

——爱默生

一旦学会了眼睛的语言，表情的变化将是无限的。

——泰戈尔

第一节 目光

眼睛被人们称为心灵的窗户。这是因为心灵深处的奥秘常常会自然而然地从眼神中流露出来。印度诗人泰戈尔说:“一旦学会了眼睛的语言,表情的变化将是无穷无尽的。”这说明,眼睛语言的表现力是极强的,是其他举止无法比拟的。

一、表情的特征

人们交流的方式多种多样,表情是人体语言最为丰富的部分,是人的内心情绪的流露,人的喜、怒、哀、乐可通过表情来体现和反映。表情类型有面部表情、声音表情、身段表情三种,其中最主要的是面部表情。目光是传达思想感情的一种重要方式,是面部表情中的核心,眼神的力量远远超出我们用语言可以表达的内容。在不同场合与不同对象应运用不同的目光和不同的注视区间。在交流过程中,应设身处地地站在说话者的角度,用适当的表情与语言,表现理解与专注,形成一定的交流呼应。

表情就像文字一样,可以将我们内心世界表达出来。“脸”是我们传达表情的第一窗口,脸部的表情自己无法看到,但各种情绪或心境都会表现在脸上,面部的表情有先天的因素。但是,一个人后天气质、风度、价值观的变化必然反映在脸上。这就是说,人的惊、喜、怒、悲、傲、惧等基本表情同人的其他素质一样,是由人的文化修养、气质特征等内在变化决定的。所以,也有人说脸部就是人生的一张履历表。

有一次,有人向林肯总统推荐一个人做内阁成员,林肯没有用他,理由是:“不喜欢他的长相。”推荐人认为:“这太苛刻,他不能对自己天生的面孔负责!”而林肯说:“不,一个人过了四十岁,就该对自己的面孔负责。”

想要带给别人美丽的印象和好感,其实并非完全取决于一个人的长相,反而是一张笑眯眯的脸、一双神采奕奕的眼睛才是左右第一印象的关键。笑容是无声

图 4-1

的语言，也是人际沟通的桥梁。能够使初次会面的人解除防卫，“有笑容的脸”是成功的一大因素，公关人员在与公众打交道时，最常用的礼仪形式就是面带微笑。因为笑容带给人一种亲切、友善、鼓舞的信息，对于第一次见面的人，向对方展示善意的微笑，也就是暗示可以在互相信赖的关系上进行沟通，双方就很容易进入谈话的情境。所以说笑容是人际关系最好的润滑剂。（图 4-1）

东方人生性保守，脸部尤其缺乏表情，甚至有些人要隐藏心中的情绪，更要练到喜怒不形于色，让人无法琢磨才认为是高明。也有些女孩长得不难看，可是面无表情，眼神冷若冰霜，也许她并没有意思要拒人千里之外，可是她的表情已让人退避三舍。在我们的日常生活中，无论交友、购物、洽谈或办事，都不喜欢碰上一个面无表情、绷着脸的女人吧！就算最漂亮的女孩，给人的感觉不好，也会让人怕与她接近。缺乏微笑是人际交往活动失败的最基本原因之一。

二、眼神的类型

人的眼睛的表现力是极为丰富、极为微妙的，难以规定出一个什么模式。目光受感情制约，把握好自己的内心感情，有助于在与人交往中学会正确地运用目光。

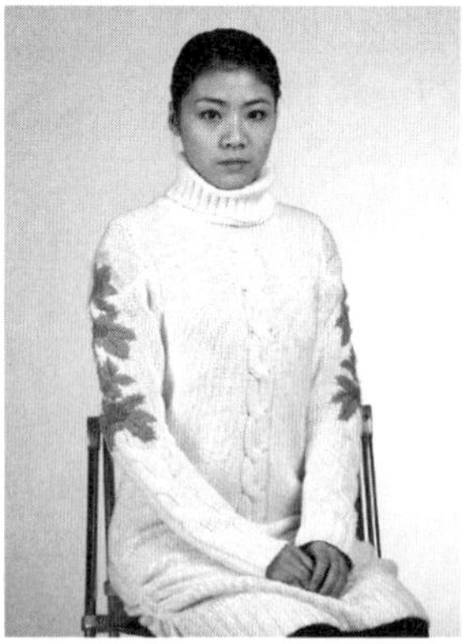
图 4-2

1. 直视型

直视与长时间的凝视可理解为对私人占有空间和个人势力圈的侵犯，是很不礼貌的。直视对方，使人有压迫感。初次见面或不太熟悉的男性用这种目光看女性，会使女性感到很不自然，以至产生反感。若女性用这种目光看男性，则有失稳重。（图 4-2）

2. 游移型

与对方谈话时，目光总习惯四处游移。容易给人心神不定、不够坦率和诚实的感觉，不利于双方的交谈。

3. 柔视型

目光直视对方，但眼神不是火辣辣的，目光有神，但又不失柔和。这种目光射击出去，给人一种自信和亲切的感觉。这是一种善于运用目光、容易与人相处且富有修养的人。（图 4-3）

图 4-3

4. 热情型

目光充满活力，给人以活泼、开朗和蓬勃向上的感觉。这种目光运用得当，可以使对方情绪渐涨，提高谈话兴趣；但如果不分对象，不分场合，一味热情相望，也可能产生相反的效果。（图 4-4）

图 4-4

5. 他视型

即与对方讲话，眼睛却望着别处，容易使对方产生误解，是不尊重他人的注视形式。（图 4-5）

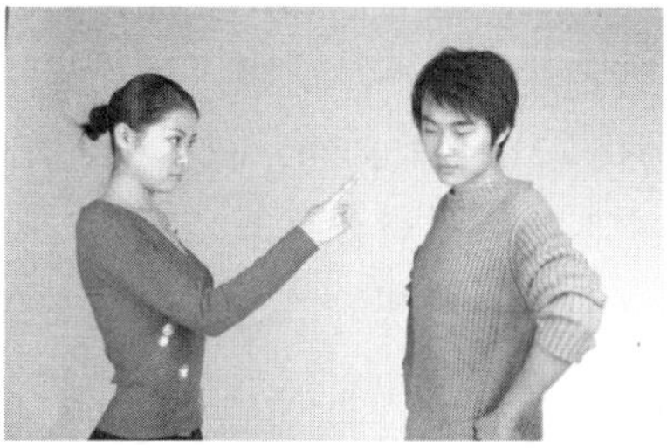

图 4-5

6. 斜视型

即目光不是从眼睛正中而是从眼角视向对方的。这极为失礼，让人感到被轻视、不够尊重和心术不正。

7. 无神型

目光疲软，视线下垂，不时视向自己的鼻尖，这种目光透视出冷漠之感，往往会使谈话的内容冷淡。

三、注视区间

（1）公务注视区间。是指在进行业务洽谈商务谈判、布置任务等谈话时采用的注视区间这一区间的范围一般是以两眼为底线，以前额上部为顶点所连接成的三角区域。由于注视这一部位能造成严肃认真、居高临下、

图 4-6

压住对方的效果，所以常为企图处于优势的商人、外交人员、指挥员所采用，以便帮助他们掌握谈话的主动权和控制权。(图 4-6)

（2）社交注视区间。指人们在普通的社交场合中采用的注视区间。其范围是以两眼为上限，以下颚为顶点所连接成的倒三角区域。由于注视这一区域容易形成平等感，因此，常被公关人员在茶话会、舞会、酒会、联欢会以及其他一般社交场合使用。注视谈话者这一区域，会让对方轻松自然，因此，他们能比较自由地将自己的观点、见解发表出来。

（3）亲密注视区间。指具有亲密关系的人在交谈时采用的注视区间。主要是对方的双眼、嘴部和胸部。恋人之间，至爱亲朋之间，注视这些区域能够激发感情、表达爱意。“频送秋波”“眉目传情”都是通过这样的区间进行的。(图 4-7)

图 4-7

注视不等于凝视。如果像鲁迅笔下的祥林嫂那样以“两眼间或一轮，方知是个活物”的方式注视对方，一定不会有好的交流过程，同时两眼也不能在某一区域上下翻飞、左顾右盼，否则对方会觉得莫名其妙、不知所措。用目光注视对方时，应是自然、稳重、柔和的，而不能死死盯住对方某一部位，或不停地在对方身上“扫射”交谈过程中可能出现双方目光对视的情况，这时最好稳重一点，不必惊慌，也不必躲闪，自然地让其对视 1—3 秒钟，然后再缓缓移开，那一种一触对方目光就慌忙移开的做法是拘谨、小气的表现，会影响谈话的正常进行，引起对方猜疑，也是很不礼貌的。

目光反映的形象内容太丰富和深奥了，我们用于描述目光的词汇是如此的丰富，他们能够活生生地勾画出一个精彩的表情，“神采奕奕”“炯炯有神”“虎视眈眈”“虎目圆睁”“望眼欲穿”“含情脉脉”“眉目传情”“眼若秋波”“左顾右盼”“东张西望”“视而不见”“目光犀利”“眺望”“遥望”“目光交织”“眼中无神”等等。这也是为什么那些世界名人、艺术家以他们眯人的目光而著名，没有让人过目不忘的眼神，就会让人感到一个躯体缺乏灵魂。如果你想树立一个有魅力、强大成功者的形象，你会选择哪种目光?

四、在交际中使用目光应注意事项

（1）在双方友好交谈的场合，一旦被对方注视时，不要将视线马上移开。因为这样容易给对方造成自卑胆怯、自惭形秽的印象。而在异性之间，又会被误认为是一种爱的表示。有人说，恋爱是从避开视线开始的，正是这个道理。

（2）在听对方讲话时，应将视线集中在对方身上。这是一种礼貌行为。目光和表情和谐统表明很感兴趣，思想专注，谈兴正浓；反之，对方的目光长时间终止接触或游移不定，顾左右而听之，则表明对方对所谈话题不感兴趣，或急于离开，应转换或终止话题。

（3）交谈中，目光相互正视片刻——坦诚；相互瞪眼——敌意；斜扫一眼——鄙视；正视鄙视——命令；上下打量——挑衅；白眼——反感；眼睛眨个不停——疑问；双目大睁——吃惊；眯着眼看 ——高兴或轻视；行注目礼——尊敬；左顾右盼、低眉偷窥——困窘；对来访者，只招呼而不看对方——工作忙不愿接待等等。

总之，我们在与不同人交往，使用各种视线时，应把握分寸、恰到好处，善于调节、因人而异。以显示自己较高的文化修养和人际交往水平，从而为双方的友好关系建立创造一个无声的良好的基础。

五、不同的场合与不同的情况应运用不同的目光

心理学家做了这样一个实验：让采访者用三种目光与被实验者进行对话：①“聚精会神、专注”的目光；②“时看时不看、躲闪”的目光；③“几乎不看”的目光。实验结果表明，被实验者把“聚精会神的目光”列为对自己最有兴趣、最专注的人，因而也对采访者产生好感，对他们的评价也最高。不敢用目光沟通的人，常常被列为对别人不感性趣，也会造成不必要的误解。

（1）见面时，不论是见到熟悉的人，或是初次见面的人，不论是偶然见面，或是约定见面，首先要睁大眼睛，以闪烁光芒的目光正视对方片刻，面带微笑，显示出喜悦热情。

（2）对初见面的人，还应头部微微一点，行注目礼，表示出尊敬和礼貌。

（3）在集体场合开始发言将话时，要用目光扫视全场，表示“我要讲了，请予注意”。

（4）在与人交谈时，应当不断地通过各种目光与对方交流，调整交谈的气氛。

交谈中应始终保持目光的接触，这是表示对话题很感兴趣，长时间回避对方目光而左顾右盼，是不感兴趣的表示。

（5）应当注意，交流中的注视，绝不是把瞳孔的焦距收束，紧紧盯住对方的眼睛，这种逼视的目光是失礼的，也会使对方感到尴尬。交谈时正确的目光应该是自始至终都在注视，并非紧盯。瞳孔的焦距应呈散射状态，用目光笼罩，同时

辅以真挚、热诚的面部表情。

（6）交谈中，随着话题、内容的变换，做出及时恰当的反映。或惊，或喜，或微笑或沉思，用目光流露出会意的万千情意，会使整个交谈融洽、和谐、生动、有趣。

（7）交谈和会见结束时，目光要抬起，表示谈话的结束。道别时，仍用目光注视着对方的眼睛，面部表现出惜别之情。

世界上各民族的注视习俗也是有差异的

例如：日本——直视对方的脸是失礼的，他们习惯看对方的脖子；英国——尽量避免双目对视；瑞典——对视为佳；地中海沿岸——人们深信呆滞的目光会带来灾难，因此人们注视时眼神比较活跃；希腊——凝视别人极端无礼；阿拉伯——凝视是起码的待人礼节。因此，由于各地民俗差异，目光的注视区间有着不同的含义。

六、眼神训练

（1）正对镜子，直立于距离镜子一米远的位置。

（2）用一张纸，将脸的下半部分遮住，只露出双眼。

（3）假设镜子中的自己是交谈的对象。

（4）在心理假设身处各种社交的场合，创造心理环境。

（5）对镜子中的自己眼神进行自我评价，及时调整，以达到预期效果。

第二节 微笑

微笑只是一瞬间的表情，但其中所包含的内容却是异常丰富的。日常生活中的笑则是通向愉快交际的一座桥梁。比如朋友初次见面，要面带微笑；不小心唐突了别人，应送上微笑；朋友无意间损害了自己，不妨带上微笑；别人赞扬自己，宜抱以谦和的微笑。微笑可以用来表示友好和欢迎，表示真诚与默契，表示宽容与谅解，表示歉意与批评，表示赞扬与鼓励……可以说，微笑，是人类的必要表情。（图 4-8）

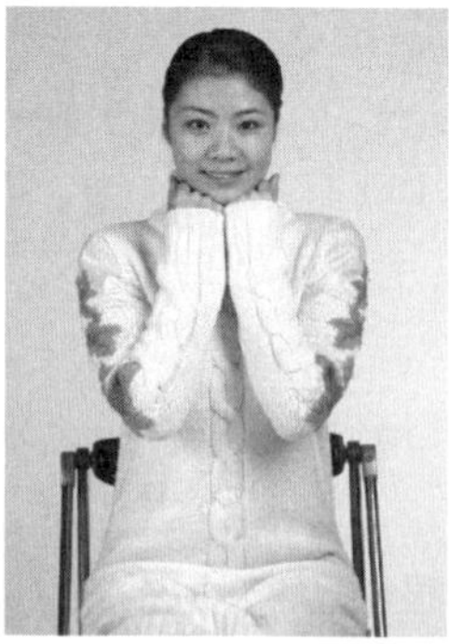

图 4-8

2002年，在英国曼特斯特城英联邦运动会开幕式上，传遍了所有英联邦国家的火炬最后落在英国足球明星大卫·贝克汉姆的手中，他微笑着跑到了最后一站——一个挂着氧气瓶、身患绝症的五岁金发小女孩面前，他微笑着亲吻了小女孩的脸，与她手拉手走到英国女伊丽莎白的面前，有小女孩把火炬交给了她盼望已久的女王。

一贯面色严肃的女王接过火炬，此刻她依然面无表情，也没有亲吻渴望地望着她的小女孩，而是直接走到点火台点燃了开幕式的火焰。第二天报纸、电视纷纷指责女王在众目睽睽之下，居然“没有笑容”，而且“没有亲吻哪个病孩子……”，“女王太让人失望了……”

一、微笑的意义

1. 有益健康

人们常说：“笑一笑，十年少，”这是有科学道理的。因为人在笑时，全身的肌肉松弛，达到一种放松的境界，有利于新陈代谢，进而促进身体的正常发展。据有关医学家实验得出，在病人面前，医护人员的微笑，对患者的安抚胜过10剂良药。所以，笑是人类健康的保证。

2. 表现性格

不同的笑，能表现人的不同性格。美国心理学家佛得烈、戈思宁对此有精辟的分析。他指出：开怀大笑的人，极富同情心；笑声低沉的人，生性多愁善感；笑声柔和的人，性格厚重，擅长处理人事纠纷；笑声干涩的人，性格略带冷漠，但比较现实。

3. 和谐关系

发自内心的各种笑，如真诚的笑，善意的笑，歉意的笑，内疚的笑……能满足人的尊重的需求，取得对方的理解、信任和支持，从而缓和紧张气氛，调节人际关系。在这方面我们敬爱的周恩来总理堪称微笑的楷模。周总理生前带着“中国人的微笑”，走向世界，受人爱戴，被世人所传颂。所以，在日常交际中，我们应该学会微笑，以显示成熟和开朗，显示宽容与豁达。促进人际关系的美好与和谐。

二、微笑的特点

微笑是一种精神产品，因而有其自身的特点：

1. 直接性

我们知道，物质产品，诸如商品、饭菜、家具等是有形的、具体的东西，并直接作用于人的视觉、味觉、触觉等。微笑则是通过交际双方面对面的、直接的交往来体现出来的。它不是一种可以抓得到的东西，也不可以闻得到或品尝得到。相反，微笑的表情是直接作用于交际对象的视觉和感觉，看得见、感觉得到。这种微笑是可以使交际对象当面接受、当面检验的。

2. 多样性

当交际双方直接交往时，使用微笑的种类是多样的。又因交际内容的多样性，也需要微笑的多样化。如与陌生人初次见面，要送去温和的微笑；交谈之中，要给予对方平和的微笑；当说服对方时，要作耐心的微笑；不慎刺伤对方，则必须付出道歉的微笑；当朋友帮助了自己，要报以感激的微笑……凡此种种，都证明微笑不是简单的、固定的、一成不变的。

3. 不可贮藏性

这是由微笑的直接性所引起的一个特点。当交际双方见面时，微笑便开始进行，直到双方分手为止。这个过程自始至终都可以令双方感觉到的。假如交际的对象，或者与对方进行的是间接的、跨空间的交际，那么微笑是无法让交际对象感觉到的，也不能像有的物质产品可以贮藏。以备取用。即使用摄像机把微笑录制下来，等到下一次双方交际时再予以播出，这种微笑是不真实的、虚假的、间接的，非但不能令交际对象产生好感，反而顿生厌恶。

总之，微笑是一种良好的心理素质的体现，一旦学会微笑，将成为一笔宝贵的精神财富的拥有者。有人说，微笑是全世界通用的货币，但愿人人都学会微笑，成为微笑的使者。

三、笑出真诚（图 4–9）

要如何“笑”才能让人感到真诚与亲切呢？就是笑的时候，除了脸部肌肉显出笑容的弧度外，眼睛也要有“笑意”，也就是说要用眼睛来表达笑容，因为我们内心的想法会影响到眼神。微笑的具体要求是：发自内心、自然大方、亲切，要由眼神、眉毛、嘴巴、表情等方

图 4–9

面协调动作来完成。防止生硬、虚伪，笑不由衷。必要时可进行适当练习，先对着镜子，找出我们唇齿最美的笑容，然后把嘴巴部分盖起来，只有眼睛照到镜子，这时你的眼睛有没有笑容呢？一双带笑的眼睛最能打动别人的心。当你下颚略微向下，感觉很诚恳地面向正前方，嘴角微微上扬，一边看着对方，一边保持愉悦的笑脸，这种亲切和蔼的笑容最动人，也是最为理想的表情，这种笑容有着感人的力量，显示了对生活的满意和自信。

四、微笑训练

（1）对着镜子，像婴儿咿呀学语时那样，说“E——”“G——”“钱——”，让嘴的两端朝后缩，微张双唇。轻轻浅笑，减弱发音的程度，这是可感觉到颧骨被拉向斜后方。相同的动作反复几次，直到感觉自然为止。

（2）先把手举到脸前，手从嘴角向外做“拉”的动作，一面想象笑的形象，同时想象愉快的事情，一面照镜子，这样的微笑就自然多了，微笑也就不一样了。

（3）手张开举在眼前，手掌向上提，并且两手展开，随着手掌上提，打开，眼睛一下子睁大，眼前豁然开朗。

专家建议：

1. 相信自己的眼睛会说话，你的思想及你的心态，正在通过你的眼神流露。
2. 要全神贯注的注视讲话者。
3. 在近距离的空间，避免与人目光对视，如电梯、地铁等场所。
4. 目光接触的时间保持适中，不要死盯不放，也不要左顾右盼。
5. 经常对镜观察自己的眼睛，寻找不同的心态目光。

第五章　物体语言

章前启示

服装是视觉工具，你能用它达到你的目的，你的整体展示——服装、身体、面部，态度为你打开凯旋、胜利之门，你的出现向世界传递你的权威、可信度、被喜爱程度。

——罗伯特·庞德（英国形象设计师）

公众想要的不是逻辑，而是感觉。

——比尔·维尔德（导演）

物体语言指的是一个人在穿戴、把玩、摆设和使用某种与人际交往有关的物体时所传递的具有一定意义的信息。这种信息是通过物体所反映的某种思想或情感的一种暗示。

人们在交际中，使用物体语言有其特殊的作用。

1. 显示使用者的思想情绪和态度性格

人与人交往时，65% 的信息要依赖无声语言来传递。其中，物体语言是感染力很强的信息传播媒介。所以，一个人给他人的印象如何，不仅仅取决于有声语言行为，而且也取决于他的物体语言行为。

【例 1】服装是一种物体语言，又是显示穿戴者思想情绪和态度性格的一种无言的媒体。情绪好时，穿戴可能比较注重修饰；反之，则无心打扮。再者，从一个人的服饰，也可观察出他人的人生态度、性格情趣。因而，服饰就带上了强烈的感情色彩，在人们交际中，有着先声夺人的独特作用。

【例 2】男人吸烟的动作，也常常是使用者情绪的显现。假如吸烟者吸烟时，猛抽几口，同时向下吐烟，并过早掐灭，很可能是情绪低落，心情不好的表现。相反，吸烟者吸烟时不紧不慢、向上吐烟圈，只怕是悠然自得、春风得意的表现。所以，人类行为科学家认为，了解人们吸烟的动作，对于进一步观察他人的思想情绪和态度性格是很有帮助的。（图 5-1）

图 5-1

2. 向他人广泛地传递信息

同一物体语言被同一人使用，它所传递的信息常常不是单一的，而是多方面的。

【例】教师佩戴校徽，不仅是其职业身份的外露显现，而且也在一定程度上反映了佩戴者的经济地位和状况。因此，曾有一个时期，一些不法分子在进行偷盗活动中，常以作案对象的服饰等物体作为衡量其是否富有的标志，凡是遇上佩戴红校徽的人，则认为是清贫、拮据，不予靠近。从某种意义上讲，物体语言——校徽发挥了作用。

3. 反映使用者微妙的心理变化

交际双方在日常交往中，为了自身的某种需要，抑或当时当地思想感情的支配，有时会借助物体语言表达内心的心理变化。

【例 1】恋人交往时，女性往往有一种习惯性的、下意识的动作——摆弄胸前的纽扣。这个动作对于初涉爱河的少女来讲，是一种羞怯拘谨的情感变化显现。正因为如此，一些人很注意利用物体语言，来掩盖内心感情的变化，缓和双方矛盾的冲突，控制紧张不安的情绪。

【例 2】中国古代小说《三国演义》“曹操青梅煮酒论英雄”一节中，作者就是以物体语言——箸为线索，通过失箸、拾箸、谈箸，来表现双方心理的微妙变化。书中曹操以“天下英雄”为题，请刘备发表意见。席间，曹操一句“今天下英雄，惟使君与曹耳”。刘备听罢，魂不附体，“手中所执匙箸，不觉落于地下”。这个失箸的细节，恰恰反映了刘备当时内心慌乱、唯恐曹操看出自己的野心。尔后他趁“雷声大作之际，又从容俯手拾箸”，并镇静自若地回答：“一震之威，乃至于此”、“圣人迅雷风烈必变，安得不畏？”将失箸缘故，轻轻掩饰过去。

物体语言包括的内容较多，作用各异。

第一节　介绍

人际交往始自介绍。介，古代传递宾主之言的人。绍，绍继、接续。介绍指相继传话；为人引进或带入新的事物。一般根据介绍者，即何人作介绍的不同，介绍可以分为自我介绍、他人介绍、集体介绍等基本类型。

一、介绍在社交中的作用（图 5–2）

图 5-2

（1）能缩短人们之间的距离。

（2）帮助扩大社交面，加快彼此间的了解。

二、介绍的方式方法

1. 按交际场合来区分：正式和非正式

（1）正式介绍：指在较为正式和隆重的场合进行的介绍。

正式介绍总的原则是：A. 将男性介绍给女性；B. 将年轻者介绍给年长者；C. 将职位低的介绍给职位高的；D. 将客人介绍给主人；E. 将晚到者介绍给早到者。在这五个顺序中，如果被介绍者之间符合其中两个以上的顺序，一般应按后一个顺序进行。介绍时，最好是把对方的工作单位或就读学校顺便提一下。介绍顺序问题绝不是一个可有可无的形式问题，它涉及个人修养与组织形象以及公关活动目的是否能够达成。

当你被介绍后：通常要做的礼仪是握手，面露笑容并道“您好！”，在需要表示庄重或特别客气时，还可以略施一躬，如见到某人特别高兴，则可以说：“见到您很高兴。”

（2）非正式介绍：指非正式场合所用，可轻松随便、亲切自然些。例：大家都是年轻人，介绍人可先说：“让我来介绍一下！”，然后做简单介绍，不必遵循先后次序，至于把一位朋友介绍给大家，只说：“诸位，这位是 ×××”，即可。

2. 按介绍者区分：自我和他人介绍

自我介绍在社交场合也是很重要的一环，如果在集会的场合要与一位不认识的人谈话，主人忘了介绍，你可先进行自我介绍，等对方也做自我介绍后，便可进行交谈。

（1）自我介绍的含义

自我介绍是指口头自我介绍。它是借助于声音，艺术地将自己的姓名、年龄、职业、情趣、爱好、追求等基本概况向公众作一简短说明的一种特殊交际形式。

由于市场经济的确立，人才的激烈竞争，以及现代人广交朋友、渴望了解的需要，人们在某些场合，诸如聚会、演讲、谋职、应试之时，为了加深听者的印象，使之在较短时间内对自己有一个大概的了解，就需要通过声音语言将自身的一些情况作一简短的介绍。这种交际形式的现代社会应用相当普遍，可说是每个人都应掌握的一种交际的基本功。

（2）自我介绍的作用

较之物体语言中的名片，自我介绍具有内容丰富、形式多样、表达灵活、印象深刻等特点。因此，它的作用也被更多的人所认识。自我介绍的作用如下：

①显示介绍者自我推销的能力

现代社会竞争异常激烈。处于这样一个竞争的时代，那要提高竞争意识，掌握竞争的手段，以战胜竞争的对手。其中之一即是学习自我推销。而自我介绍又是自我推销的一种有效方式。因为人的生命是有限的，而了解人的过程是无限的。我们不可能将有限的生命投入到无限的了解人的过程中，那样会无端地浪费许多宝贵光阴。所以，通过自我介绍的形式，可以缩短了解人的时间，达到提高效率的目的。那么，介绍者表达技巧的高低、语言组织能力以及内容安排方法等等，都是反映介绍者逻辑思维能力、想象能力、应变能力的途径，进而可以考察介绍者自我推销能力的强弱。现实生活中，有些人很善于在以上几方面努力表现自己。尽管专业水平稍逊一筹，却能通过自我介绍引起对方注意、留下深刻的印象，从而达到自我推销的目的。而有些人虽然有较深的专业知识，但语言表达能力比较欠缺，不善于恰当地表达自己。结果，很可能在竞争中处于劣势，失去机会。所以，为了使自己把握难得的机遇，显示自己多方面的才能，我们不仅要掌握专业知识，更要学会自我推销的方法，从而在市场竞争中立于不败之地。

②加深听众对自己的全面了解

自我介绍需要一定的时间。介绍者利用有限的时间可巧妙地将自己的情况进行恰当安排，通过简洁的语言，流畅地表达出来。这是对自我本体形象必要的、有益的、辅助性的补充，可成为强化和突出自我形象的极其有效的手段。比之名片的无声介绍，自我介绍的内容相对丰富得多，显示的价值更大。比如介绍者的专业知识、必要经历、脾气秉性、兴趣爱好、人生态度、价值观念、审美意识、理想追求等，名片上未必都能一一加以注明，而自我介绍却能发挥这个独到的作用，并且根据对方的要求，增删取舍一些内容，灵活性较强，易于使对方对介绍者达到全面了解。

③反映介绍者文学修养

尽管自我介绍需要一定的时间，但是时间相对要少一些，一般控制在2~3分钟内。要在这短暂的时间内，将诸多情况作一全面介绍，又要取得对方信任和好感，没有一定的文学修养是很难取得成功的。其中，词语的选择，句子的安排，都应准确恰当，以体现介绍者的语言基本功底素养。特别是一些表达手法的运用，诸如比喻、谐音、引用、对比、夸张等，更是展示介绍者文学水平高低的一个标志。如果运用得好，语言简练、句式优美，引用得体，手法多样，可表现出介绍者知识丰富、颇有文采的一面，这样就为自我推销的成功创造了重要的条件。

（3）自我介绍的方法

①谐音式

这是利用字词的音相同或相近的方法来进行自我介绍的一种手段。如介绍姓名："人人都知道这样一句话'理解万岁'，本人就叫李杰——（理解），希望我们能成为朋友，达到心灵上的理解。"

②矛盾式

矛盾本是比喻语言和行为自相抵触之意。这里主要用来表现介绍者介绍的某些内容与现实相矛盾的情况。如："我很荣幸，因为我叫张忠良，是一个忠厚善良之人。但我非常不幸，因为我的名字和电影《一江春水向东流》中那个忘恩负义的小人张忠良同名。不过，请大家相信我，我是一个重情重义的好人。"

③自嘲式

这是一种以介绍者自身为对象，进行嘲笑，以使自己突出的方法。使用这种方法需一定的勇气。如："大家抬头往天上看，高高的蓝天上飘浮着一朵白云，我虽然个子很低，却有一个和天空有关的姓名——高云。"

④引用式

这是借用名人的名句、名诗名言或俗语谚语等来进行自我介绍的方法，以此带动听众的联想，加深听众的记忆。如："人们说，眼睛是心灵的窗户。每个人都希望在走向光明的前途上拥有一双明亮的眼睛。我就在大光眼镜店工作。我希望通过我的工作给大家带来光明。"再如："伟大处于平凡。我就叫王平凡，愿意在平凡的岗位上做出不平凡的业绩。"

自我介绍的方法多种多样，决不仅仅只有上述几种。现实生活中许多人在自我介绍方面创造了相当有价值可供参考借鉴的方法。总而言之，自我介绍要调动各种手段，发挥充分的想象，来巧妙地介绍自己，显示介绍者多方面的水平，取得对方良好的第一印象。因为"好的开端是成功的一半"。

（4）自我介绍应注意的几点

①把握好内容

自我介绍的内容一般包括姓名、年龄、籍贯、毕业学校、专业知识、家庭状况以及其他一些情况。显然，在自我介绍时是不必每次都将上述事项逐一说出，而应视交际场合、交际内容、交际对象的需要来决定繁简取舍。一般而言，自我介绍简明扼要。若对方欲加深了解或就某一方面提问，则应按其需要详尽介绍。

②把握好态度

自我评价一般不宜用“很”“最”“第一”等表示极端的字眼，尤其是夸奖的话，出于自己口中，是一种乏味的表现。当然，也不必因此有意贬低自己。关键在于正确认识自己，掌握度量分寸，强调实事求是。

一般来说，人们都希望那种知识面宽、兴趣广泛的人。如果在自我介绍中，能根据实际把自己多方面的特长与知识面加以介绍，那么，介绍者有可能获得更多人的喜爱，结识更多的朋友。

③把握好时间

要选择适当的时机，在对方有兴趣、有需要、干扰少、情绪好时介绍自己，要简洁明了，用的时间越短越好，不可信口开河、不得要领。

2. 他人介绍

他人介绍是指由第三者为彼此不相识的双方相互介绍、引见的一种介绍方法。

（1）介绍

在下列情况下作他人介绍：①有必要性；②他人有愿望时。

（2）介绍人

为他人介绍时，介绍人处于当事人之外，一般情况下，介绍人的确定在不同场合有不同的规范：

家庭性聚会：女主人

公务活动：专业人士（公关部、礼宾、秘书）；专业对口；本单位职务最高者；

社交活动：双方的熟人；应邀者；

介绍人应审时度势，善解人意，在双方有意结识并期望有人做介绍时，成人之美，义不容辞地为双方做好介绍工作。

（3）介绍的顺序

作介绍时，先介绍位卑者给位尊者认识，应坚持受尊敬的一方有了解对方的优先权这一原则，严格遵守介绍的先后顺序。先介绍给谁，后介绍给谁，是礼节性极强的问题。

①把男士介绍给女士

在为年龄相仿的男士与女士做介绍时，最好把男士引导到女士面前，把男士介绍给女士。例如：“王小姐，我给你介绍一下，这位是李先生。”

②把地位低者介绍给地位高者

在社交场合，无论男女老少，一般以社会地位和职位的高低作为社会交际礼仪的衡量标准，把社会地位与职位低者介绍给社会地位和职位高者。

③把晚辈介绍给长辈

介绍同性别相识时，应该把年轻的同辈介绍给年长的人，以表示对长辈的尊重。

④把主人介绍给客人

在主客双方身份相当时，应该先介绍主人，再介绍客人，以表示对客人的尊敬。

⑤把非官方人士介绍给官方人士

如果只介绍两个平辈的同学或朋友相互认识，只需要说："李东，这位是王迪。王迪，来见见李东。"如果一时想不起来被介绍人的姓名，当场就可以向对方承认，同时也不妨自嘲一下，以化解尴尬的气氛。如果介绍人一时想不起你的名字，你不妨挺身而出，主动伸出右手，并报上自己的姓名："嗨，我叫马玉，很高兴见到你！"无论通过怎样的方式介绍，最重要的是，你被介绍给在场的每一个人认识了，每一个人也都会很开心。

（4）介绍的姿态

在为他人作介绍时，介绍者应该热情、诚恳，身体姿态文雅大方。无论介绍哪一位，介绍者应手心向上，手背向下，四指并拢，以肘关节为轴，指向被介绍者一方，并向另一方点头微笑。切不可用手指指来指去。必要时，可以说明被介绍一方同自己的关系，以便介绍的双方增进了解和信任。

他人作介绍后，看不起对方、摆架子、装腔作势应付对方是失礼的；而低三下四、阿谀奉承，讨对方的欢心，也是有失人格的，都是不正确的态度。

3. 按介绍人次区分：集体介绍和个别介绍

集体介绍是他人介绍的一种特殊形式，是指介绍者在为他人介绍时，被介绍者其中一方或者双方不止一个人，甚至是许多人。

在需要作集体介绍时，原则上应参照他人介绍的顺序进行。由于在正式活动中和隆重的场合，介绍顺序礼节性极强，在作集体介绍时，应根据具体情况慎重对待。

少数介绍给多数。当被介绍双方地位、身份大致相似时，应使一人或人数少的一方礼让人数多的一方，先介绍一人或人数少的一方，再介绍人数较多的一方。

先介绍职位低的一方，由卑到尊。当被介绍双方均为多数人时，应先介绍位卑的一方，后介绍位尊的一方；先介绍主方，后介绍客方的顺序。介绍各方人员时，则应由尊到卑，依次而行。

4. 按被介绍者的层次、地位：重点和一般介绍等

（1）一般介绍

两条原则：一是把男士介绍给女士；二是在简单介绍中，必须先提女方名字，然后再说男方名字。

（2）重点介绍

来宾较多时，主持者不必逐一进行介绍，只需介绍重点来宾。

第二节　名片

名片作为一种社交中雅致而实用的交际工具和手段，在我国西汉时就已广为流行了。古人通名拜谒，都是自书姓名爵里。最初是削竹、木为片，刻上名字，供拜访者通报姓名用，以后才是写在纸上。汉初称为“谒”；六朝时称为“名”；唐朝时称为“状”；宋时称为“牒片”。到明清时期，使用名片之风更盛，通常称为“门状”“门刺”或“名帖”，一直沿用到近代。

据考证，世界上最长的名片，当推清代李鸿章出使美国其间特制的一张长 2 米的名片。而体积最大的名片，则是清乾隆年间，高丽国宰相李根为向郑板桥索取字画送来的高 40 厘米、宽 17 厘米、厚 17 毫米的如“金版玉片”的名片。

一、名片的分类

有普通社交名片、公务和职业名片之分。后两者与普通社交名片的区别在于：除了姓名、地址、邮编、电话号码外，还应把使用者的单位名称、现任职务以及职称等印在名片上。现在常用的名片，基本都是公务或职业名片，但因它们在社交场合经常使用，所以一般不加区别。

二、名片的作用

名片虽系方寸大小，却在现代交际中发挥着越来越大的作用。有人把名片比作人际之间的黏合剂，还有人把它比作社交的媒介，它就像介绍信和联谊卡。

1. 减少自我介绍的麻烦

名片的内容和形式虽然各异，但大都印有姓名、工作单位、行政职务、业务职称、通讯地址、电话号码等项。初次见面时，交际双方都想了解对方的一些有关情况，又碍于面子，不敢直言相问。而一张小小的名片将这些内容囊括其中，一目了然。需要时互递名片，则可不必再口头重复自己姓名，既避免了打探他人隐私之嫌，又减少自我介绍的麻烦，还节约了时间，实可谓一举三得。

2. 缩小彼此之间的距离

有些名片不仅印有姓名、职务等，而且还有经营项目、业务范围，或者性格爱好、生活特点。在递交名片时，递交者不仅仅是把自己介绍给对方，更重要的是将自己的工作内容和脾气秉性告诉对方。这样就可通过名片，使对方找到某些共同的话题，以消除彼此之间的心理障碍，融洽关系，从而为交际双方友好交往创造必要的条件。

3. 显示使用者的风度和修养

名片属于物体语言。它虽然是无声的，但通过使用者同样能传达各种信息，使对方做出判断。因此，出示名片的动作恰当与否，与其文化修养和交际水平的高低关系密切。懂得名片使用的人，会以此作为身份、体现修养的方法，进而表达对方的尊重之情。反之，则暴露出粗俗的一面，由此给接受名片者留下不良的印象。

4. 名片还可以起到推荐他人、牵线搭桥的作用

三、名片的使用

名片一般在三种情况下使用：①用于商业性的横向联系和交际；②社交中的礼节性拜访；③用于表达感情或表示祝贺的场合。

1. 名片使用的场合

使用名片是为了和对方建立联系、加深了解。因此，要掌握使用名片的恰当场合。我国古人十分讲究这一点，一般在参见贵要、礼贤下士、亲友互访时使用，以表达对对方的尊重之情。现代社会使用名片的人越来越多，名片的持有者已囊括从省、部级领导干部到普通老百姓各色人等，流动范围已涉及党政军工农商学各行各业。一般说，使用名片的场合主要为：

（1）商业性质的横向联系和交际

当今，市场经济逐渐发展，商业活动日益频繁。为加强企业间的协作，沟通感情，掌握信息，组成一个网状的交际结构，需要互赠名片，便于联络。

（2）礼交中的礼节性拜访

现代人生活节奏加快，时间观念加强，互相之间的拜访较以往逐日减少，且时间缩短。也正因为这个原因，人们更注重提高交往效率，以互赠名片的形式来弥补短暂拜访的不足，为保持长期的联系创造条件。

（3）表达感情的场所

在社交场合中，有时出于友情，需要应酬。但又因为公务缠身，无法亲自前往，如生日聚会、结婚宴请、送别仪式、答谢酒会等场合，可将名片写上若干字样，在配以合适的礼物，托人送去，既方便体面、不失礼仪，又提高了的效率。

拜访用的名片多用于以下场合：赠送礼物，当别人代送礼物时，附在礼物里面或外面；送鲜花时，附在花束上；非正式邀请中可用名片代替请帖，在名片上写明时间、地址及留言；当朋友请人送来礼品或书信时，可将名片作为收条或谢帖。

2. 名片使用的方法

名片的使用涉及递接的双方。细分起来，可归结为递交、接受和交换三个步骤。前两个环节分别由递、接的两方进行，最后一个环节则必须由双方共同完成。

（1）递交名片（图 5-3）

①在外出前将名片放在容易掏出的地方，以便需要时迅速掏出。一般地，男士可以将名片放在西装上衣的内兜或公文包里，女士可将名片置于手提包里。

②掌握递交名片的时间。如果是初次见面，相互介绍后，可递上。倘若比较熟识的朋友间，也可在告辞的时候递过去。

③递名片时，为表达对对方的尊敬，一般应双手递过去。特别是下级递给上级、晚辈递给长辈，更应该如此。

④递名片时，应将名片的下方指向对方，以方便对方观看。

图 5-3

⑤递名片的同时，应面带微笑，说些友好客气礼貌的话语。比如“这是我的名片，欢迎多联系！”“这是我的名片，请多关照！”总之，递交名片时，动作要洒脱大方，态度要从容自然，表情要亲切谦恭。

（2）接受名片

递名片者将名片递过去，表达了递交者对对方的友好之意。接受名片者首先应：

①双手接过名片，然后从上到下，从正到反，认真观看，以表示对赠送名片者的尊重，同时也加深了对名片的印象。遇到不会读的字应主动向对方请教。

②看过名片后，要细心地把名片放在名片夹里，并表示谢意。在对方离去之前，或话题尚未结束，不必急于将对方的名片收藏起来。

切不可把名片随意地放到一堆物品中间，或在名片上加放茶杯等物，也不可以顺手不经意地塞进衣袋，甚至轻慢地放置一旁，因为名片上印有对方的姓名，是其人格的一个组成部分。接受名片者应通过动作与表情来显示对对方人格的尊重。

（3）交换

交换名片体现了对方感情的沟通，表达了愿意友好交往下去的意愿。交换名片的方法主要体现在交换名片的顺序上。一般是地位低者、晚辈或客人先递给地位高者、长辈或主人，再由地位高者、长辈或主人予以回赠。概括起来即为“先低后高、先幼后长、先客后主”。倘若上级或长辈先递过名片，此时作为下级或晚辈不必谦让，大大方方地收下即可。如果接受者没有名片，也可说一句：“谢谢。但很抱歉，我没有名片回赠。”

总之，社交场合千变万化，选择恰当的时间和方式，是递收或交换名片的最高原则。

四、使用名片的事项

1. 名片使用三不准

（1）名片不得随意涂改；

（2）名片头衔提供不得多过两个；

（3）名片不提供私人联络方式。

2. 名片交换四注意

（1）递自身名片，索取对方名片；

（2）递送名片时要站立，两手拿着名片上角，字体斜对客人，其顺序为先尊后卑；

（3）接过名片要看，并放在上衣兜或公文包中；

（4）接受名片后，如不想同对方交换或没有时，应先表示抱歉，解释忘带或用完了。

3. 名片使用三注意

（1）没有名片的人，将被视为没有社会地位的人；

（2）不随身携带名片的人，是不尊重别人的人；

（3）名片一般放在专用名片包里或西装上衣口袋里。

4. 索取对方名片四方法

交易法；激将法；谦恭法；平等法。

可以请求口吻：“如果没有什么不便，能否请您留一张名片给我？”若对方已无，一般会婉言谢绝。

5. 外行的表现

（1）无意识地玩弄对方的名片。

（2）把对方名片放入裤兜里。

（3）当场在对方名片上写备忘事情。

（4）先于上司向客人递交名片。

第三节　奉茶

中国是“茶的祖国”。4000 多年前，我们的祖先发现了一种可以解毒治病、健神延年的“神草”，就是“茶叶”。饮茶之风的兴起，一说始于战国时期，一说始于西汉，总之已有 2000 多年。到了唐代，茶叶生产得以蓬勃发展，饮茶之风日益兴盛。唐代的学者陆羽为此写出了世界上第一部茶书——《茶经》。《茶经》分上、中、下三卷，共 10 节，记述了茶的起源、茶树品种、种植方法、茶叶产地、茶叶采摘和制作技术、烹饮方法及同采制、烹饮有关的各种茶具。《茶经》的问世和流传，普及了茶的知识、并对茶叶生产和饮茶礼俗的发展起了很大的推动作用。《茶经》后来传入日本，又于 17 世纪传入欧洲，至今仍有很高的研究价值。

一、茶的作用

茶作为人际交往中的一种物品，起着极其重要的媒介作用。随着饮茶之风的兴起，我国古代很早就懂得客来敬茶、以茶助兴的方法。宋代杜丰在《寒夜》中也有过：“寒夜客来茶当酒，竹炉汤沸火初红。”古人在交往中形成了以茶代礼，以茶联姻、以茶解怨的礼俗。

1. 以茶代礼

以茶代礼的礼俗唐代最盛。人们将茶作为雅尚佳礼，寄赠文友或亲友，以求超凡脱俗、清新淡雅，并通过寄、收茶叶中觅得一份人间真情。

以茶代礼，不但民间有之，而且皇宫深院也不例外。自唐朝始，历代皇帝都有以贡茶作为礼品赐给宠臣或外国使臣，以示关怀，以茶代礼的礼俗在现代生活中仍被人们所喜爱。毛泽东主席和周恩来总理生前都喜欢以茶待客，以示对客人的尊重。

2. 以茶联姻

从古至今，茶既可用来款待宾客，馈赠亲友，也可作为定情的信物。如四川等地就有男女定亲以茶联姻的礼俗。因为古代民间有“凡种茶树必下子，移植则不生，故聘妇必以茶为礼”的说法。所以，“吃了哪家的茶就是哪家的人”，进而把茶看作一种矢志不移和“必定有子”的象征。不仅如此，有些地方还将婚姻礼仪称为“三茶之礼”。即订婚时叫“下茶”；女方收聘礼时叫“受茶”；结婚同房时叫“合茶”。西藏人结婚时，以茶为聘为饮。在结婚之际，男家要以大量的茶叶来招待客人。熬用的茶要红艳象征婚姻美满幸福，表示婚后夫妇感情一定很好。《红楼梦》中，王熙凤送两瓶新茶给林黛玉，并语带双关调笑道：“你既吃了我们家的茶，怎么还不给我们家做媳妇？”

3. 以茶解怨

由于茶具有去火清神、平息肝火等药物作用，故在我国南方一些地区流行一种以茶解怨的礼俗。倘若双方有了矛盾纠纷，则请一位德高望重的长者调解评议。其间先端上清茶，请双方喝之，以求肝火渐平。然后再心平气和地讲理、调解、评判，直至“亦有不平事，尽从毛孔散”，纠纷得以圆满解决，最后由输方支付茶钱了事。

二、茶的分类

绿茶：不发酵的茶（发酵度为零）龙井茶，碧螺春，信阳毛尖。
红茶：全发酵的茶（发酵度为 80%—90%）祁门红茶，荔枝红茶。
黄茶：微发酵的茶（发酵度为 10%—20%）白牡丹，白毫银针，安吉白荣。
青茶：半发酵的茶（发酵度为 30%—60%）铁观音，文山包种茶，冻顶乌龙茶。
黑茶：后发酵的茶（发酵度为 100%）六堡茶，普洱茶，花茶。
白茶：轻度发酵的茶（发酵度为 20%—30%）君山银针。

三、喝茶的礼节

饮茶有一定的规矩。由于各地风俗人情、文化背景、地理环境各异各地的茶礼内容也不尽相同。现代人生活节奏加快，时间观念加强，喝茶之礼也趋于简单，不像古人那般烦琐、细致。但也有约定俗成的茶礼。

1. 讲究茶具的选择与洁净

以茶待客，是主人表达感情的一种方式。而选择合适的茶具，并注意茶具的洁净，就成为检验主人情意浓淡的途径。一般说来，敬茶以玻璃杯为器皿最好，这样可让客人观赏到茶叶形态的美妙，或若山水云雾，或似花鸟鱼虫，汤纹水脉，别有情趣，给人一种快慰感。

2. 投放适量的茶叶

投放茶叶的多少，也是衡量主人沏茶是否得法的一个标志。除按品种掌握用量外，还须因人而异对待饮茶有年者，茶叶的用量不妨多些；对待妇女、青年以及平时饮茶不多的人，用量可略少些，不至于浪费或显得小气。

3. 注入适量的开水

为客人倒茶，应注入适量的开水。一般以七成为宜，以示尊敬。这就是俗话："茶七饭八酒满杯"的意思。在我国有些地方，茶斟得太满是对客人的不敬，甚至是骂人之意。主人沏茶是切莫只一次性地充满一杯。水太满了，客人捧杯不便，且刚冲之茶叶一时难以泡透，茶叶浮泛水面，客人饮时只得边吹边饮，总显得不雅。及至茶叶舒展茶已凉了，客人也要离去，那就失去敬茶的意趣。故杯中第一泡开水不要太满，到可饮用时即主动先请客人品上几口，待杯中茶汤余下三分之一时，再及时为客人添水。此时水略多些也无妨。因杯中茶叶已浸出，茶味浓淡相宜，尽可令客细尝慢饮，一享品茶之乐。不过，一杯茶叶冲上三四次后其味就淡，如再频频为之添水，便成清汤，反倒显得不敬了。

4. 约束端茶举止

以茶待客涉及宾主双方。作为主人，为客人沏好茶后，端杯时应以双手捧之，并将杯把置于客人右侧，以便对方端杯。在端茶过程中，切不可将手指靠着杯沿，甚至伸进杯中，显得不卫生。举止文雅，是显示主人修养的一个方面，不可忽视。

茶是我国的国饮。在我国南方有一种喝茶的方式叫"工夫茶"，颇讲究，需要一定的功夫；更有一种在民间流传的非常隆重的茶艺叫"擂茶"（又叫"咸茶"）；在牧民中流行奶茶。茶叶对于人类来说，一是可让人啜英咀华，尽享茶之美味；二是醒神明目，有益健康；三是可陶冶性情，为人修身养德。因此，茶文化已成为华夏文化的重要组成部分，并远播海外。中国的茶文化是在唐朝时随着人们饮茶、品茶、斗茶而形成的。这种文化多以诗歌的形式表现出来，进而远播日本，形成日本传统的茶道。

茶道是日本茶汤之道的俗称。经过千余年的历史积淀，茶道深深融入了日本民族的精神，成为日本特有的文化形态。它通过在茶会上主人擦碗、取勺、倒水、端茶等一整套严格规范的动作，来表达主人对客人的真诚友好以及认真投入的程度。由于这些动作融入了中国戏剧中那些固定了的程式化动作，又达到了气功演练时所要求的放松入静的境界，使客人在品茶中，自然地忘掉自我，起到调整阴阳、修身养性、净化心灵、超然物外的作用。

日本大众化茶道的创始人当退千利休，有“茶道始祖”的美誉。他学识渊博、深悟禅宗奥理，提出了“和、敬、清、寂”的茶道精神，即所谓“四规”。“和”是表示恭和、谦让、和谐之意，期望人人都能以情为重，以和为贵，促使人际关系更加融洽、亲和。这是人类理想的共同追求和最高境界。“敬”表示以礼相待，以茶致意，意味着对宾客的敬意，对长辈的尊重，对同辈及晚辈的亲情。通过“敬”达到相敬如宾、互致友情的目的，形成良好的社会风尚。“清”不仅是指茶能清心、清目、清神，而且也指环境的清雅幽静，心境的安宁平静，意味着在美好的环境中，嫩绿的香茗与心神的绿洲相互映衬，使之环境宜人，身心泰然。君子之交，意在清茶一杯；为政者，清明廉洁，故有两袖清风之说。清茶无音，意味深长。“寂”则是茶道的美学的最高境界。在“和、敬、清”的基础上，饮茶者寂然入静，进入凝神沉思、知己去欲、心无杂念、超凡脱俗的精神境界，从而从日常生活中的烦恼和复杂的人际关系中解脱出来，陶醉于一种寂静空无、回归自然的氛围之中。

四、奉茶礼仪

冲泡茶时首先要清洁茶具，多杯茶应依次排开来回冲，每杯茶以斟杯高的2/3为宜，“浅茶满酒”。

奉茶也是有技巧的，需要恰当的引导服务或肢体语言。在很多场合都可能用到，比如客户坐下来洽谈商务的时候顺便请他喝茶。奉茶给客户的时候，一种情形是放在桌上，应双手捧上放在客人的右手上方，先敬尊长者。另一种情形是客人会顺手接过茶杯，应右手在上扶住茶杯，左手在下托着杯底。这样，客户在接茶杯的时候也是左下右上，从而避免了两个人之间肌肤接触，即“左下右上”。这是个细微的礼节，但是重视细节可以避免引起不必要的尴尬。

第四节　着装

服装，是人类的一种重要文化形态。可以说，自有人类，就有服装，为己的实用性和为人的审美性的双重功能，使服装成为人类生活中须臾不可离开的物品。然而，作为物体语言的服装，同时又在传递着一定的信息。正如美国人类学家莫里斯所认为的那样："穿衣服不传递社会信号是不可能的。"

一、着装的意义

在社会交往中，一个人的衣着，反映着这个人的气质、性格、教养、审美趣味和价值取向。无论是一般人上班工作、迎宾拜客、到名胜旅游，还是学者讲学、演员登场、播音员上屏幕，更无须说恋人相见、喜庆盛典、在舞厅里娱乐等。服装，都是当事人必然考虑的因素。它犹如一块无字的告示牌，向他人显示着一个完善的自我。难怪有国外学者将服装比作"人的第二皮肤"，国人将服装喻为"人体包装"，这是有道理的。因此，重视服装的自我"设计"，对提高人际交往的效益是至关重要的。

【例】某大型企业的老总陈先生，为投产新的生产线而积极寻找投资方，经介绍与一家国外投资银行的中华区负责人李先生见面商谈项目合作事宜。陈先生为了在投资商的面前展现个人的品位与企业的形象，花了不少时间和费用置办服装。会谈的当天，胡先生认为自己的外表形象是无可挑剔的。他穿着高质量的意大利阿曼尼西服，脚踏闪亮的意大利老人头皮鞋，发型梳理整齐，穿着醒目的红白条纹衬衣，佩戴一条印有高尔夫俱乐部标志的金黄色的领带，上面还夹着一个金色的金利来领带夹。他认为这样的着装既有品位又有朝气和个性，一定能给所有人留下深刻印象。果然，在会谈中，陈先生发现对方的眼光时常在他身上扫描，但对项目商谈却显得心不在焉。二十多分钟后会谈草草结束，投资方态度冷淡，也没有确定进一步的合作计划。陈先生对该次会见的结果觉得不解，因为项目资料是经过精心准备（公司技术层研究了一个多月）

而且所有的服饰可是花费了三万多元。事后，投资方李先生表示：一看见陈先生那金灿灿的，令人眼花缭乱的俱乐部图案领带就使人觉得突兀、毫无品位；夸张的衬衣搭配仿佛在宣告：我缺乏自信，需要你们的注目；还有那过时、土气的领带夹是20世纪80年代的事物，我无法相信一个思想停留在20世纪的经营者所进行的项目有多少成功机会。自然，陈先生要继续寻找其他机会推广他的项目。

心理学研究发现，与一个人初次会面，45秒钟内就能产生第一印象。我认为，在第一秒钟印象就产生了。第一印象又被称为“首因效应”是指最先的印象对他人的社会知觉产生较强的影响。在生活节奏如同飞快奔驰的列车的现代社会，很少有人会愿意花更多的时间去了解、证实一个留给他不美好第一印象的人。尽管有时第一印象并不完全准确，但第一印象总会在决策时，在人的情感因素中起着主导作用。

可见，第一印象就是效率，是经济效益。只有留给人们好的第一印象，你才能开始第二步。在商场如战场的信息社会，如何透过成功的形象规划，留下美好的第一印象，迅速创造更多成功契机，已经成为商务人上所关心的焦点。其实，成功的形象规划也包含了成功的人生设计，它不仅是应用时尚、色彩、礼仪的知识，更多的是它容纳了成功学理论、社会心理学、哲学、人际沟通等等知识。

服装既是一种视觉艺术，又是一种综合性艺术，它的特性在于是“借助物质手段直接美化人自身的艺术”。具有以下几个作用：

1. 显示地位职业

在现代生活中，由于从事职业的不同，也由于社会稳定的需要，人们往往以服装来标识类别，表示所属职业、身份或地位，达到规范行为、整齐划一的目的。

【例】制服、警服、学生服、团体服等。即使是同一款式、色彩的服装，为了显示地位的高低，也有细微的差异，如我国军官和警官的服装。其地位便是通过服装上的肩章来分辨的。少尉的肩章是一横道加一五星；中尉则是一横道加二星；上尉则是一横道加三星。

图5-4

而校官是通过二横道分别加上一、二、三四个五星来区别少校、中校、上校和大校的。（图 5-4）

这类服装表现出其类型化、统一化的性质，并用以约束个人行为。便于往来，执行公务或维持秩序、方便行动，从而协调人际关系，有利于工作和生活。

2. 表现性格特征

服装因其款式、色调、面料不同，往往体现出相异的格调。

（1）从款式讲：中山装显得朴素、庄重，西装显示潇洒、流畅；猎装突出年轻、英武；夹克暗含活泼、精干；旗袍平添娴静、典雅；连衣裙显示飘逸、俊美。身穿牛仔衣裤，表现出其不拘小节、随意轻松的特点；而穿戴整整齐齐，则可体现出其规规矩矩、认真的特征。

（2）以色调论：红、黄等色与蓝、灰等色呈现温暖与寒冷的强烈反差，构成分明的暖、冷两大色调。对选择色彩艳丽者，又或多或少地映衬处其活泼热情、蓬勃朝气的个性。相比之下，那些喜爱暗淡色彩衣着的人则可表明其文静大方、成熟庄重的性格。

（3）从面料说：布料质朴大方，丝绸富丽华美，呢绒俊逸高雅，裘皮雍容华贵。

各种因素错综作用于每件服装，使它表现出鲜明的性格，因而招致不同气质、教养和审美情趣的人的喜爱，继而体现穿着者的性格特征。俗话说：“穿衣戴帽，各有所好”，正是对服装的这个特殊交际作用的概括。

3. 展示心理状态

不同时代的人因其社会背景、文化氛围、生活条件以及情绪变化等因素，在服装上表现出各种各样的心理状态。

【例】“文革”时期，人们受当时政治思想的影响，不敢穿着过分追求，以色彩单调、款式统一的服装为美，展示那个时代人们特有的一种压抑、局促的心理状态。而在改革开放的今天，人们物质生活大大改善，心情逐渐开朗，生活气氛宽松，表现在穿着上则追求个性自由，形成了前所未有的服装多样化的风格。受这种心理状态支配，穿衣就出现了顺向选择，即顺应社会潮流的着装心态。而也有些人为了突出个人风采，往往采取逆向选择，追求着装的“三不主义”，即不分性别、不分年龄、不分季节地穿着。

4. 体现审美情趣

服装不仅是人们日常生活的必需品，而且体现穿着者对人生的领悟和对理想人格的追求。因此，一个人的穿着，每每与其文化因素，特别是审美情趣乃至人生观都有直接的关系。一般地说，文化素养较深，审美情趣较高，生活态度健康、明朗、乐观的人，都喜爱格调庄重、朴素、大方的服装，并注重服装的合理搭配。

人要根据自己的性格、体型，选择适合自己的衣服。显示出较高的审美情趣。而现实生活中有些男性则盲目追逐时尚，追求新奇，一哄而上。

5. 标志仪表仪态

人们生活在这个社会中，扮演着不同的角色，并以不同的身份参与各种各样的活动，与他人进行着场合各异、内容有别的交际。那么，其穿衣戴帽、服饰仪表比如要符合社会的、伦理的、民族的、风俗的、习惯的要求，以期达到仪态端正、服饰得体、社交和睦、礼节周到的目的。

二、着装的原则

从传播的角度看，服装仅依靠其自身的美、如款式的新颖、色彩的冷暖、面料的变化还不能完成交际的使命。要想真正体现服装的交际价值，展示服装的力度和美，进而在交际场合最大限度地发挥服装的交际作用，必须掌握着装的原则。（图 5-5；图 5-6；图 5-7）

图 5-5

图 5-6

图 5-7

1. “TPO”审美原则

根据时间、地点和场合的变化选择服装，以使服装具有一种“现场感”，容易被周围的人所接受。关于这一点，我们可以采用世界服装界所公认的“TPO”审美原则。

TPO 原则的概念原是日本男用时装协会于 1963 年提出来的。TPO 即英语“Time”（时间）、“Place”（地点）、“Occasion”（场合）的缩写，当时，日本男用时装协会提出这个概念时，恰是东京举行奥林匹克运动会的前一年，初衷是为了借助于运动会期间的国际礼装来推进日本男装的时装化。TPO 原则一经提出，便迅速传播，渐次普及，传遍了全世界。目前，TPO 原则已经脱离了最初推行男装时装化的愿意，进而包括男装、女装等在内的一切服饰文化，成为服装交际的原则之一。

时间是线型概念，泛指早晚、季节、时代等。穿衣要考虑这些因素，注重时间变化。比如冬、夏季节不同，既不能“为了俏，冻得跳”，也不可以像个“捂汗包”，而应根据季节变化特点，增减添脱各类服装，才显得其变化有序、顺应自然。

地点是面型概念，指因地制宜。不同国家、不同民族因其不同的文化背景、地理环境、历史条件、风俗人情，在服装上也显示出不同的格调与特色。

【例】北京某外贸公司一位女业务员，在去阿拉伯国家联系出口业务时，特意穿上素服，戴上头巾不露出秀发，从而赢得该国客户的好感和信任，工作开展的十分顺利。

场合是线面兼容的概念，体现了服装艺术最后效果的综合体。人们在交际中，所处的场合是千变万化的。相应地，着装也应根据场合的变化而变化。

【例】在正式场合和外事活动中，男性可穿西装，女性可穿西装套裙，以显得高雅、蕴藉；舞厅欢娱时，男性可穿夹克衫或西服，女性可穿连衣裙或裙装，以潇洒、俊美为前提；而参加宴会，则以男性穿西装、女性穿裙装，西服套裙或旗袍，显示华贵和气派。至于郊外野游的服装，最适宜简洁、轻便。男性可穿猎装、女性可穿运动衣，青年男女的健美，于此表现得更为突出。总之，选择服装应当顾及与社交场合的气氛和谐、统一，以便被人们所承认并接受；应当力求充分显示自己的力度、美点和魅力。戏曲界有一个说法，叫作“穿破不穿错”，正是这个道理。

2. 符合黄金分割律

服装仅仅合适还远远不够，更重要的是服装要产生对人体的修饰作用。穿好了的服装一定离不开着装者对服饰的选择与搭配（款式、颜色、面料等），使自己穿上服装时比实际的体型更完美，更接近人的体形的黄金分割律。

（1）尽量使下身与上身的比例为 62∶38

如穿筒裤，要穿裤子颜色一致的鞋子、袜子等，裤子的长度尽量到脚面，使下踝与脚成为腿的一部分；穿高卡腰的衣服与裙子、高跟鞋等，使下半身显长。

（2）头与颈的比例为 62∶38

如头相对大而脖子较短的人要尽量穿大、深开领，使上胸部成为颈部的一部分。

（3）臀围与腰围的比例为 62∶38

腰臀曲线不明显的人可以通过穿臀部带褶的裙子使臀部加大，或穿带垫肩的衣服使腰看上去显得细些。

（4）头与肩宽的比例为 62∶38

头大的女性要想办法使自己的肩加宽，如肩部的皱折、垫肩、披肩、围巾内挂在肩上等，使头相对显小。

3. 良好的姿态是美化形体的前提

服装都是在标准姿势的身上裁剪出来的。因此，一个良好的姿势，能使我们的形体看上去更为标准化。一个正确的姿势往往会使我们在原来的基础上看上去高出 2—3 厘米，腹围小了 2—3 厘米，脖子长了 1 厘米，腿长了 4 厘米，使许多衣服好看了许多。

良好的姿态就是自信的姿态。有了自信的姿态，再配上自己喜欢的服装，以自己独特的方式搭配起来，再差的服装也会因穿衣人的风度而变得高贵与优雅起来。

三、男士着装礼仪

1. 男士不同场合下的着装

（1）社交场合着装

①晚礼服——燕尾服

适合晚间正式隆重、盛大你的场合。如国家级庆典、婚礼、古典交谊舞比赛、大型音乐会等。由于它的特殊性，燕尾服的形式相对固定，颜色多为黑色或深蓝色。燕尾服穿着时不系扣，只在前身设双排六粒扣装饰。与燕尾服搭配的是：下身里边的三粒扣或四粒扣的方领或青果领的白色礼服背心；与礼服同料的不翻脚长裤，两侧饰有缎面条形装饰；内里穿的是白色双翼领礼服衬衣，胸前有“U”胸衬；配白色领结；手套和胸前装饰巾都应为白色：脚穿黑色袜子及漆皮皮鞋。

目前，除了国家级的典礼、婚礼、大型乐队指挥、古典交际舞比赛、豪华宾馆指定的公关先生（且一般为晚上）外，很少有场合穿着燕尾服。

大礼服（晨服）是白天穿着的正式礼服，与燕尾服级别相同。这种服装比较少见，而且容易与燕尾服弄混，最简单的认法就是，前身腰部只有一颗扣搭门，颜色除了黑色还有银灰色。与其搭配的有：双排六粒扣夹领礼服背心，或一般形式的背心；白色双翼式或普通礼服衬衣；黑灰条或银灰色领带，新郎官也可以系素色的围巾式的阿斯克（ascot）领巾；手套为白或灰色；胸袋装饰巾为白色；袜子和鞋为黑色。近几年，大礼服已渐渐被黑色西服替代。

②准礼服

适合正式宴会、舞会、戏剧、授奖仪式、鸡尾酒会等正式场合。介于正装与晚礼服之间。比起豪华气派的晚礼服这种服装更注重场合、气氛，相对的简化一些。

③简略礼服

类似于普通西装。适合日间各种正式场合以及较正式又没有对穿着有明确要求的场合。

（2）职业场合着装

①严肃型场合上班装

适合正式会议、正式谈判、演讲会，要求以正式服装出席的会议等。也是律师、政府官员等严谨职业人适合的职业装。

如何选择西装

选购西装应注意以下几点：（图 5-8）

图 5-8

款式。男西装的款式可以通过整件衣服的肥瘦、长短以及领驳头、纽扣、开叉和口袋等部位的变化来体现。选购时应多试几件，以穿着舒适、不影响一般活动、能体现男子的健壮体魄为好。下部要不要开叉，西装驳领的宽窄，以个人爱好而定。西装纽扣种类繁多，但最普遍的是单排两粒扣。适合各种场合穿着，身体瘦高者选双排扣更好些。

颜色。一般来说，黑色、藏蓝色西装显得庄重。身体胖的人宜穿竖条的深冷色调西装；身高体瘦宜选浅色格子西装，也可结合肤色来选择，但颜色选择切忌太艳太单，以雅致、柔和的棕、驼、米、灰等中间色为宜。

质地。西装面料以毛涤面料为好，其料挺括，结实，保型性强，价钱也便宜。高级男西装的衣服里面都有一层粘合衬，选购时，可用手攥一下衣服再松开。如感到衣服挺而不硬、不僵，弹性大，不留褶，手摸上去毛感强，说明衣料质量较好。再检查衣前襟，没有“两张皮”现象说明粘合衬质量较好。低劣的粘合衬虽能使衣服挺括，但手攥上去发硬、发僵。

做工。首先要看西装左右两边，尤其是驳领口袋，是否完全对称平整；其次口袋、纽扣位置是否准确端正；领、袖、前襟，及整体熨烫是否平整服帖；最后看针脚是否匀称，纽扣、缝线与面料色泽是否一致或协调，有无线头等。

装潢。高档男西装装潢较讲究。如带衣架、有塑料袋整装，有时还带有备用扎，商标精致并缝制于内衣口袋等。

西装礼仪原则：

西装套装上下装颜色应一致。在搭配上，西装、衬衣、领带其中应有两样为素色。

穿西装套装必须穿皮鞋，便鞋、布鞋和旅游鞋都不合适。

配西装的衬衣颜色应与西服颜色协调，不能是同一色，首选白色衬衣。正式场合男士不宜穿色彩鲜艳的格子或花色衬衣。衬衣袖口应长出西服袖口 1—2 厘米。穿西服在正式庄重场合必须打领带，其他场合不一定都要打领带。打领带时衬衣领口扣子必须系好，不打领带时衬衣领口扣子应解开。（图 5-9）

图 5-9

西装纽扣有单排、双排之分，双排扣西装应把扣子都扣好。单排扣西装：一粒扣的，系上端庄，敞开潇洒；两粒扣的，只系上面一粒扣显洋气、正统，只系下面一粒显牛气、流气，全扣上显土气，都不系敞开显潇洒、帅气，全扣和只扣第二粒不合规范；三粒扣的，系上面两粒或只系中间一粒都合规范要求。

西装的上衣口袋和裤子口袋里不宜放太多的东西。穿西装内衣不要穿太多，春秋季节只配一件衬衣最好，冬季衬衣里面也不要穿棉毛衫。穿得过分臃肿会破坏西装的整体线条美。

领带的色彩与图案，则应是根据西服色彩而定。配色前首先考虑总的色彩感觉，根据面积大的颜色来确定和它相配的其他颜色，使总体印象达到和谐统一，体现“美无定式和为上”的美学思想。如西装为深蓝色，衬衫为浅蓝色，即一深一浅，这是目前使用最普遍的配色法，即调和色的搭配法，还有一种对比配色法，即要求在衬衫和领带中，必须有一种特别鲜艳醒目，与西装的颜色形成强烈的对比的色彩。如西装为浅灰色，衬衫为白色，打一个鲜红的领带，或红灰相间的领带。这样，对比之中有协调，协调之中有对比，变化有致，相得益彰。（图5-10）

图 5-10

系领带时，领带的长度以触及皮带扣为宜，领带夹戴在衬衣第四、第五粒纽扣之间。

西服袖口的商标牌应摘掉。

注意西服的保养。保养存放的方式，对西服的造型和穿用寿命影响很大。高档西服要吊挂在通风处并常晾晒，注意防虫与防潮。有皱折时可挂在浴后的浴室里，利用蒸气使皱折展开，然后再挂在通风处。

②非严肃型场合上班装

适合办公场合，休闲场所的商务活动等。也是一些时尚行业人适合的职业装。

（3）休闲场合着装

①时尚休闲装

适合非正式场合的小型聚会、亲朋好友聚会、购物等休闲场所。

②运动休闲装

适合各类运动、周末郊游、外出旅游等户外活动。

③家居休闲服

方便家务劳作、居家。家庭生活中，着休闲装、便装更益于与家人之间沟通感情，营造轻松、愉悦、温馨的氛围。但不能穿睡衣拖鞋到大街上去购物或散步，那是不雅和失礼的。

2. 男士着装搭配方法（图 5-11）

男士出席正式场合穿西装、制服，要坚持三色原则，即身上的颜色不能超过三种颜色或三种色系（皮鞋、皮带、皮包为一个颜色或色系为佳）。尽管男士西服的长短及样式在过去几十年间的变化不超过半英寸，衬衣的样式及颜色变化也是屈指可数，但加上各种颜色、图案领带的搭配，却可以产生千变万化的不同效果：

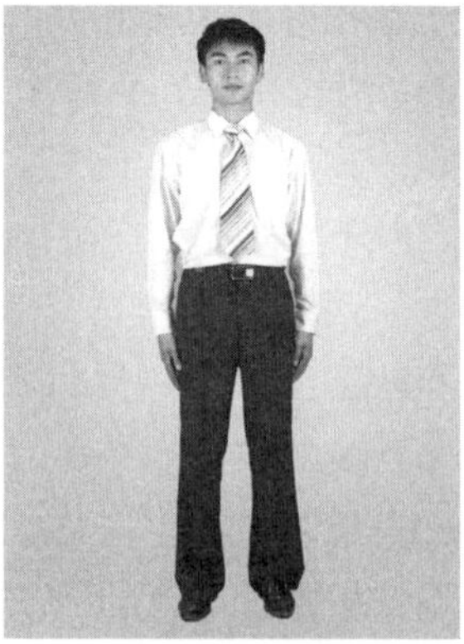

图 5-11

（1）显品位的搭配：米色西装＋蓝色衬衣＋柔和米色或柔和棕色格子图案领带

同属高明度的米色与蓝色作对比搭配，有整洁、醒目、轻松、愉快的视觉效果，使人仿佛置身于热带海岛的雪白沙滩面对蓝色的大海，心旷神怡。柔和米色或柔和棕色的加入构成活力、富有动感的跳跃色彩组合。而格子图案则展示高贵、典雅的品位。

（2）显男人味的搭配：灰蓝色加暗条纹西装＋白色衬衣＋鲜红色领带

灰蓝色给人坚毅、庄重的感觉，暗条纹可加强上述效果。白色衬衣在所有正式、重要的场合与西服搭配都是最佳选择，令人产生信任、稳重、强有力的感觉。鲜红色领带则极富性感。以上组合是女人眼中活力充沛、朝气勃勃、充满男性魅力的形象。

（3）显权威感的搭配：深蓝色西服＋白色衬衣＋酱红色领带

在中共十六大闭幕时，国内新一代领导人在荧屏上展示的国际化形象，正是这种搭配。在西方社会，这是被公认为最有权威感和最可信的搭配。

（4）显职业感的搭配：蓝黑色西服＋浅灰色衬衣＋斜纹领带

严谨、沉稳的蓝黑色，与富有时代感、IT Look 的浅灰色搭配，勾画出一个精明、干练、睿智的商界精英形象。斜纹图案的领带毫无疑问地告诉人们它的主人具有果敢、刚毅的魄力。

（5）易产生好感的搭配：灰色西服＋浅蓝色衬衣＋栗色领带

灰色与浅蓝色是无彩色与有彩色的搭配，浅蓝色在灰色的模糊色调衬托中显得生动、雅致、柔和、耐人寻味。属于暖色的栗色领带做小面积的点缀，更给人心头带来融融暖意。

四、女士着装礼仪

1. 上班场合

工作时间着装应遵循端庄、整洁、稳重、美观、和谐的原则，能给人以愉悦感和庄重感。从一个单位职业的着装和精神面貌，便能体现这个单位的工作作风和发展前景。现在越来越多的组织、企业、机关、学校开始重视统一着装，是很有积极意义的举措，这不仅给了着装者一分自豪，同时又多了一分自觉和约束，成为一个组织、一个单位的标志和象征。

所有适合职业女士在正式场合穿着的裙式服装中，套裙是首选。它是西装套裙的简称，由女式西装、半截式裙子组成。也有三件套的套裙，即女式西装上衣、半截裙外加背心。

套裙，可以分为两种基本类型。一种是用女式西装上衣和随便的一条裙子进行的自由搭配组合成的“随意型”。一种是女式西装上衣和裙子成套设计、制作而成的“成套型”或“标准型”。

如何选择套裙

正式场合穿着的套裙，一般由高档面料缝制，上衣和裙子要采用同一质地、同一色彩的素色面料。在造型上讲究为着装者扬长避短，所以提倡量体裁衣、做工讲究。

上衣注重平整、挺括、贴身，较少使用饰物和花边进行点缀。裙子要以窄裙为主，并且裙长要到膝或者过膝。

色彩方面以冷色调为主，应当清新、雅气而凝重，以体现着装者的典雅、端庄和稳重。藏青、炭黑、茶褐、土黄、紫红等稍冷一些的色彩都可以。

最好不选鲜亮抢眼的。有时两件套套裙的上衣和裙子可以是一色，也可以是上浅下深或上深下浅等两种不同的色彩，这样形成鲜明的对比，可以强化它留给别人的印象。

另外，还可以采用不同色彩的面料，来制作套裙的衣领、兜盖、前襟、下摆，这样也可以使套裙的色彩看起比较活跃。为避免显得杂乱无章，一套套裙的全部色彩不应超过两种。

正式场合穿的套裙，可以不带任何图案，要讲究朴素而简洁。以方格为主体图案的套裙，可以使人静中有动，充满活力。

套裙的上衣和裙子的长短没有明确规定。一般认为裙短不雅，裙长无神。最理想的裙长，是裙子的下摆恰好抵达小腿肚子最丰满的地方。

套裙搭配原则（图5-12）

整体形象上回避过分性感的服饰。套裙的搭配主要考虑衬衫、内衣、衬裙、鞋袜的选择是否得当。

（1）衬衫

衬衫面料可采用真丝、麻纱、府绸、罗布、涤棉等。衬衫的色彩要求雅致而端庄，不能过于鲜艳，常见的是白色。另外，最好选用无任何图案的衬衫，款式上不必过于精美。

（2）内衣

内衣是女士“贴身的关怀”。一套内衣由胸罩、

图 5-12

内裤、吊袜带、连体衣等组成。内衣应当柔软贴身，起到支撑和烘托女性线条的作用。选择内衣时，最关键的是使之大小适当。内衣所用的面料，以纯棉，真丝等为佳。内衣色彩常见的是白色、肉色，也可以是粉色、红色、紫色、棕色、蓝色、黑色等。

（3）衬裙

女士衬裙的面料以透气、吸湿、单薄、柔软者为佳。衬裙的色彩宜为单色，如白色、肉色等，并与外面的套裙色彩相互协调。衬裙的款式也要与套裙相配套，不能过于肥大。

（4）鞋袜

鞋袜是女士的“腿部景致”。在正式社交场合，女士所穿的鞋子，宜为高跟、半高跟的船式皮鞋或盖式黑色皮鞋，且以牛皮鞋为上品。同时所穿的袜子，可以是尼龙丝、羊毛高筒袜或连裤袜，肉色为宜，多色袜、彩色袜、白色袜等都是不宜的。

另外，穿着同色的套裙，可以采用和不同色的衬衫、领花、丝巾、胸针、围巾等衣饰，来加以点缀，显得生动、活跃。

2. 休闲场合

原则：舒适、自然、健康、洁净。色彩明亮、愉悦。款式尽量系列化。参加晚会或喜庆场合，服饰则可明亮、艳丽些。节假日休闲时间着装应随意、轻便些，套裙则显得拘谨而不适宜。

3. 约会装

特定场合应穿约会装。一般场合着装应介于上班装和时尚休闲装之间。私密约会可选择展现女性魅力的服装。

4. 社交场合

日礼服——套装。

晚礼服——晚装。产生于西方社交活动中，在晚间正式聚会、仪式、典礼上穿着的礼仪用服装。裙长长及脚背，面料追求飘逸、垂感好，颜色以黑色最为隆重。晚礼服风格各异，西式长礼服袒胸露背，呈现女性风韵。中式晚礼服高贵典雅，塑造特有的东方风韵，还有中西合璧的时尚新款。与晚礼服搭配的服饰适宜选择典雅华贵、夸张的造型，凸显女性特点。

五、着装搭配艺术

1. 根据身材不同选择服装

我们在服装选择上，要懂得通过着装，掩其缺点，扬其优点，使自己的风度更趋高雅、大方，从而在社交场合显示出一种超凡脱俗、应付有余的风采。创造高尚的格调，扬长避短，别具特色。

人的身材可分为梨型、凹凸型、倒三角型和直线型四种（A X T I）。

（1）梨型身材的特点是上小下大，犹如一个梨。此种身材最好使用垫肩，使上下比例保持平衡。为了避免扩大下半身，最好不要选用紧身上衣、宽皮带、大圆裙、宽裤腿等类的服装。比较适合的款式是上长下短，不加皮带的外套或连衣裙、梯形线条的瘦长直筒裙等。

（2）凹凸型身材的特点是隆胸蜂腰。适合穿合身套装和束皮带的衫裙，而不宜穿宽松的罩衫，以避免掩盖纤腰，显得稳重。

（3）倒三角型身材的特点是肩宽窄臀，适合穿各类服装，但不要使用垫肩，以免上身过大。

（4）直线型身材通常显得瘦高，应避免穿裸露颈部较多的领口的衣服，适合的款式是轻飘有动感的服装。另外，对于上身略长、下身略短的人来说，应多穿线型服装。所谓流线型服装，即上下一体，流畅自然的服装。如连衣裙、套裙、旗裙、长风衣、长大衣等，避免上下两截、平分秋色的服装，以遮盖不足，展示美点。如果必须穿上下两截的服装时，应保持裤子与鞋子的颜色相近或一致，以此造成视觉差，增加腿的长度。

靴子是拉长腿型的最好鞋款之一，但是春季穿长靴却显得太做作了，不妨换一双中靴子，再配上合适的袜子，不失为一种明智的选择。

2. 根据体型和肤色的不同选择服装

对于体型不够均称者，只要讲究穿着搭配，就可以在一定程度上使缺点得到掩盖。

（1）体型短胖者，宜穿竖条纹或深颜色的服装。这样可使人产生延伸美感和收拢的效果，看上去体型有所改变，增加高度和健美。另外，穿单一颜色的衣裤也可使身材显得高些。

（2）体型瘦高者，宜穿横条纹或浅颜色的服装，以给人造成体型丰满、膨胀的艺术效果。同时，穿杂色的衣裤也可使身高者看上去略显低些。

（3）矮瘦或矮胖者，穿衣时要注意不可将衬衣下部束在裤子里，以致给人以身段分为两截的感觉。可将裤子尽量做得长些，盖住皮鞋脚面，以致给人高大的印象。

（4）脖子粗短者，应穿无领、敞领、翻领、低领口或“V”字领上衣。女性可再戴上一条细长项链，以突出肌肤之美，借以分散人们对短脖子的注意力。

（5）臀部肥大者，可选用深色的西装裤或西装裙，避免浅色并带有光泽的裤或裙，以免突出臀部，暴露弱点。反之，臀部过小者，可穿浅色、光亮、打褶的裤子，以掩盖臀部的较小的毛病。

（6）胸部狭小者，宜穿水平条纹的上衣，开细长缝的领口，并在衣服门襟处多装饰些波浪边或荷叶边，以掩盖胸部扁平的缺陷，造成丰满的效果。

利用服饰弥补体型的不足

体型	不合适	合适
脖子长	V 形领、戴长项链、短发型	高领、短项链、系丝巾、选长发来掩饰脖子周围
肩宽	泡泡袖、宽大有皱褶花领，在肩上配肩章、肩饰等	插肩袖试样、圆领、深 V 领、胸针
长腰	低腰式样的裙子或裤子	在上衣有水平线装饰或腰线上移的裙子、裤子
臀宽	紧身裙和紧身裤	腰部多皱褶或多装饰物的裙子或裤子
手臂较粗	太紧的衣袖、无袖上装、横条纹袖、装饰物多	有袖类上装、合体的袖子
身材矮小且胖	有繁杂装饰、宽松类的服装、的图案围巾、大而带子长皮包	小到中等图案、合体的服装

3. 根据肤色的不同选择服装

人的肤色会随着所穿衣服的色彩发生微妙或明显的变化。

（1）黑种人爱着白色或亮色调的服饰，是因为黑色的肤色能使白色或明亮的色彩更亮，更显光泽，因而具有对比强烈而明朗的色彩效果。

（2）白种人喜欢穿用红、黄、绿、蓝等高纯度色彩的服饰，是因为白皙的肤色与高纯度的色彩对比产生出了亮丽、活泼、和谐的色彩效果。无论男女，皮肤较白的人配衣浓淡总相宜。这类人须根据自身气质、环境特点及工作性质，适当选择款式即可。

（3）皮肤较黑者可选择色彩明朗、图案较小而柔和、面料悬垂感较好的服装，如穿浅紫色、豆绿、淡黄等色服装，能使黝黑的脸庞显得含蓄、深沉。女性再加上明眸皓齿，能给人以神秘感。应避免穿褐、黑、深紫色等暗色服装。

（4）皮肤发黄、发青黄者，可选择素雅的碎花、格、纹的上衣，但要避免穿柠檬黄、绿或蓝色服装，以免使皮肤显得更黄、更青。

（5）而皮肤略红粉的人则可选择白色或浅色服装，忌穿蓝、绿色系列服装，因为红粉色与蓝、绿色是强烈的对比色，会使人的面红得发紫。面色苍白者，则不宜穿粉红、浅绿、嫩黄等娇艳色彩的服装，以免呈病态色。

4. 讲究脸型、发型与服装的合理搭配

脸部在人体的最高位置，是人们视觉首先达到的地方。所以，美化脸部、讲究发型、突出优点、遮掩缺点，也是服装交际中不可忽视的一个重要方面。古人对人的脸型曾概括为一句话，即“人面分八格”。这 8 种类型可以用 8 个字来说明。

“田”字形——方形；

“由”字形——面部呈扁方形，上部略呈尖状；

“国”字形——长方形；

“用”字形——面部呈长方形，下巴稍尖；

“目”字形——窄长形；

“甲”字形——上宽下尖形；

“风”字形——下巴呈宽方形；

“申”字形——中间大两端小的枣核形。

现代人则将人的脸型简化为长、圆、方形、菱形四种。不论属于哪种脸型，穿衣时都应学会运用视错觉原理来平衡脸型、弥补缺陷。因为长与长、圆与圆、方与方处于同一体中，会产生一种线条的重合，更加强调圆脸型的线条。具体说，“田”字形、“由”字形脸的人适合穿角领、“V”字领；“用”字形、“目”字形脸的人适合穿圆领、扁领，尽量减少颈项外露面积；“风”字形脸的人适合穿尖领、“V”字形领、袒胸服装，可造成脸型拉长的错觉；“申”字形、“甲”字形脸的人，除不宜采用同脸型相似的尖领、“V”字领外，其他领型均适合，特别以配大翻领最美。

如果以长、圆、方脸型论，则可采用下面的方法来改变脸型。

长脸型的人适宜穿圆领口的衣服，也可穿高领口、马球衫或带有帽子的上衣。不宜穿与脸型相同的领口的衣服，更不宜用“V”形领口和开得低的领子。在发型上可尽量让头发向两旁分散，以增加量感，女性可将前发剪成“刘海”，使脸蛋显得丰满，发分线采用侧分法。

圆脸型的人适宜穿“V”形领或者翻领衣服。不宜穿圆领口的衣服，也不宜穿高领口的马球衫或带有帽子的衣服。发型设计可将头顶部的头发梳高，使脸部显得长一些，避免遮住额头。同时利用头发遮住面颊，可使脸颊宽度减少。发分线最好是中分。

方型脸的人则适合穿“V”形或勺形领的衣服。不宜穿方形领口的衣服。女性可在颈部低发髻，具有优雅感。还可以让头发披在两颊，减少脸的宽度，发线侧分，并使分线向头顶斜伸。

5. 着装色彩搭配艺术

服装色彩作为物体语言的一部分，有它一定的生理基础与文化基础。马克思说：“色彩的感觉是一般美感中最大众化的形式。”色彩感是人类最主要的感觉。因此，服装设计大师们十分重视色彩的审美价值和特征。法国时装设计大师皮尔·卡丹说过："我创作时，最重视色彩，因为色彩老远就可以看到。"同时，人类文化的长期积淀，又使特定的色彩载负着特定的感情信息。由于人类生存环境与心理构造的同一性，使之对色彩的感受形成了共同点。

【例】居住在沙漠地带的民族，对黄色司空见惯，那里的人们渴望见到水，见到绿洲，因而对绿色情有独钟，故伊斯兰教堂的尖塔、阿拉伯各国的国旗、人们的服饰，无不以他们酷爱的绿色作为主色。

色彩的情感是由于身着者和欣赏者生理和心理的主观作用所引起的。正是这个原因，中国现代文学史上著名的诗人闻一多先生才用色彩的不同，来比喻生命与感情的意义：

呵！生命是一张单薄的
不值钱的本色纸，
自从绿给了我发展，
红给了我热情，
黄教我以忠义，
蓝教我以高洁，
粉红赐了我希望，
灰白赐了我悲哀，
金加我以荣华之冕，
银罩我美幻之梦，
哦，从此以后——
我便溺爱我的生命
因为我爱他的色彩！

服装配色艺术，现代人多采用以下四种方法：

（1）同类色配合。是由同一种色调变化出来的明暗、深浅不同的颜色。其特点是清淡柔美，文雅协调。如海关人员蓝色制服给人以严肃统一的感觉。上穿浅紫色衫衣，下着深紫色裙子，则带给人以文化协调的印象。

（2）对比色配合。是指两种对比较为强烈的颜色的配合。如红与白、红与黑等。它们给人的感觉是鲜丽明快，简洁大方。如上穿白衬衣，下着黑裤或深色的裙子，色彩反差较大，引人注目。

（3）三色配装。这通常是将色环上等距离的三种颜色组合而成。往往产生对比冲突感，比较醒目。当代色彩文化中最为醒目的现象就是流行色的出现，它是形式主义美学的“陌生化原则”具体体现，人们对任何颜色接触多了都会产生心理疲劳，生出要变换刺激的内在潜欲求。每季，流行色协会都预测和发布流行色信息，对服装的配色加以引导。无论怎样，好的服装配色会让观众感受到感观上的愉悦，让人看得舒服。

（4）如上穿花色衬衣，下可着单色裙子，以起到“闹中取静”的效果。不管采用对比色还是同类色配合艺术，服装的颜色一般应控制在三种色内，以突出简洁的艺术效果。因为美在简洁、美在比例、美在适度。用一句古诗概括，就是“动人春色不须多”。

6. 加强服装的整体美

美的形式多种多样。对称是一种整齐的形式美，在服装上主要是指左右两部分对等。人体本身就是对称的，因而服装大多也是讲究对称。

【例】传统的中山装，即是典型的对称形式。对称可以产生一种秩序感，给人以稳定的形式美。但严格的对称也容易造成呆板。改善的方法是利用局部破坏对称的方法，来达到新的平衡。像中国传统的旗袍。而均衡和对称不同，是在不对称中求得稳定，它追求的是一种动态美。对服装来说，它意味着感觉上的重量、质感、面积、色彩等在一定条件下的相互作用。

【例】藏族男子的服装是一个典型的例子。他们习惯上常偏袒右臂，而将右袖垂于腰右侧，这样就在不对称中求得相对的稳定感，形成了一种平衡。除了左右平衡外，服装的上下平衡，也是非常重要的。任何服装的轮廓形状都具有容量感。上下平衡就是指上下装的容量感要平衡。着装时应注意利用面料的质感、图纹的状态、色彩的搭配来平衡人体的造型，起到稳定的作用。错视也是一种美的形式。人的视觉，由于生理的原因，常常发生视错。如人在看同样大小的白色块和黑色快时，总感到白色块比黑色块的面积大，这叫“眩视”。究其原因，就是视错在发生作用。错视可以帮助我们改善人体的缺陷，这是服饰美学的一条特殊规律。

当然，还有韵律、对比、反复、统一等许多美的形式。总之，不论从事什么职业的人，服装设计都应追求和谐统一，注重整体美。

穿着是一门艺术，要想穿出风采、穿出个性，并通过服装展示自己的职业、身份、修养、性格和情趣，需要在实践中反复摸索、总结，才能发挥服装这种物体语言在交际场合中“先声夺人”的作用。

第五节　个体形象设计

形象不是华丽外表的躯壳，不仅需要深层的内涵去充实，需要表里如一的品位和素质，还需要用得体的服饰，更需要用智慧来传递行业的内涵。良好的个人形象应是内外和谐美的统一，也是一名员工对所从事职业的理解和尊重。

一、酒店员工形象设计

酒店员工的形象是酒店企业文化建设的一个重要项目，酒店产品的设计除了对酒店硬件的设计和对酒店形象的优化设计外，更需要通过对员工形象的设计，来传递企业的文化和核心价值。员工的外表、礼仪及态度是用来判断酒店的信誉、产品和服务质量极为重要的标准之一。拥有洁净整齐外表的酒店员工能给顾客耳目一新的感觉，使顾客对酒店的卫生条件产生信任感，并成为酒店吸引顾客的一大魅力项目。

（一）仪容

（1）员工在岗时应精神饱满，表情自然，面带微笑。

（2）说话时应语气平和，语调亲切，不可过分夸张。

（3）眼睛应有神，体现出热情、礼貌、友善、诚恳。

（4）遇事从容大方、不卑不亢。

（5）与客人交谈时，目光应自然平视，不应上下打量客人。

（二）仪表

1.服饰

（1）饭店公司全体员工按规定着统一制服，并穿戴整齐。

（2）制服应得体挺括，不应有皱折、破损、污渍，领子、袖口、裤脚要保持清洁，不应挽袖子或裤腿。

（3）穿着工服时，扣子应齐全、无松动，风纪扣必须扣上。

（4）工号牌要佩戴在上衣的左胸上方，与第二粒扣子平行；不得遮住扣花或左右倾斜。

（5）在非工作区域内不戴帽子，都应该将帽子在统一地方整齐摆放，或是将帽子拿在左手，帽顶向上。

（6）不应在服装上佩戴与规定不符的饰品，如钥匙链、小装饰物等。

（7）除制服配套用腰带外，一律系黑色腰带。

（8）男员工着深色袜子、袜子不应有破洞或抽丝，应每天换洗。

（9）鞋子应保持干净、不变形、无破损，不得有污点、灰尘；皮鞋每天要擦拭，保持光泽度，鞋带要系好，不可拖拉于地面。

（10）非工作需要不得将制服穿出饭店区域外。

2.发式

（1）应保持头发的清洁、整齐，不得有头垢、头屑，发干应光滑柔软，要有光泽。

（2）色泽统一，发干和发尾没有出现两截颜色，不得将头发染成自然色黑色以外的颜色。

（3）男员工发式标准：分缝要齐，不得留大鬓角、前发不盖额、侧发不盖耳、后发不盖领。

3.修饰

在工作岗位上的员工应注意修饰，正确得当的修饰能给人以愉悦，得到顾客的认同，提升饭店的层次与形象，提高员工的气质与修养。

（1）面部：员工应保持面容的整洁，上岗前应做好面容检查。男员工应养成每天刮胡子的习惯，不得留有胡须。鼻毛、耳毛要经常修剪不得外露。要保持口腔和牙齿的清洁与卫生，不应吃容易造成异味的食物（比如：大蒜、大葱、洋葱、臭豆腐等食品）。

（2）手部：经常保持手部干净卫生，常洗手，特别是指甲缝一定要清理干净，不得有残留物。不得留长指甲，指甲应经常修剪，以不过指尖为标准，不得在岗上或客人面前修剪指甲。

（3）首饰：不佩戴耳环、鼻环、手镯、手链、脚链、别针等饰物，可佩戴一枚结婚戒指（戒面不应超过 5 毫米，饰物高不应超过 5 毫米）。佩戴项链或在脖子上挂饰品不得外露。佩戴手表要以正装为主，不得戴过分张扬的手表。

（4）化妆：不得在皮肤外露出文身。使用香水味道不宜刺鼻，要清新淡雅。

（5）个人卫生：每次上岗前都必须自行检查一次，以树立大方得体、干净利落、温文尔雅的五星级饭店服务人员良好的外部形象。应经常保持个人的清洁卫生，要勤洗澡、勤换衣。

注意事项：不应在岗或客人面前打领带、提裤子、整理内衣。不可做检查裤拉链是否拉好，拉直下滑的袜子等不雅的动作。不应在岗或客人面前抠鼻子、剪鼻毛、剔牙齿。在岗时不可打哈欠、打喷嚏、咳嗽，控制不住应回避客人。

（三）仪态

1.站姿

（1）站姿应自然挺拔，头部端正，下额微收，两眼平视前方，面带微笑。

（2）身体直立，应把重心放在两脚中间，双脚自然分开位置基本与肩同宽。不可出现内八字或外八字，要挺胸收腹，两肩放平。

（3）双臂自然下垂，双手应交叉于背后，左手轻握右手的手腕，右手成半握拳状，力度适中，手臂放松。左手手背垫与臀部肌肉上方，两腿应绷直，如因长时间站立感觉疲劳时，可左右调整身体重心，但上身应保持直立。

（4）当与客人距离 2 米时，就应主动鞠躬问好。与客人交流时，应与客人保持 60 厘米—1 米距离，目光应注视在客人的三角区内，不可上下打量客人。若客人的身高较低或声音较小，应上前站在客人的左侧仔细聆听。

（5）为客人指引方向时，应站在客人的一侧用同侧的手为客人指引，尽量引导客人正视其想要去的地方。

（6）站行李台时，应在电脑位置，面向大堂站立，不得趴、靠、撑在行李台上，客人距离 2 米时就应该主动问好（您好、您好，请慢走！）。

（7）站在侧门时，应在侧门内侧，与侧门保持 90° 站立，如客人进出距离 2 米时拉门迎送进出店客人，身体前倾 30° 鞠躬向客人问好（您好、您好，请慢走！），除工作外不得随意走动，随时为客人提供服务。

（8）站门童岗时，应于大堂转门外右侧站立，除工作外不得随意走动：

①有车辆时：应做停车手势，指引车辆停在适当位置，主动上前开门、问好（您好、您好，请慢走！），并指引大门方向，后返回原岗位。

②无车辆时：距离客人 2 米时应鞠躬问好（您好、您好，请慢走！），并指引大门方向，后返回原岗位。

③在客人有行李的情况下，都应主动上前询问客人是否需要帮助！（××您好。请问需要帮助您吗？）

（9）在公共区域等候客人：

①接待有行李的客人时，应在客人后方 1.5— 2 米处站立等候，站在行李旁，保证站姿与行李安全。多个行李员等候时，应保持在同一直线上。

②在大堂其他地方时，若时间过长应主动询问客人是否可以将行李先存放于

礼宾部。

③在电梯内应在电梯按钮旁站立，将行李车放在电梯内一边，向进出电梯客人问好并帮助控制电梯（您好，请问您要到哪个楼层？），进出电梯时，应为客人护梯，请客人先行“您的楼层到了，您请。”如带客人进电梯或单独进电梯，遇到电梯内有客人应问好“不好意思，打搅了”。

④在楼层等候客人应在客人左身后 1.5 米处站立，将行李放于身边靠墙的位置，保证行李安全。

⑤客房门口等候时，应站立于房门口猫眼正前方，以便客人确认员工身份，将行李车放于房门正前方，不得阻碍客人通行，按一声门铃，隔三秒敲门三声，报“bell service 您好，行李员”，待客人同意后方可进入房间为客人提供服务。

2.走姿

（1）行走时上体要保持正直，重心放准，身体重心可稍向前倾，头部要端正，双目平视，肩部放松。身体协调，两臂自然摆动，行走时步伐要稳健。

（2）方向明确；两脚行走线迹应相对为直线，不要内八字走路，或者过分地外八字走路，足迹在前方一线两侧。

（3）步幅不要过大，步速不要过快。步幅适中（自己的腿长）；速度均匀（60—100 步每分钟）。

（4）迎面遇见客人时，员工应主动靠右边行走，并向客人问候。

（5）所有员工在饭店内行走，一律靠右而行，两人以上列队行走，不得与客人抢道，绝不可气喘吁吁或因动作过急导致身体失衡冲撞了客人。

（6）上下楼梯时，腰要挺、背要直、头要正、收腹挺胸、臀部微收，不要手扶楼梯扶手。

（7）陪同引导中：本人所处的位置（位于客人的左前方 1 米左右）；协调的速度（以客人的速度为标准）；及时的关照提醒（拐角、楼梯，或道路坎坷、照明不佳处）；正确的体位（路途中回答、指引时）。

二、酒店员工语言表达

（一）问好

行 30° 鞠躬礼，保持微笑和目光接触，音量、音调：3 米内能够清晰、明确听到，客人距离 2 米时，员工应准备问好；距离 1.5 米时开始鞠躬问好，用词：“您好！”，如知道客人姓名及职位应问候“× 先生，您好！”或“× 总，您好！”。

（二）交流语言

1. 需要避免的地方

无反馈　无目光接触　无致意　无问候

无微笑　反驳　打断对方

2. 不能说的话

我知道你的意思是……（打断客人的话）

我不知道你在说什么

这是我们酒店的规定

你不能做 / 不允许做……→我们请求您做……（至少给其两种以上的答案，给其选择的余地。）

我不知道→我帮您查一下。× 分钟后给您回复。

3. 成为好听众

身体前倾一些；保持有效距离内的音量；跟进式的提问；保持微笑

4. 服务敬语

欢迎语：欢迎下榻 ×××× 酒店 / 欢迎您来用餐 / 欢迎您入住我们酒店。

问候语：您好 / 早上好 / 下午好 / 晚上好。

祝愿语：祝您生日快乐 / 祝您玩得开心 / 祝您旅途愉快。

告别语：再见 / 祝您一路平安 / 欢迎您再次光临。

征询语：我可以帮您吗？ / 可以上菜了吗？ / 可以整理房间吗？

答应语：好的 / 是的 / 马上就来。

道歉语：对不起 / 很抱歉 / 这是我们工作的疏忽。

答谢语：谢谢您的夸奖 / 谢谢您的建议 / 多谢您的合作。

指路语：请这边走 / 请从这里乘电梯 / 洗手间在这边。

5. 称呼

（1）男士一般称先生，未婚女士称小姐，已婚妇女称太太。

（2）对于无法确认是否已婚的西方女士，不管其年纪多大，只能称小姐。

（3）不知道客人的姓氏时，可称“这位先生 / 这位小姐”。

（4）称呼第三者不可用“他 / 她”而要称“那位先生 / 那位小姐”。

（5）对客人称“你的先生 / 你的太太”是不礼貌的，应该称“刘先生 / 张太太”。

（三）电话使用

标准：

1. 接电话时，注意声音柔和，做到简洁明了。

2. 注意普通话标准，不可使用带有地方色彩的语言。

3. 首问责任制，谁接电话谁负责跟办到底，不可推诿工作。

4. 对所有来电一视同仁，按程序接听。台岗及办公室电话使用要求一致。

5. 尽量用左手接听电话（右手用于记录电话内容）；禁止将电话夹在肩膀上。

程序：

1. 接听

（1）接听电话动作要迅速，不得让电话铃响超过 3 声。

（2）表明自己的单位或岗位名称（先英文后中文）。

（3）问候对方。不得用“喂，喂，喂……”等方式喊话。

2. 对方要找的人不在

（1）告诉客人要找的人暂时不在；告诉其要找的人在何处，帮助客人转拨电话。

（2）或者与对方约定准确的时间，请其再挂。留下对方的号码，待要找的客人回来时打给对方。或者为对方留言。

3. 拨打电话

（1）组织好讲话的内容，把有关资料放在电话的旁边。

（2）问候对方。

（3）表明自己的身份、岗位。

（4）确认客人的身份后转入正题。

4. 终止电话

（1）与客人确认清楚通话内容后，使用结束语。

（2）如知道对方姓名应在称呼前加姓；不知对方姓名时应称呼：“先生 / 小姐 / 再见！”。

（3）必须等对方先挂断之后再按“rip”键切断电话，不可“砰”的一声猛然挂断。

5. 如有客人到台岗，需要拨打房间电话

（1）应询问房间客人姓名等资料；如果是会议客人或公司定房，应询问清楚相关的会议或公司资料，核对无误后方可为客人拨打。

（2）同时还应询问清楚台岗客人的身份。“您好，这里是礼宾部。××× 先生 / 小姐想与您通话，您看是否方便？”拨打电话后应由我部人员询问房间客人是否愿意接听。在得到房间客人确认后方可将电话双手递交台岗客人使用。

（3）如房间客人不同意接听，应告知台岗客人“先生，客人现在不方便接听电话。不好意思。”

（4）如台岗客人有异议，应礼貌告知原因。“这是出于酒店对客人隐私保护的要求。”

电话语言使用

1. 接听

（1）“good morning concierge 您好，礼宾部”

（2）“请问有什么可以效劳的？”

2. 对方要找的人不在

（1）“×××先生现在不在，请问有什么可以帮到您的？”

（2）告诉客人要找的人在何处及电话号码，请对方往那儿挂电话。“他现在在××处，电话是××××。需要帮您转过去吗？”

（3）或者与对方约定准确的时间，请其再挂。“请您×分钟后再联系我们。”

（4）留下对方的号码，待要找的客人回来时挂给对方。“请您留下您的联系方式，我们会尽快与×××先生取得联系的。”

（5）为对方留言。“您有什么需要我们转告的？”了解转告内容后还应与客人再次确认。

3. 拨打电话

（1）“您好”。

（2）表明自己的身份、岗位。“这里是礼宾部。请问×××先生在吗？”

（3）“×××先生，您好……”

4. 终止电话

（1）“您看还有什么事我可以效劳的吗？”

（2）如知道对方姓名应在称呼前加姓“×先生/×小姐/再见！”不知对方姓名时应称呼“先生/小姐/再见！”

5. 当客人需要转接电话时：“请稍等，我马上帮您转接过去。”

6. 当无法满足客人需要时：“对不起，我马上帮您查询。请留下您的联系方式。我×分钟后给您回电话好吗？”

7. 当你能马上为客人服务时：“好的，我们马上为您服务。”

8. 在接听电话时，如有二线电话到应在三声内接起告知一线客人“对不起，请您稍等。”然后按“hold”键，再接二线电话。

三、礼节

（一）握手

（1）通常先打问候再行握手礼，双方用右手与对方握手，握住对方的手后上下轻轻抖动数下，与被握手者距离应相距在一步左右。

（2）时间一般不得超过 5 秒，即说一句欢迎语或简单的客套话的时间。

（3）用力适度，不得前后拉扯，也不可左右摇晃。

（4）面带微笑，注视并问候对方。

（5）客人与服务人员之间，客人先伸手；上下级之间，上级先伸手；年长与年轻之间，年长者先伸手；男士与女士之间，女士先伸手。

（6）冬天应先脱去手套再行握手礼，在室内不得戴帽子与客人握手。

（7）双手不可交叉与两个客人同时握手。

（二）致意

（1）头往下方垂直的方向微微点动一下为致意。

（2）在距客人 3 米左右时应致意。

（3）注视对方，面带微笑，致意。

（4）冬天若是戴帽子，以右手脱帽再行致意礼。

（三）鞠躬

（1）立正站稳，上体前倾 15°—30°。

（2）等受礼者回礼或接受礼节后，恢复正位姿势。

（3）在鞠躬的同时问候“您好”。

（4）鞠躬时嘴里不可吃东西，如戴帽子应先脱帽后再行礼。

（5）不要一面鞠躬一面试图看对方，不要礼毕后起身目光移至别处。

（四）道别

（1）把右手举至肩膀一般平或略高于肩膀，手掌朝外左右摆动了，同时说告别语。

（2）女员工站在服务台内跟客人道别时，适用这种礼节。

（五）女士优先原则

一般情况下，男士应遵守“女士优先”原则。

四、电视节目主持人形象设计

（一）电视节目主持人的形象特征

信息时代，电视屏幕作为传播现代信息和文化知识的有效载体，通过电视播音员、主持人直观而生动的形象表达，使观众在短时间内包容更多更新的内容，更会看到一个五彩缤纷的世界。主持人作为电视连接观众最直接、最能沟通情感的中介，作为电视节目最积极、最能传情达意的主导人物，如何在不同的栏目中表现自我的才华、气质和语言特色，使之产生的艺术魅力更能吸引观众、赢得观众呢？电视节目主持人的形象就显得尤为重要。

电视节目主持人的形象特征：

（1）外在形象与内在形象相结合

主持人的形象设计定位，从宏观角度看，应明确主持人在社会中的公众形象。从微观角度看，是指主持人在节目中的具体形象。所谓形象，并不是指主持人的相貌特征，而是指综合意义的整体形象，是一个主持人在具体节目中的思想感情、言谈举止给观众的整体印象，主持人这种大众传媒角色，既要代表特定的政治、经济利益，又要满足观众的需要。电视台是党和政府的新闻宣传机构，它的性质决定了节目主持人的公众形象就是党的宣传工作者，新闻工作者。电视是大众传媒，对于观众不能以专家学者的形象出现，更不能以演艺明星的身份出现，而是以能与观众真诚交流的朋友形象出现。只不过这个朋友，除了平等亲切之外，更应是在思想修养等各方面更胜一筹的朋友。

（2）电视节目形象和主持人形象相结合

节目形象—— 一个电视节目的宗旨、特点、内容、形式等在观众心目形成的总体印象。主持人在主持节目之前，应该对节目的内容，有全面深刻的了解，掌握一些最鲜活、最有价值的新闻素材，针对交流对象地位、身份、职务、阅历的不同，准确地把握，或对名人的敬重，对老者的真诚，对患难者的同情又或对伤病者的关心体贴，这种朴实、善解人意的心态，就很容易与观众沟通，以至于观众在这种和谐亲近的屏幕上有所感悟。

电视台的节目林林总总不计其数，根据节目的内容性质，可分为新闻、综艺、社教、体育、少儿、经济等类型，不同类型的节目要求主持人除了思想素质、敬业精神、语言能力等方面的共性之外，在知识结构、专业能力、性格特征方面还要有各不相同的要求，更要具有不同的主持风格。如新闻评论类的主持人需要敏锐的新闻素质和深刻的思辨能力；综艺节目的主持人要具备一定的艺术素质和较为亮丽的外表及优雅的体态；体育节目的主持人要有扎实的体育知识和灵活机敏的反应；少儿类的节目主持人首先要有一颗童心，以及丰富的想象力和活泼可爱的性格；经济类节目内容包容量大，要求主持人更要博学多才和反应机敏。

（3）个人形象与社会形象相结合

当主持人形象通过电视屏幕呈现在观众面前时，所代表的就不仅仅是个人形象，而是所在电视台的形象，是媒体的形象。应根据电视节目的内容、特点、对象等塑造自己的社会形象。我们每个社会人所处场合不同、环境不同、从事的职业不同，如果以和谐的容妆和服饰出现在公众面前，既能表现内在修养、增添自信，又是对他人的尊重，创造良好的社会氛围。在各种职业形象中，电视节目主持人的形象更是受到公众的议论和评价，是电视制作环节链的最终体现，很多电视台将主持人作为活台标，并从整体上对主持人、播音员的形象进行策划包装。

（4）个人创造与集体创造相结合

电视是主持人的舞台，说到舞台，当然就少不了舞美、灯光和化妆等。如果没有这些岗位工作人员的辛勤工作，再好的主持人也会黯然失色。电视是一门综合艺术，也是一种家庭艺术，各个门类相互影响，缺一不可。据资料统计，节目主持人的形象对其节目的收视率和被观众接受的程度有相当的影响。电视台投入大量的人力物力，精心策划，认真制作的节目，很有可能由于一个节目主持人的形象问题，而失去了观众。主持人的形象是赏心悦目，还是不忍目睹，这本身就会使电视观众产生认同感或排斥感。主持人的整体形象，凝聚节目组创作集体的智慧和汗水。

五、电视节目主持人整体形象定位

1. 服从栏目的需要

两个原则：

协调——形象与节目的协调；男女或多个主持人之间的协调；

突出——主导作用、不可以被淹没在现场观众中。

电视节目主持人是沟通节目与观众的中介，它缩短了观众与传播者的心理距离，主持人只有了解节目，正确的分析自己才会与节目相融合。一个优秀的节目主持人其到位的主持中透露出来的人格魅力、学识修养，可以给节目增光添彩，成为节目的标志，使许多观众因为喜欢这位主持人而更喜欢他主持的节目。所以有一个为观众接受认可并欢迎的节目形象，是主持人形象定位的另一种含义。

主持人如果要成为节目的标志，就必须与节目的形象风格相统一。在具体节目中的形象定位，首先要准确把握节目的定位，即了解节目的宗旨、内容范围，形式风格特点，尤其要注意到这一节目与同类节目的区别；其次要清楚节目的服务对象，了解他们的心理和需求；其次进一步分析这个节目需要主持人具有哪些特点；最后在这个基础上，完整地理解自我，知道自己相对于这个节目有什么优势，有什么不足，再结合前面的认识，强化自己适合于这个节目的优势，避免不适合节目的一些东西。这样，有了这些紧密联系节目和观众的分析，就初步形成了主持人的形象定位。如我们主持经济类节目时，就应该根据节目性质，以敏锐、深思、干练的气质，揭示和剖析各种经济现象和问题。

不同的荧屏角色化妆要求不同。千人千面其实是一种好的状态，光从化妆技巧来表现，不能表达电视造型工作的最终目的，主持人的形象与所在栏目的内容形态是否和谐非常重要；电视节目主持人化妆时，要考虑主持人节目是娱乐性的，还是科学教育类的；是儿童节目还是庆祝晚会。不同种类之间存在很多的差异，不同性质的节目对化妆的要求也是不一样的，所以必须掌握更多的综合知识和化妆技巧。服装与发型方面，新闻主持人的发型和服装大多比较端庄、素雅、稳重，妆面的色彩多运用过渡色；儿童节目主持人的服装和发型，大多比较活泼，妆面的色彩则亮丽纯净；时尚节目主持人的服装和发型，大多比较时尚，跟随潮流，妆面则色彩夸张浓艳，体现一种时尚风格的舞台形象。

2. 体现个性风采

适合于中国人的形象设计理念包括：形、色、韵三个元素。

形：即是人和物体的立体几何外形；

色：即是人和物体的色彩外衣，色彩是人类文化的温度计，没有不好的色彩，只有不好的搭配；

韵：是个体的魅力和风格。

【例】一个人的脸比较宽大，化妆时可以夸大他（她）的五官，就像一个大房间里要放些大家具，小房间里要放些小家具，这样才协调。

【例】我们都很熟悉的香港金牌主持人："肥肥"，她拥有许多女性都无法接受的身材，但她并没有因此而悲观绝望，自叹自怜，而是乐观豁达地面对现实，把自己活泼可爱的一面淋漓尽致地展现出来，一直以来，她的发型是洋娃娃式的小卷发、服装风格是公主裙，背心裙并饰有蝴蝶结、小花朵等颜色明快的少女式风格，甚至眼镜是蝴蝶型的都几乎没有变化，正是因为她懂得挖掘自己的个人魅力和风格，并将它保持，直至成为她自己的标志。而事实证明，她的努力成功了，她活泼可爱的形象定位被广大电视观众接受并越来越喜欢了。

主持人是同样的播音腔、同样的发型、神态，观众一个也记不住，多彩的人生、多彩的性格才构成了丰富的电视画面语言。

3. 最终要达到整体美

电视主持人化妆不同于生活妆和舞台妆。生活妆追求真实、自然，舞台借助于色彩，灯光等因素，带有夸张性。而电视播音主持人的化妆更趋向于清新，淡雅的职业无痕化妆，应遵循色彩设计搭配规律，以及色与形的有机结合原理，结合化妆的技法设计，让每位主持人以完美的形象出现在荧屏上。现代的化妆理念是艺术、技术和科技手段的完美结合，如果仅仅把脸蛋化漂亮了，这不是真正专业意义上的化妆。必须懂得绘画技术、摄影技巧、色彩搭配原则、服装服饰搭配原则以及流行趋势、发型设计构思等，只有达到整体的协调搭配，才能称得上完美。所谓“完美”就是观众所有的审美都得到满足，因为现代观众的审美水平在逐步地提高，所以这些门类都是值得我们用心思考和探索。

不同的节目主持人的发型设计也不能单一的进行造型，要结合节目的性质，人的气质、妆面、服饰等因素的协调配合，从而达到整体美的效果。美永远都是蕴涵在真实和自然当中，其实美的造型不是在脸上作秀，而能将观众的精神注入色彩，使色彩的语言诠释出生命的意义。要不断提高形象设计的理念意识、艺术修养、文化知识以及审美水准的不断完善，从而设计出源于生活而高于生活的形象！外形精心设计、艺术搭配之后表现出的漫不经心的外表，刻意之后的随意，自身气质的自然流露是电视节目主持人所呈现出的最佳状态。

4. 受电视制作技术的制约

电视是光、电、磁传输和转换的制作手段，人们的视觉形象通过科学手段在电视中被分解成若干个像素，密密麻麻地组合在一起构成一个整体的画面。在电影银幕上，人的形象是被放大了的，而在电视中是被缩小在荧屏上。由于灯光背景对妆面的制约和影响，主持人化妆时所以必须了解光色与妆色之间的关系，光源太强烈，妆面的立体感就会减弱；顶光太强，线条又会过于明显，显得不自然。灯光的背景决定着主持人在屏幕上的效果也是不同的，应根据光线的强弱决定用色的深浅。如果主持人是在外景录制，那么妆面一定要强调清新自然，选择与日光接近的金色或橘色等。如果节目主持人主持文艺晚会，由于舞台灯光丰富亮丽，这时妆面可以浓烈一些，选择艳丽的颜色。总之，背景对妆面的影响主要是色彩方面。

六、主持人与记者整体形象定位

1. 新闻主持人的形象定位

新闻主持人的形象代表着新闻的真实性。任何多余、夸张的修饰都会影响新闻节目的公正和可信度。新闻播音员的形象应该以职业风格为基础。

新闻节目的女主持人在化妆上应该以自然、写实的风格为主，妆面的色彩应亮丽纯净。尤其是多数电视台的节目制作和播出环节数字化设备的日益普遍，观众收看到的图像清晰度和主观层次感不断提高，以往模拟设备所适用的化妆方法和技巧已经不能满足现在节目制作的需要。所以，新闻节目在化妆上宜自然真实不宜浓妆艳抹。

服装方面应该选择端庄大方的职业装，里面配以衬衣、吊带、抹胸。在领肩颈胸不宜大面积露出肌肤，领口不宜低于腋线。色彩上，不宜选用色彩纯度和明度高的颜色，如品红、绿、蓝等。应该选择纯度和明度低的颜色，灰色或含灰色系，如红灰、蓝灰、紫灰等色彩。这类颜色给人以冷静沉着、典雅秀丽的感觉。

新闻节目的男主持人在化妆上应该主要表现男性的力度，用色要简单，恰到好处。男性化妆不论在任何光源下都不应该有丝毫被化妆过的痕迹表现在电视画面中。发型应简洁、整齐、明快、自然。肤色应结实、健康。挺直的鼻型，有棱角的眉形和唇形是男主持人的化妆重点。过于夸张的修饰，会使男性的形象带有脂粉气。

2. 综艺类主持人的形象定位

综艺节目主持人形象的刻意或稍带有夸张的修饰效果，会带给观众对综艺节目的新奇和喜爱。

综艺节目的主持人在整体造型上本身就是一个看点。观众可以通过节目了解流行趋势，有些观众还会对主持人穿着打扮加以模仿，这就是综艺节目能引领时尚潮流的原因之一，也是吸引一部分观众群的原因。

综艺节目主持人在化妆上可以适当夸张一些。在眼影的色彩运用上可以大胆地选用一些比较亮的色彩，如粉红、玫红、绿色、蓝色、紫色等。在发型和服装上可时尚些。但考虑到观众欣赏层面和年龄段的不同，不可过于夸张和媚俗。

3. 生活类、益智类主持人的形象定位

生活类、益智类主持人形象应随意和自然。总体形象应随意而不刻意。

在化妆上应清新、自然，过于妖艳的妆面会增加与观众的距离感，妆面的色彩应该以暖色调为主，如粉红、粉绿等。发型也可以随意一些，这会使生活类、益智类主持人具有亲和力。不要选择晚会上常用的盘发或比较死板的发型。服装上不要选择太正式的职业装或礼服。

4. 记者的形象定位

记者形象定位的原则是融入采访对象，使他感觉与你很近，这样有助于采访的成功。

记者应根据不同的采访对象，来确定自己的着装。采访前应尽可能全面了解采访对象的职业、环境等。

（1）采访对象是普通老百姓

在着装上应朴实、简洁、大方，男记者可穿夹克衫、风衣等；女记者可穿职业便装、普通裙装等。忌穿华丽的服装和色彩特别鲜艳的服装，这会使记者与采访对象之间的交流产生隔阂和障碍，增加距离感。如果采访对象的注意力集中在了记者的装束上，这无疑是喧宾夺主，采访的质量会大打折扣，甚至是扫兴而归。因此，当记者面对普通大众时，穿着应朴素、简洁，成为大众的一员，大家才会敞开心扉，把心里话、实情毫无保留地告诉记者，从而获得更多的信息和素材。

（2）采访对象是政府官员或较正式的场合

在着装上应正式些。女记者可着较正式的西装套装，在款式上要正统些，领型忌怪异，可选择小西装领。在色彩上，不宜选用色彩纯度和亮度高的颜色，如大红、橙、绿等，可选择灰色、咖啡色系或含灰的色系，如：红灰、紫灰、黄灰、绿灰、蓝灰等色彩，这类颜色给人冷静沉着、典雅秀丽的感觉，是高品位颜色。

（3）采访对象是文艺界人士

着装可适当时尚，色彩可亮丽些。

（4）艺术家或作家

着装应强调文化品位，显现传统与现代的自然结合，优雅、适度。

专家建议：

每日至少要早、中、晚刷三次牙。

出门前检查自己的肩上有无头屑和落发。

男生要每天洗澡、刮胡子、剪鼻毛。

不要穿领口袖口有污迹的衬衣。不要穿大花纹和醒目颜色的衬衣或保罗衫。

扔掉你所有的破皮鞋。鞋的质量至关重要。

袜子要与裤子同色，不要穿尼龙袜、破洞和破丝的袜子。袜子的腰要足够长，以遮住腿毛，“绅士不露腿毛”。

第六章　空间语言

章前启示

笑起来，让你的声音在电话里传达着笑容。

——英格丽（加拿大形象设计师）

空间语言指的是人在心理限定上的空间感觉，其外化形式即与他人之间构成一种物理距离。它是人类利用空间来表达某种思想信息的一种语言，属于无声语言的范畴。

空间语言根据其使用内容的不同，可分为三类：一、空间距离；二、界域姿势；三、方位座次。空间距离是以空间作为其重要标志，因此分类也是依据这一特点而进行的。不论是空间距离、界域姿势、还是方位座次，都在空间位置上与人体语言和物体语言区别开来。而界域姿势，更注重的是身体的一种延伸，即空间的拓展。因此，不要将其与人体语言中的身姿混为一谈。

第一节　空间距离

每个人都生活在一个有伸缩性的空间范围内，这个范围圈虽然是无形的，但他却像一个气球，不允许、不喜欢他人随意侵犯或突破。这种距离范围圈源于人的动物本能，有与生俱来的属性。

动物为了保护自己的生殖中心及生命，本能的要求有一定的自由空间，并视自己占有的“地盘”为势力范围。一旦这一势力范围遭到异群、异类的侵犯者驱逐出去。

人类也是这样。人类也要通过警惕、防御、反击等方式来维护自己的空间。与动物空间概念的不同点主要在于，人的客观空间范围与主观空间意识都有较大的可变性或可延缩性，人的生存能力与适应能力比动物强。

一、空间距离的含义

空间距离指的是社交场合中人与人身体之间所保持的距离间隔。美国人类学家和心理学家霍尔博士对此曾有深入的研究。他曾在 1959 年和 1963 年先后出版了《无声语言》和《医学和人类学中的人类形象》两部书籍，向人们详细介绍了人类的空间关系，并且深刻地揭示出人类空间的需求和支配行为。他认为，空间领域的使用与人的某种本能直接有关，即把自己的存在告知他人以及感觉到他人存在之远近的本能。每个人都有他自己独有的空间领域的需要。霍尔教授说，人在文明社会中与他人交往而产生的关系，其远、近、亲、疏是可以用空间领域的距离大小来衡量的。

人际交往需要一定空间距离的情形是很多的。保护自己的势力范围现象，在文明社会中也是随处可见的。

【例 1】两个在野外步行的异性，如果他们是陌生人，那么，彼此间至少要相距 10 米左右，才会感到安全放心。

【例 2】在一间大厅里，有一排椅子，假如两个陌生人先后进入大厅，一个人坐在南端，另一个人紧挨着他坐下的话，第一个人会本能地移开，与第二个人保持一定的距离。

【例 3】即使在拥挤的公交车上，当素不相识的人身体紧贴在一起的时候，人们也决不允许他人贴近自己的脸，特别是嘴唇和眼睛。

这些情况都表明，无论在何种情况下，人体周围都有一个属于自己的空间，人际交往只有在这个空间允许的限度内才会显得自然与安全。

美国体态语学专家法斯特先生曾讲过一个例子：假如我们在餐桌上与一个朋友对面而坐时，悄悄地将桌上的菜单、杯盘、佐料瓶等推向对方，我们就会发现，对方会先把身子向后仰，以企图“逃避”，然后会不安地把身子晃来晃去；最后，他找准机会，将桌上的东西大致放回原位，默默地表示“回击”。

二、空间距离的分类

霍尔博士通过大量的事例说明，人在文明社会中与他人交往产生的关系，其远近亲疏是可以通过界域或距离的大小来衡量的。他认为，现代社会的绝大多数人都以下面四种空间范围内交往着、活动着：（图 6-1）

图 6-1

1. 亲密距离。这是恋人之间、夫妻之间、父母子女之间以及至爱亲朋之间的交往距离。其中又可分为近位和远位两种。

（1）近位亲密距离在 0—15 厘米之间。这是一个“亲密无间”的距离空间，在这个距离内，人们可以尽情地表现爱抚、安慰、保护等多种亲密情感。在这个空间内，人们可以彼此肌肤相触；能直接感受到对方的体温和气息。恋人之间极希望处于这样的空间，在这样的空间里，双方都会感到幸福和快慰。

（2）远位亲密距离大约 15—46 厘米之间。这是一个可以肩并肩，手挽手的空间，在这个空间里，人们可以说悄悄话。

在公众场合，只有至爱亲朋才能进入这一空间。在大庭广众面前，除了客观条件十分拥挤而被迫进入这一空间，也应避免身体的任何部位触及对方，更不能将目光死死盯在对方身上。

2. 私人距离。这是一个更有“分寸感”的交往空间，其中也可分为进位和远位两种。

（1）近位私人距离大约在 46—76 厘米之间。在这一距离内，稍一伸手就可触及对方，双方可以亲切握手。这一距离在酒会的人际交往中比较常见，谈话双方会有一种亲切感。

（2）远位私人距离大约在 76—122 厘米之间。在这一距离内，双方都把手伸直，还有可能相互触及。由于这一距离有较大开放性，亲密朋友，熟人可以随意进入这一区域。

3. 社交距离。这是超越亲朋、熟人关系的社交距离。这个距离体现的是一种社交性的，较正式的人际关系。可分为进位和远位两种。

（1）近位社交距离大约在 1.22—2.13 米之间。在工作环境中，领导对部属谈话，布置任务，交代工作，听取汇报等一般保持这个距离。在一般的社交聚会上，陌生人之间、客户之间商务谈判时也采取这一距离。

（2）远位社交距离大约在 2.13—6.1 米之间。这是正式社交场合、商业活动、国事活动等所采用的距离。采用这一距离主要在于体现交往的正式性和庄重性。在一些领导人、企业老板的办公室里，其办公室的宽度在 2 米以上，设计这一宽度就在于，领导者与下属谈话时显示出距离与威严；因为即使他们坐在这样的办公桌后面与对面站着的人谈话，也不会显得低矮。

4. 公众距离。这是人际接触中界域概念的最大距离，是一切人都可以自由出入的空间。也有进位和远位两种。

（1）近位公众距离大约在 6.1 米之间。这通常是小型活动的讲话人与听众之间的距离，教师讲课与学生听课之间的距离。

（2）远位公众距离大约在 8 米之间。这是大型报告会、听证会、文艺演出时报告人、演讲者、演员与听众、观众之间应保持的距离。大人物在演讲时需要与听众之间保持这一距离，以便在增强权威感的同时，增强安全感。

三、不同情境下的空间距离（图 6–2）

以上讲到的四种空间距离，只是人际交往的大致模式，并不是凝固的、刻板的。人际接触的具体空间距离是根据具体情况、特别是人的感情因素的变化而变化的。因此，具体的空间距离总是具有一定的伸缩性与可变性。

图 6–2

影响距离的伸缩与变化的主要因素可能有：民族传统、性别差异、地位差异、年龄差异、性格差异、环境和情绪差异等因素。

1. 民族传统

民族文化传统不同，人们交往的空间意识会有差异。例如：相比较而言，中国人与日本人在相同关系中，日本人要求空间距离不要太大，而中国人则希望交往距离不要太小。同样是欧洲，丹麦、挪威等国，人们要求人际接触的距离应该稍大些；其他许多欧洲国家的人则要求这种距离应当稍小些。美国传播学家施拉姆曾为此举过一个例子：如果让一个拉美人同一个美国人在一个走廊上交谈，属于接触文化的拉美人会“不自觉”地向美国人靠拢，而属于非接触文化的美国人，为保持他认为适度的社交距离，则会同样“不自觉”地向后退，一段时间后，我们会发现已从走廊的一端“谈”到了另一端。

2. 性别差异

性别不同，对交往需要的空间也有差异。男性之间相距的空间距离比女性之间相距的空间距离要大一点。当女性与陌生男性相遇时，要求空间距离必须大一些。女性最讨厌陌生男性，特别是陌生男性坐在自己的身边，把他们视为有意识的“侵犯者”。男性则比较反感陌生人，特别是与自己同性别的人坐在自己的对面，把他们视为潜在的竞争者。互不相识、年龄相仿的男女在社交场合初识，距离宜远一些，互相熟悉并经常在一起的男女，交往的最佳距离在 1.5 米左右。

3. 地位差异

社会地位较高的人总是有意识地与普通百姓保持较大的社交距离，以保证自己获得足够的权威感，也让对方感到不可轻易接近和神秘感。因此，与领导、上级初识，我们不妨主动离他们稍微远一点，不要“冒犯”他们的威严与神秘。相反，如果我们与下属、雇员等百姓打交道时，我们应该主动与他们近一点，大家体会到被尊重的感觉，也一定会倍加尊重我们。

4. 年龄差异

年纪较大的人与年纪较小的人相处，双方都会有缩小空间距离的愿望与要求。同龄人之间则有一种要求扩大交往距离的潜在冲动。当我们与老师、家长、领导、长辈相处时，特别是我们希望得到他们的指教、帮助时，为了表达我们的诚恳与迫切，我们最好站在他们的旁边，而且距离尽量的近一些。而当我们与同龄人，特别是初次相交的同龄人之间洽谈生意、交流信息时，我们应距他们远一些，否则，可能引起他们的反感与不快。

5. 性格差异

性格对交往空间也有影响。性格外向、开朗的人容易突破空间界线，对对方的主动“侵入”也不会太反感；因此，与外向的人打交道，距离可以近一些。在交谈时，你离他们越近，他们越会对你产生好感。性格内向、孤僻的人则总是严守交往界线。决不主动缩小空间。因此，与内向人打交道，距离可以稍远一些，不要触犯他们的防范心理，不要“侵犯”他们的独立性。当然，有时性格内向的人也往往会产生希望别人能主动靠近他们的愿望，特别是希望他们所喜欢的人能主动靠近他们。

6. 环境和情绪差异

人的情绪也许是影响交往空间距离的最大的、也是最容易变化的因素在人的情绪处于极度兴奋或极度压抑等状态时，可能就会完全忽略上面所讲的各种因素，采取一种不合常规的空间界限与人交往。

环境也是制约人的空间意识的重要因素。即使人从野外一下子进入拥挤的公共汽车里，人的空间意识也会进行调整。例如：一位女士在旷野里散步，一位陌生男士如果距她两米同行，这位女士就一定会觉得紧张不安，就会产生疑虑、惊慌；但如果是在拥挤的公共汽车上，即使这位男士离她很近，她也决不会惊慌失措。

四、使用空间距离应注意的几个问题

空间距离使用得当与否，不仅能表明使用者人际交往水平的高低，而且可以显示使用者的修养的好坏，反应使用者的应变能力的强弱。因此，在使用时，应注意以下几点：

第一，尊重他人空间范围圈，避免侵犯对方。既然每个人都拥有属于各自的空间，那么作为交际中的任何一方理应在所有场合时时处处尊重对方，把握适当距离，以免引起对方不快。如果遇到不可能拥有个人的空间范围时，比如在拥挤的汽车上，无论如何也无法保持一定的间隔。这时不可无礼要求对方离开、任意扩大自己的空间。而应采取沉默的态度，并且借用其他无声的语言来表明自己的谅解。如不要大声与熟人讲话，不与他人目光相接，保持一副没有表情的面孔，或看着车窗外，或全神贯注地阅读自己手中的书报，不做引起他人误会的身体动作等等。这样就会减少烦躁不安的情绪，保持平和稳定的秩序。

第二，根据交际对象所处的文化背景以及习俗的不同，调节自己的空间范围。对于人的空间概念，以及人对空间范围的需求来说，文化背景是一项非常重要的因素。由于各个民族、各个国家的地理环境不同、文化习俗的差异、人口密度的差别，各民族、各国家的人们对于空间范围的概念也存在理解上的不同。比如澳大利亚人喜欢有宽敞的空间，与人交谈时常拉开距离。日本人则习惯于生活在拥挤的环境之中。阿拉伯人喜欢触摸对方，闻对方气味。当对方一旦拒绝，则被视为不友好的举动。而在美国人看来，阿拉伯人的这种习惯是无法容忍的。美国人认为，人体是神圣的，因此他们对私人领域有一种特殊的需求。德国人有一种特别明显的自我意识，他们注意间隔，保持私人领域，即使在战俘营中，也要把厕所分配开来，每人设法构造一个属于自己的空间。了解这些，有益于在进行国际交往中与对方保持相应的距离，促进民族团结，避免引起误会，展示中国人良好的国际形象。

第三，根据交际对象的不同情况，交叉使用空间距离。在社交场合中，人与人交往固然应保持恰当的距离，但有时因某种需要或交际对象的特殊情况，可交叉地使用空间距离，不必过于刻板。比如领导需要和下属促膝长谈，消除彼此之间的隔阂，此时在使用社交距离，或许给人以淡漠的感觉，不妨跨入亲密距离，使对方体会到领导的内心感情。待对方和好之后，在恢复社交距离。再如老人害怕孤独、寂寞，而此时他们需要的空间距离常常很小，相反喜欢对方进入亲密距离，予以抚摸，以此减少凄凉感，增加温暖感。所以，在交际中，我们应体察各种人物在各种时期的各种心理变化，灵活运用，不要以不变应万变，以显得迂腐和呆板。

第二节　界域姿势

一、界域姿势的含义

界域姿势指的是借用某种姿势表明某个空间或领地归其所有，或显示双方关系的一种无声语言。

在现代生活中，无论地位高低，都享有一定范围的空间或领地。在这个领地内，每一个人享有安全感和一定范围的控制权。比如实验室、资料室、档案室、手术室、驾驶楼、办公室等等，都可能形成个人领地。这个领地是由主人严格控制和管理的空间，无论亲朋好友，还是匆匆过客，一般都不得随意侵入。有时，为了维护个人领地或防止他人介入，人们会使用某些姿势来表明这个空间归己拥有。也有些时候，人们出于某种需要，又会借助某些姿势显示双方的关系。这就是界域姿势所要解决的问题。

二、界域姿势的分类

界域姿势细分起来，可分为以下四种：（图 6-3）

1. 占有姿势

以身体靠着某人某物，以显示该人该物为己所有，称为占有姿势。

在人际交往中使用占有姿势，一般有两个目的：一是使用者想通过占有姿势向他人表明他对某人或某物的拥有权，暗示他人不能侵入或擅用；二是出于对自己虚荣心的满足，使用者想通过占有姿势向他人暗示，自己占有了某种物体因此而感到骄傲。比如踩在新买的自行车脚蹬上，腿跨在椅背上、脚跷到桌上、身体靠着门背等等，都意味着身体的延伸，向他人表示这些东西为他所有。再如年轻恋人在社交场合搂腰搭背、双手相

图6-3

握，也是表明他们不为对方所有。如果某人想威胁对方，常常在未经许可的情况下，依靠或使用物主的所有物，使其产生一种“受威胁”的感觉。因此在交际中，无论迎宾待客，还是拜访他人，抑或出入公共场所，都要注意不可随意使用占有姿势，以免引起对方反感。

值得注意的是，占有姿势对领导同志来说，尤其不可使用。因为任何一种占有姿势，像一手在前、一手在后，或者一只脚再踏在椅子上，这种姿势给人以一种高傲自大的印象，表现出不可一世的样子，对于树立威信、开展工作、和谐上下级关系等极为不利。

2. 认同姿势

比如双方交谈，一方使用一种坐姿；另一方也不由自主地采用同一种姿势。这种模仿则表明或者对前者的亲切友好或赞同对方的感情，同时又显示出先做出某种姿势者的深刻影响力。就此便可判断前者为实力人物。

在现代交际中，交际双方是否使用认同姿势，取决于双方的关系和彼此的意愿。倘若一方想表达结交对方的感情，又羞于用有声语言说出，便可使用认同姿势，表明自己内心的思想。反之，则可做相反动作，表明对对方的冷淡和疏远。

3. 从属姿势

利用有限的空间将人的身体高度有意识地降低，以建立一种从属关系的姿势，称之为从属姿势。像日常生活中的低头、哈腰、屈膝、鞠躬等，都表明使用者自谦、敬慕、认错或自卑、自贱、屈从对方的思想。有时候，领导坐在主席台上，照相时最高者坐在前排正中的位置，也是通过空间来显示其地位的一种表示。

从属姿势在现代交际中使用相当普遍，比如学生向老师认错，低下头，表示服理；触犯刑法的犯人在法官面前低下头来，以示认罪；丈夫向妻子低头，以示“投降”；司机违反交通规则，向警察低头，以示认错；营业员向顾客低头，以示谦恭，如此等等。从行为学的角度讲，无论哪一种低头，都表明低头者处于从属地位。

掌握从属姿势的使用，有助于缓解矛盾，和谐关系。比如在公共场所，不小心冒犯别人，一方面可用有声语言加以道歉，一方面可低下头来，以无声语言表明自己认错的诚意和态度。再如当汽车司机被交通警察拦下时，与其留在车上，摇下车窗，等警察过来，甚至给自己敬礼，不如立即下车，离开驾驶室快步走到警察身边，并适当降低身子，以求得警察的谅解和宽大处理。同样，当顾客买了假冒伪劣商品要求退货时，营业员最好不要留在柜台里，而应迅速走出柜台，来到顾客身边，降低身体高度，以示歉意，平息顾客的愤怒。唯此，良好的人际关系氛围才会通过恰当使用从属姿势而建立起来。

4. 指示姿势

用人的身体或通过外物来改变与对方的角度，以表明彼此关系或对方的态度的姿势，称为指示姿势。

我们知道，在交际双方交谈中，人体之间相隔的间距，同他们的亲疏程度有关。有时，从人体与人体之间所形成的角度，也能传达出许多表明他们之间关系和所持态度的无声信号，从而带有一定的指示意味，具体分为以下几种角度：

（1）开放性角度。社交活动中，相互交谈的两个人站立时，身体所形成的角为 90°。两个人的身体同时指向某一点而形成一个角，即为开放性角度。这种姿势暗示出对第三者的邀请。也就是说，第三者随时可以进入空出的一角。这种说话时所形成的站立角度，可以说明他们的谈话性质属于一般性社交谈话。

（2）封闭性角度。在社交活动中，如果交际双方身体的角度为零度，即一方身体全部正面朝向另一方，叫作封闭性角度。这种封闭性角度通常发生在初恋中的男女之间，表明双方保持亲密性的态度，暗示出他们之间的关系和谈话性质。同时表示排斥他人加入谈话。

不过，值得注意的是这种封闭性指示姿势有时也会出现在敌对的双方之间，用以表示敌意，向对方挑战。

在双方使用封闭性角度时，如果第三者想介入双方谈话，只有在前二者的身体转向形成三角形时，才有可能被欢迎参加。如果二人不表示欢迎，就会一直保持封闭角度，只是把头转向第三者，以表示认知他的存在，而身体方向是排斥他的。

（3）自由性角度。一方将身体与对方不形成任何角度的姿势，称为自由性角度。有时人们在交谈中难免遇到难以启齿的话题。此时，若想减轻对方思想负担，以便轻松地回答问题，可不必采用封闭性角度。相反，可将身体转向一边使身体不与对方形成任何角度，便于对方毫无压力，使其自由地说话。

以上三种角度也适合于双方就座时使用。开放性三角形坐姿表示随和放松的气氛和彼此认同的态度，尤其便于进行规劝性的谈话；而将椅子转动，直接转向对方，这种坐姿将会对对方产生一种较强的压力，表示希望对方对自己的问题有直接明确的回答。当一方身体完全不与对方形成任何角度，则显示气氛轻松，适合用以探问微妙的或有些尴尬的问题，使对方能坦率自然地回答问题而不感到有压力。

第三节 方位座次

在现代社会活动中，会场、办公室的布置，离不开对桌子和座次的安排。这些物品除其本身所具有的使用功能外，还是人的空间观念的体现和延伸，对交际产生着重要影响。表现出对对方所持有的不同态度。因此，注意方位座次的合理使用，就显得尤其注意。

一、方位座次的分类

1. 边角座次

边角座次的位置是交际双方取一桌角，分别坐在两边。这种位置适合于和善轻松、诚挚友好的谈话。它的特点是目光投射自由，行动自如方便，便于使用手势，观察对方心理，消除彼此界限，显示双方平等，易于把握主动。

2. 合作座次

合作座次是交际双方为达到一定的目的而采取一种并肩而坐的座次。这种座次适合于双方交换意见、融洽感情时使用。特点是显示地位平等，表明目标一致，体现感情相投。除双方因工作的需求要加强协作，采取这种座次交谈外，夫妻、恋人、密友之间也常选择这种并肩位置使一方不知不觉进入另一方的“领地”之中。

这种座次也适合于介绍第三者加入会谈。

3. 竞争防御座次

竞争防御座次是交际双方隔桌相望而坐，这种位置会造成一种防范的气氛，而且由于桌子本身形成的屏障，所以易使双方坚持各自的立场或观点。适合于双方发生竞争和产生对立情绪时使用。采取这种座次的谈话一般来说时间较短，专题性也较强，而且各自拥有自己的一半领地，不喜欢对方侵犯。所以一般友好洽谈和讨论商议性质的会晤中，应尽量避免这种竞争防御座次。

至于两国首脑级会谈时的隔桌相对坐，则是另外一种情况。因为谈判桌的宽度远远超出常用的办公桌宽度，双方人员的行动，如胳膊、打手势等，不会超出自己的领地范围，而且也决不会侵犯对方领地。加之长方形的谈判桌看起来是个整体，实际上等于两个独立的桌子的拼合。所以也就意味着每一方都拥有自己的空间领地。自然不会导致“侵犯”一类事情的发生。

4. 独立座次

独立座次是交际双方隔桌相望且各坐在桌子的一角，形成一种互不干扰的气氛。这种位置由于相距较远，因而显示出冷漠疏远的感情，不便于双方交谈。适用场合一般是在饭店、图书馆、阅览室、公园等处，以此座次表示彼此不感兴趣，也暗示出“井水不犯河水”的心理。

座次安排：

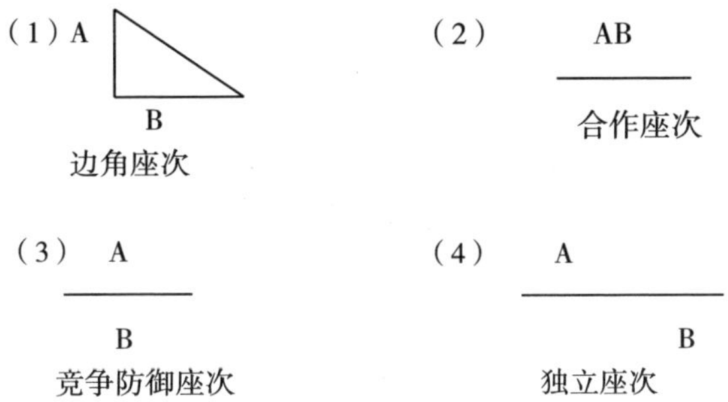

二、座次礼仪

日常交际中使用的桌子并非只有一种规格的桌子。形状不一的方桌、圆桌、长桌，也是交际中常使用的物品。况且，桌子的大小、座次的位置以及面向的方向，同样对交际起着重要影响。

一般来说使用正方形桌子又相对而坐，易于产生对立情绪，制造主从关系气氛，适合简短谈话。如果目的一致，应在方桌一侧并肩而坐。当上级斥责下级时，可相对就座。倘若多人交谈，按理说坐在身旁的人比较易于合作，而对抗最强的则是正对面而坐的人。

圆桌适宜于非正式的场合。因为就座各方拥有相同的领地，显示地位平等，可以造成轻松自在的气氛，有利于合作和友好关系的建立，激发人谈论的兴趣。目前，商业人士与他人会谈时，常使用圆桌进行和谐随意和规劝性的谈话。而用方桌来谈工作、生意，进行简短交谈和带有争论性的话题。另外，一些高档的饭店也使用圆桌，以便于顾客就餐和交谈。

使用长方形桌子，则带有地位的差别和权力的影响。一般面向门口的人具有统观全局的势力，而背朝门口的人则和对面的一个人形成对手。长方形桌子一般适宜于会议室和谈判场合。在使用长方形桌子与人交谈时，位置的选择应该根据在场人的身份、地位和职务的大小排列。此外，还要考虑会谈性质。

至于家庭餐桌的形状，也可能显示这个家庭中的权力分配情况、生活格调和家庭气氛。民主、自由开放性的家庭一般使用圆桌，封闭、保守的家庭大都趋向于使用方桌，而权威、家长制较强的家庭则选用长方形桌。而长方形桌的座次在我国一般是：男主人坐在朝向门口的位置，女主人坐在男主人对面，两边则子女就座。

如果是因为住宅空间或其他条件的限制，使用圆桌或方桌，就不能依照上述分析予以判断。

第四节　位置

一、就餐

1. 正式宴会应事先为每个赴宴者安排好桌次和位次，并且事先通知到每个人，以便心中有数。也有的只安排部分主要宾客的席位，其他人只排桌次或自由就座。

2. 不同形式的宴会，席位的排列各有不同。排列的依据，主要是国际惯例和本国的礼宾顺序，除此之外，还应考虑客人之间的政治关系、身份地位、语言沟通、专业兴趣等因素。但是无论如何排列，都应先把主宾夫妇和主人夫妇置于最为尊贵的位置。

3. 桌次高低以距离主桌位置远近而定，右高左低，同一桌上，席位高低以离主人远近而定，右高左低。国外的习惯，男女穿插就座，以女主人为准，主宾在女主人右上方，主宾夫人在男主人右上方。我国的习惯按职务排列以便于谈话，如夫人出席，常常把女士排在一起。译员一般安排在主宾右侧。如遇特殊情况还可以灵活处理。

A 为上座；其次 B、C、D。

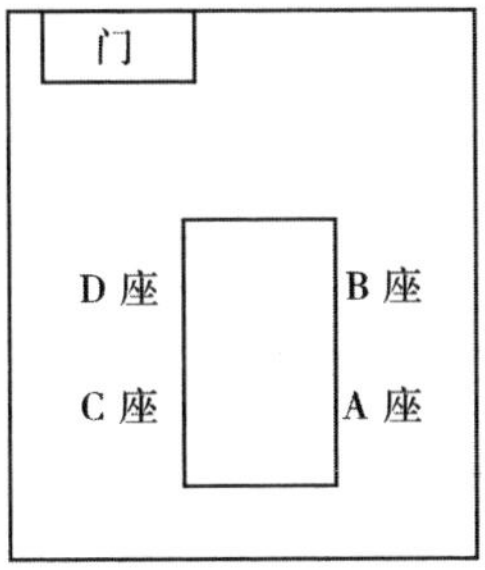

图 1

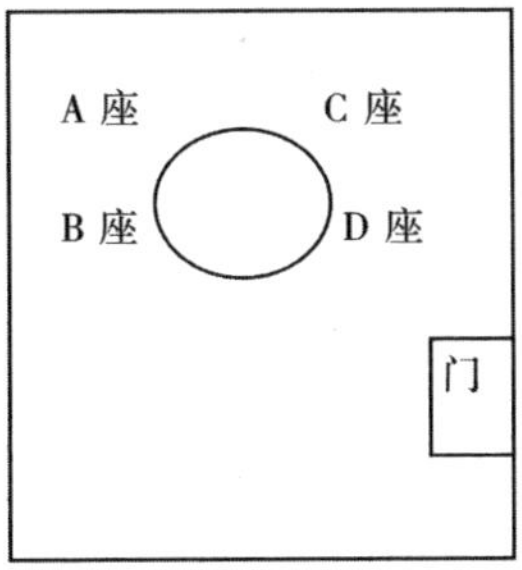

图 2

二、会议

大型会议主席台排座次三要点：

1. 前排高于后排。

2. 中央高于两侧。

3. 政务礼仪是左高右低，商务礼仪是右高左低。

主席台座次排列，领导为单数时，主要领导居中，2 号领导在 1 号领导左手位置，3 号领导在 1 号领导右手位置；领导为偶数时，1、2 号领导同时居中，2 号领导依然在 1 号领导左手位置，3 号领导依然在 1 号领导右手位置。

小型会议排座次三要点：

1. 自由择座。不排固定的具体座次，由全体与会者完全自由地选择座位就座。

2. 面门设座。一般以面对会议室正门的是会议主席座位。其他的与会者在其两侧自左而右地依次就座。在中国是左尊右卑；国际上是以右为上。

3. 依景设座。指会议主席的具体位置，不必面对会议室正门，而是应当背依会议室之内的主要景致所在，如字画、讲台等。其他与会者的排座，则略同于前者。

三、乘车

坐车排位要点：

1. 一般朋友驾车时，副驾驶座为上；

2. 专职司机驾车时，副驾驶座后方座为上；

3. 接待高级贵宾时，驾驶员后方座为上。

四、会客排座次

1. 自由式：当难以排列时，采取随意而坐。
2. 相对式：进门方向以右内侧为上。
3. 并列式：坐好后，面门、右内侧居中为上。

第五节　电话礼仪

随着电话的普及率越来越高，人离不开电话，每天要接、打大量的电话。打电话可以说是一门学问、一门艺术。

一、电话的交际作用

简单地说，打电话是一种间接的、空间的、不见其形只闻其声的有声语言交际。正因为遥距两方，隔影隔形，所以站在电话机旁手执送话器的双方表达的内容是否清晰，方法是否得当，用词是否准确，语气是否温和，不仅反映出打电话者语言表达艺术的高低，而且直接影响到人际关系的消长。因为人际关系的建立、发展、巩固、改善和调整，离不开思想的交流和感情的表达。而语言作为表情达意的工具，在其中起着举足轻重的作用。具体到手执电话听筒的双方，可以凭借电流传过来的声音、词语、语气，判断其神态、感情和心理活动，分析其性格、气质和教养，评估其交际水平的高低，由此决定是否与对方继续通话，还是勉强应付，甚或中止谈话。

假如拿起电话的听筒，劈头就问："你是谁？"或者"你是哪里？"，难免会因口气的生硬令对方产生反感。如果换成这种方式"您好！请问你是哪位？"或者"您好！请问你是哪里？"效果会迥然不同。"您好！"使对方感到温馨亲切，"请"字显得尊敬礼貌，令对方乐于回答。于是，对方也会彬彬有礼地回答："你好！我是……"或者"您好！这是……单位"礼尚往来，彼此的心理距离就大大缩短了。尽管身居两处。两个人的脸上却都会浮出笑容。以后的对话就必然顺利多了。如果电话铃声响了很久才有人接电话，最好能在回答时加上一句："让您久等了，很抱歉！”以显得尊重对方，且能消除对方因久等而形成的不快。

二、打电话的方法

既然打电话能反映打电话者语言表达艺术的高低，直接影响人际关系的消长，所以，打电话必须注重方法，以求交际的成功。

1. 主动友好，自报家门

往私人家里打电话者，应主动自报姓名。当办公室的电话铃声响起，应马上接电话，并报出自己的姓名和部门。如果对方没有主动报姓名，则可以先说出自己的姓名或单位，然后礼貌地询问对方姓名。如：“这是王某某的家，”或“这是河南某某出版社……”

2. 用语文雅，口气温和

电话一旦拨通，交际便在语言交流中进行。作为双方，都应讲究语言的文雅，或互致问候，或礼貌询问，或友好相请，或热情致谢。语气温和、语速稍慢、语言清晰。切忌采用粗俗语言和生硬口气，以免对方产生反感，不予合作，甚至影响企业或个人形象，因小失大。如打电话邀请对方去聚会、娱乐、吃饭时，最好不要先问人家有无事情之类的话语，而应主动说出所邀之事，尔后以商量的口吻询问对方能否参加。如“某某，明天是国庆节，我想请你来家里聚会，同时来的还有……你愿意来吗？”这样说的目的，表达了自己态度的诚恳和坦率，同时也便于对方了解情况，迅速做出回答。电话掉线或没电，拨打者要主动再拨。

3. 说话简明，节约时间

现代生活节奏加快，人们时间观念加强。打电话尤其应注意通话时间，一般为3分钟，讲究语言明确、具体、简练，不要利用电话闲聊乱侃，尽可能用较少的时间表达完整的意思，提高电话使用率，长话短说，废话少说，没话不说。如果对方说话啰唆，可以礼貌地结束通话，可说：“非常抱歉，我这里有客人，下午我再打电话给你。”宾主交谈时，如有电话，应先向客人表示歉意，再接电话，以体现对客人的礼貌。通话时应尽量节约时间或另约时间通话。

4. 分清对象，轻放电话

如何结束通话，也有一定的讲究。因为打电话虽然是互不见面的交际，但仍可间接地表示对对方的友好之情。所以在与上级或长辈通话后，不要急于放下听筒，应等上级、长辈先放下电话后，再轻轻放下听筒。这样就可使对方感到另一方较高的文明礼貌程度。假若是一般性通话，一般由拨号者先做出结束谈话的表示，并先放下电话。

5. 留意时间差

若你真的十分需要在半夜打电话，可以看看当地的电话公司有没有 Call Waiting 的设备，以便让别人知道有没有人打电话给他。

时间选择，包括选择打电话的时间和电话交谈所持续的时间的长短。除了要紧事或事前约定好，一般不在早上 7：00 以前或晚上 10：30 以后打电话，以免影响人家休息。同时还应注意到各个国家和地区的时间差。比如美国，东海岸和西海岸就有 3 个小时的时差。夏威夷和东海岸有 8 个小时的差别。

三、接电话的礼仪

当办公室的电话铃声响起，应及时接电话，一般 2 — 3 声拿起，如果对方没有主动报姓名，则可以先说出自己的姓名或单位，然后礼貌地询问对方姓名。如："这是北京某某出版社……。"现代工作人员业务繁忙，桌上往往会有两三部电话，听到电话铃声，应准确迅速地拿起听筒，接听电话，以长途电话为优先。电话铃声响一声大约 3 秒钟，若长时间无人接电话，或让对方久等是很不礼貌的，对方在等待时心里会十分急躁，你的单位会给他留下不好的印象。即便电话离自己很远，听到电话铃声后，附近没有其他人，我们应该用最快的速度拿起听筒。这样的态度是每个人都应该拥有的，这样的习惯是每个办公室工作人员都应该养成的。如果电话铃响了 5 声才拿起话筒，应该先向对方道歉，若电话响了许久，接起电话只是"喂"了一声，对方会十分不满，会给对方留下恶劣的印象。

四、通电话时应该注意的几个细节问题

1. 要有喜悦的心情

打电话时我们要保持良好的心情，这样即使对方看不见你，但是从欢快的语调中也会被你感染，给对方留下极佳的印象，由于面部表情会影响声音的变化，所以即使在电话中，也要抱着"对方看着我"的心态去应对。

2. 端正的姿态与清晰明朗的声音

打电话过程中绝对不能吸烟、喝茶、吃零食，即使是懒散的姿势对方也能够"听"得出来。如果你打电话的时候，弯着腰躺在椅子上，对方听你的声音就是懒散的，无精打采的；若坐姿端正，身体挺直，所发出的声音也会亲切悦耳，充满活力。因此打电话时，即使看不见对方，也要当作对方就在眼前，尽可能注意自己的姿势。

3. 声音要温和有礼，以恳切之话语表达

口与话筒间，应保持适当距离，适度控制音量，以免听不清楚、滋生误会。或因声音粗大，让人误解为盛气凌人。首先，要使用电话敬语。如：开始的："您好，请问能帮你什么？"和结束的："再见、咱们下次再谈"等。

4. 认真清楚的记录

随时牢记5WIH技巧，所谓5W1H是指：① When何时；② Who何人；③ Where何地；④ What何事；⑤ Why为什么；⑥ HOW如何进行。在工作中这些资料都是十分重要的。对打电话，接电话具有相同的重要性。电话记录既要简洁又要完备，有赖于5WIH技巧。

5. 有效电话沟通

上班时间打来的电话几乎都与工作有关，公司的每个电话都十分重要，不可敷衍，即使对方要找的人不在，切忌粗鲁答复："他不在"，就将电话挂断。接电话时也要尽可能问清事由，避免误事。对方查询本部门其他单位电话号码时，应迅速查询并告知，不能说不知道。

我们首先应确认对方身份、了解对方来电的目的，如自己无法处理，也应认真记录下来，委婉地探求对方来电目的，就可不误事而且赢得对方的好感。对方提出的问题应耐心倾听；表示意见时，应让他能适度地畅所欲言，除非不得已，否则不要插嘴。期间可以通过提问来探究对方的需求与问题。注重倾听与理解、抱有同理心、建立亲和力是有效电话沟通的关键。

接到责难或批评性的电话时，应委婉解说，并向其表示歉意或谢意，不可与发话人争辩。

电话交谈事项：应注意正确性，将事项完整地交代清楚，以增加对方认同，不可敷衍了事。

如遇需要查寻数据或另行联系或者需要查证的事情，应先估计可能耗用时间之长短，若查阅或查催时间较长，最好不让对方久候，应改用另行回话之方式，并尽早回话。以电话索取书表时，应马上记录在案并把握时效，尽快地寄达。

6. 时间控制

在用电话进行沟通时，通话时间一般控制在3分钟以内，最长也不要超过5分钟。如果一次沟通没有完全表达出你的意思，最好约定下次通话的时间，或者约定面谈的时间，以避免占用电话的时间过长。

7. 结束礼仪

结束电话交谈时，一般应当由打电话的一方提出，然后彼此客气地道别，应有明确的结束语，说一声"谢谢""再见"再轻轻挂上电话，不可只管自己讲完

就挂断电话。

只有先听到对方挂断电话之后，你再挂断电话，这是商务礼仪的一个表现。

五、手机礼仪

1. 由于手机随时随地都可能响铃，因此，在听报告、讲座、音乐会时一定要把振铃调于振动的位置。

2. 在餐厅、候机厅、酒吧等公共场合使用手机时，说话声音一定要小。比较合宜的做法是走到门外去接听电话，而且音量适中。

3. 不在飞机上使用手机，以免干扰航行通信，影响飞行安全。

4. 借用别人手机，切记不要打个没完。

5. 手机短信礼仪。

短信，是随着手机的出现而出现的，随着手机的普及，收发短信也成为日常生活交往中的一部分。随着短信的广泛使用，短信也成为公务沟通的重要形式，其频率甚至超过邮件。

（1）发短信一定要署名。

（2）祝福短信一来一往即可，切忌因发来发去而成了繁文缛节。

（3）发短信不能太晚，否则一样会影响对方休息。

（4）注意时间和场合发短信。

（5）提醒对方时最好用短信。如果事先已经与对方约好参加某个活动，为了怕对方忘记，适宜事先用短信再提醒一下。因为提醒时直接打电话似乎有不信任对方之嫌，而短信就显得非正式而亲切得多。

（6）及时删除不想让别人看到的短信。如果短信有一些并不希望别人看到的内容，应及时删除，否则可能引起麻烦；如果不幸被对方传播出去，后果可能更严重。

（7）有些重要电话可以先用短信预约。给身份高或重要的人打电话时，知道对方很忙，可以先发短信“有事找您，是否方便给您打电话？”如果对方没有回短信，一定不是很方便，可以在等候一段时间后再拨打电话。

（8）回短信要及时。假如你发个短信给对方，对方会等几个小时甚至几天回你的短信，你心里一定不舒服。如果正在忙，可以利用手机短信的快速恢复功能，说“正在忙”，如果连这点时间也空不出来，过后回复短信时应该加以说明并说声抱歉，请对方理解。

（9）短信内容的表达要清楚有序。短信有字数限制，清楚有序的表达避免造成对方不理解或歪曲信息的内容。

6. 微信礼仪

目前，微信作为中国大型沟通工具，已成为人际交往的重要途径，也是工作中最常用的沟通方式。使用微信应注意以下方面：

（1）谨言慎行。不传播法律法规禁止的所有信息和“三俗”信息，例如暴力、色情、反动等违法内容；不传播“八卦消息”。保证网络安全，维护网络环境。

（2）严防泄密。涉及国家和工作单位机密不发。网络信息时代有被记录和泄密的可能。

（3）不做广告。不传播广告链接和产品推广。尤其是虚假和过度夸张的广告。

（4）不强制他人。不强制别人转发你的作品，比如：此条微信阅者转了将走大运、发大财，不转将会如何如何……

（5）不泄露隐私。未经他人同意，不得传播带有个人隐私的内容和图片。

（6）礼尚往来。看到转发他人精彩文段和图片时，应先“赞”后转。

（7）少发私事。在朋友圈内不发个人生活琐碎和烦恼的事。既浪费他人时间，也会暴露个人隐私。

（8）勿贪他财。抢红包等注意操守、提高警惕。尤其是来历不明的红包不要点、需要填写个人信息的红包不要点、金额较大的红包要慎点。

专家建议：

接电话时：

1. 电话铃响时，心中微笑着准备接电话。

2. 在铃响第二声以后，第三声要响起时，再拿起电话。

3. 先报单位大名，再报个人姓名。

4. 接电话时，停止手中、口中的其他一切活动，手中持笔，以便记下重要信息。

5. 等对方放下电话后，再挂电话。

打出电话时：

1. 心情友好、热情起来，你的声音会传递你的心态。

2. 用“您好！我是某某”开头，再告诉对方你打电话的目的。

3. 询问对方是否方便接电话；如果不便，询问何时方便，你会如期再打电话来的。

4. 商业电话中不要啰唆、絮叨，除非对方请你重复；要用精练的职业语言，不要用絮叨的家常俗语。

5. 以祝福对方的友好语言结束电话，“非常高兴能够与您通电话！”“谢谢您！再见！”

第七章　宴请礼仪

章前启示

在餐桌上的表现可以推测在董事长面前的表现。

——华盛顿国家餐饮协会主席

我们与谁一起吃饭，比我们吃什么更为重要。

——伊壁鸠鲁（古希腊哲学家）

现实生活中，人们并不是单一语言的交际。纯粹的人体语言、物体语言、空间语言和有声语言的交际是很难适应现代生活的发展的。在许多情况下，人们是在进行着综合语言的交际。比如对方交谈时，既有声音的表达，又有目光的对视，还有位置的把握，以及服饰的选择。这些交际语言错综复杂、交叉使用，直接或间接地作用于交际对象，影响着交际对象的情绪，决定着交际的成败。因此，了解各种场合的综合语言的使用，对于掌握各种交际礼仪的意义，提高人际交往的水平，同样起着举足轻重的作用。

第一节　宴会

在社会交往中，宴请是最常见的交际活动，尤其是宴会，又是最高层次的社交活动之一。所有宴请在整个社交礼仪中占有非常重要的地位。由于各国、各民族都有自己国家和民族的文化特点和生活习惯，不同形式的宴请对礼仪规范和个人行为举止都有不同的要求，在宴请中礼仪失当，不仅会贻笑大方，损害个人的形象，也会影响正常的社会交往和友好合作。

中国的饮食文化在世界上独树一帜，不同风格的菜系和精湛的烹调技术令世界人民倾倒。如：鲁菜、川菜、粤菜、江苏菜、浙江菜、闽菜、湘菜、徽菜八大菜系名扬四海。煮、蒸、烤、炒、烧、爆、炖、煎、炸、烹、熘、贴、焖、熬、煨、熏、卤、渍、腌、拌、涮等数十种烹调技术令人叫绝。所以中国人喜爱中国菜，自在情理之中。然而吃中餐也有一定的礼节贯穿其中。对于这些，应有所了解，以便在餐厅设宴招待宾客时，表现出良好的风度和举止，给对方留下美好的印象，促进对方友谊的加深。

一、常见的宴请形式

宴请可以根据不同的标准具体划分为多种形式，每种形式的宴请在菜肴、人数、时间、着装等方面也有许多不同的要求。目前，国际宴请主要分为宴会、招

图 7-1

图 7-2

待会、茶会和工作进餐等形式，采用何种方式要根据活动的目的、对象、人数、时间、地点以及经费开支等各种因素而定。（图 7-1；图 7-2）

1. 宴会与宴请

宴会是最正式、最隆重的宴请。宴会为正餐，坐下进食，由服务人员按顺序上菜。宴会种类繁多，按举办时间划分，可分为早宴、午宴与晚宴，以晚宴档次最高；按餐别划分，可分为中餐宴会、西餐宴会、中西合餐宴会；按性质划分，可分为工作宴会、欢迎宴会、节庆宴会；按礼宾规格划分，可分为国宴、正式宴会、便宴和家宴。一般情况下，宴会持续时间为两个小时左右。

（1）国宴　是国家元首或政府首脑为国家庆典或欢迎外国元首、政府首脑而举行的规格最高的正式宴会。

宴会厅内要悬挂国旗，并由乐队演奏国歌和席间乐。国宴由国家元首或政府首脑主持，席间由主人和主宾致辞和祝酒。国宴的礼仪要求最为严格，参加者必须着正装，座次按礼宾次序排列。

（2）正式宴会　其规格仅次于国宴，除了不挂国旗、不奏国歌以及出席人员的规格不同外，其余的安排大体与国宴相同。礼仪要求也比较严格，宾主按身份排席次和座次，许多国家还在请柬上注明对客人的服饰要求。席间一般也有致辞和祝酒，有时也设乐队演奏席间乐。正式宴会对服务人员以及餐具、和菜肴的道数均有一定的要求。

（3）便宴　不属于正式宴会，故比较亲切、随便，更适合于日常友好的交往。便宴形式简便，偏重人际交往，而不重视规模、档次。可以不排座次，不做正式致辞，菜肴的道数亦可酌减。

（4）家宴　即在家中设宴招待客人，是一种便宴的形式。家宴往往由主妇亲自下厨烹调，家人共同招待客人，显得亲切、自然，让客人产生“宾至如归”的感觉。西方人士喜欢采用这种方式，以示友好、融洽。

2. 招待会

招待会指不备正餐，较为灵活的宴请方式。它备有食品、酒水、饮料，由客人根据自己的口味选择自己喜欢的食物，或站或坐，与他人一起或独自一个人用餐。招待会一般不排座次，可以自由活动。常见的招待会有冷餐会、酒会。

（1）冷餐会 又称自助餐宴会，是一种非常流行、灵活、方便的宴请形式。根据主客双方的身份，冷餐会规格程度可高可低，常用于官方的正式活动，以宴请人数众多的宾客。冷餐会一般在中午 12 时至下午 2 时，或下午 5 时到 7 时左右举办。菜肴以冷食为主，也可用热菜，连同餐具陈设在桌子上，供客人自取，也可由服务人员端送。食品、饮料应按量取食，不可浪费。冷餐会可设在室内或院子里、花园里举行，可不设桌椅，站立进餐，也可设桌椅自由入座。

（2）酒会　亦称鸡尾酒会，规格可高可低，适用于各种节日、庆典、仪式及招待性演出前后。酒会的形式活泼，便于宾客间广泛的接触和交流。酒会以酒水为主，佐以各种小吃、果汁，不用或少用烈酒，食品多为三明治、面包、小香肠、炸春卷等，不设刀叉，以牙签取食。食品和酒水由服务人员用托盘端送，或部分放置在小桌上由客人自己取，酒会一般采取站立的形式，不设座椅，仅设小桌或茶几，以便客人随意走动，广泛交流。酒会举办时间比较灵活，请柬上往往注明整个活动持续的时间，客人可在其间任何时候到达或退席，来去自由，不受时间约束。

3. 茶会

茶会是一种简便的接待形式，通常安排在下午 4 时或上午 10 时左右在客厅举行，内设茶几、座椅。会上备有茶、点心或地方风味小吃，请客人一边品尝，一边交谈。茶会不排座次，如果是为贵宾举行的活动，入座时应有意识地将主宾和主人的座位安排在一起，其他人员可随意就座。

茶会对茶叶的品种、沏茶的用水和水温以及茶具颇有讲究。茶叶的选择要照顾到客人的嗜好和习惯，茶具要选用陶瓷器皿，不要用玻璃杯，也不要用热水瓶代替茶壶。欧洲人一般用红茶，日本人喜欢乌龙茶，美国人用袋茶，外国人参加的茶会还可以准备咖啡和冷饮。

4. 工作进餐

工作进餐是现代生活中一种经常采用的非正式宴请形式，是利用进餐的时间和形式，边吃边谈工作。按用餐时间可分为工作早餐、工作午餐和工作晚餐。此类活动不请配偶和与工作无关的人员参加，不排座次。大家边吃边谈，不必拘束，形式较为灵活。如果是双方正式工作餐，往往要排座次。为便于谈话，常用长桌。工作进餐可以由做东者付费。在国外，工作进餐经常实行 AA 制，由参加者各自付费。

二、宴会的组织

1. 预定餐桌，发出请柬

作为设宴者，也就是东道主在决定宴请宾客后，应事先做好各种准备，如预定餐桌，发出请柬。这样做的目的有三：一是显示主人的从容不迫；二是表现主人对客人的尊重；三是便于餐厅准备。反之，临时仓促决定，心中无数，如果逢餐厅吃饭高潮，难免东找西寻，让客人感到自己不受重视。即便最终找到适合的餐桌，花费又很高，但仍弥补不了先前的损失，以至于因小失大。

宴会的时间应对主宾双方都适合，尤其要照顾来宾方面。按国际惯例，晚宴被认为是最高规格的。安排宴会的时间要注意避开重要的节假日、重要的活动日和双方或一方的禁忌日。如对西方人士，不要选 13 日，更不要选 13 日且星期五。伊斯兰教徒在斋月内白天禁食，宴请宜在日落后进行。宴请活动时间要与主宾单位商量，主宾同意后，确定时间，再邀请其他宾客。

2. 确定宴会的菜单

组织好宴会，菜单的确定至关重要。要根据宴会的规格和形式，在预算标准之内予以安排。选菜主要考虑主宾的口味、喜好和禁忌。如伊斯兰教徒用清真席、不喝酒，印度教徒不吃牛肉等等。不要以主人的喜好为主，也不要以为中国人喜欢的或名贵的菜肴也适合外国人，比如海参、动物内脏，许多欧洲人都不喜欢。菜单确定后，即可印制。正式的宴会上，菜单至少每桌一份；讲究的可以每人一份，以便大家用餐时，心中有数，各取所需，菜单也可留作纪念。

3. 安排好席位

正式宴会应事先为每个赴宴者安排好桌次和位次，并且事先通知到每个人，以便心中有数。也有的只安排部分主要宾客的席位，其他人只排桌次或自由就座。

不同形式的宴会，席位的排列各有不同。排列的依据主要是国际惯例和本国的礼宾顺序，除此之外，还应考虑客人之间的政治关系、身份地位、语言沟通、专业兴趣等因素。但是无论如何排列，都应先把主宾夫妇和主人夫妇置于最为尊贵的位置。

桌次高低以距离主桌位置远近而定，右高左低，同一桌上，席位高低以离主人远近而定，右高左低。国外的习惯，男女穿插就座，以女主人为准，主宾在女主人右上方，主宾夫人在男主人右上方。我国的习惯按职务排列以便于谈话，如夫人出席，常常把女士排在一起。译员一般安排在主宾右侧。如遇特殊情况还可以灵活处理。

4. 照顾左右，礼貌友好

当客人接受邀请后，陆续进入指定餐厅或餐桌。这时候，主人应热情相迎，为不认识的宾客穿针引线，而客人之间也应微笑相对，点头示意，握手问安。碰上有长辈时，应主动起立，让座问安。对女宾应举止庄重、彬彬有礼。对小孩应亲切问候、多加爱抚。使赴宴者彼此消除陌生感，便于创造宴席热烈融洽的气氛。

第二节　中餐宴会

一、中餐宴会规范

1. 位次排列

举办中餐宴会一般采用圆桌，每张桌子的具体位次有主次尊卑之分。宴会的主人应坐在主桌上，面对正门就座；同一张桌上位次的尊卑，根据距离主人的远近而定，以近为上，远为下；同一张桌上距离主人相同的位次，排列顺序讲究以右为尊，左为卑。在举行多桌宴会时，各桌之上均有一位主桌主人的代表，作为各桌的主人，其位置一般应以主桌主人同向就座，有时也可以面向主桌主人就座。每张餐桌上，安排进餐人数一般应限制在 10 人之内，并且为双数。

2. 桌次排列

举办一张圆桌以上的宴请时，就出现了桌次的排列问题。经常遇到的有两种情况：

两桌组成的小型宴会。餐桌的排列，有时需要横排，有时需要竖排。两桌横排时右为尊，左为卑，左和右方位的确定以面对正门的位置为准。

三桌或三桌以上的桌数组成的宴会，叫多桌宴会，其排列方法，除了要遵守两桌排列的规则外还应考虑与主桌的距离，即距离近者桌次高；距离远者桌次低。

在安排桌次时，除主桌可以略大之外，其他餐桌大小，形状应大体相仿，不宜差别过大。

3. 上菜顺序与就餐方式

（1）上菜顺序

标准的中餐，无论何种风味，其上菜的顺序大体相同。通常是首先上冷盘，接着是热炒，随后是主菜，然后上点心和汤，最后是水果拼盘。

当冷盘吃剩 1/3 时，开始上第一道热菜，一般每桌要安排 10 个热菜。宴会上桌次再多也要同时上菜。

上菜时，如果服务员给每个人上菜，要按照先主宾后主人，先女士后男士或按顺时针方向依次进行。如果由个人取菜，每道热菜应放在主宾前面，由主宾开始按顺时针方向依次取食。切不可迫不及待地越位取菜。

上菜一定要是双数。根据某些地区的风俗，七道菜是祭奠用的。

通常鱼头得对着座上嘉宾，以示尊敬和吉利。

（2）就餐方式

具体的就餐方式可以分为多种：

分餐式　即在就餐时，为每个用餐者提供的主食、菜肴、酒水及餐具一律每人一样一份，分别使用。

一般由服务员用小碟盛放，每人一份，既卫生又公平。此形式尤其适合于正式宴会。

布菜式　即用大盘盛放，由服务员托菜盘依次放入每个人的食碟中，剩余部分放在餐桌上供客人自取。既卫生又照顾了饭量大或不同口味人士的需要，是宴会上常采取的形式之一。

公筷式　即主食菜肴不必分开每人一份，而是将菜和食品用大盘盛放，用公用的餐具适量取食，放入自己的食碟中。

混餐式　即用餐者根据自己的口味，用自己的餐具，直接从盛菜的大盘中取食。这是中国传统用餐方式的特点，在正式的宴会上不宜使用。

借鉴西方的用餐方式，在举办人数众多的宴请活动时，采用中餐自助的形式，也不失为一种明智的选择。

4. 餐具的使用

中餐的餐具主要有杯、盘、碗、碟、筷、匙等等。在正式宴会上，水杯放在菜盘上方，酒杯放在右上方。筷子和汤匙放在专用的座上。公用的筷子与汤匙最好也放在专用的座上。酱油、醋、辣油等佐料应一桌一份，并要备好牙签和烟灰缸。宴请外宾时，还应备好刀叉，供不会使用筷子者使用。

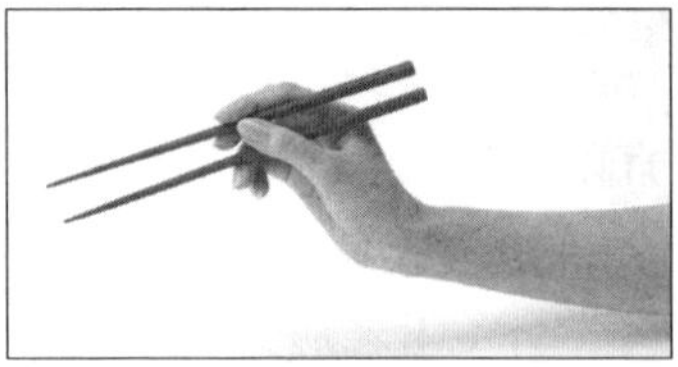

7-3

筷子　筷子是中餐的主要餐具，用以夹取食物。一般应以右手持筷，用右手拇指、食指、中指，三指共同捏住筷子上部 1/3 处。筷子应成双使用，不能用单根筷子去叉食食物。使用筷子要

注意:(图 7-3)

一不要嘴含筷子;

二不要挥动筷子;

三不要敲筷子;

四不要筷子插食物;

五不要用筷子翻搅菜肴;

六不要把筷子放在碗上等。

汤匙 汤匙主要用以饮汤，尽量不要用其舀菜。用筷子取菜时，可用汤匙加以辅助。使用汤匙要注意:

一是饮汤时，不要全部放入口中吸吮;

二是用汤匙取食物后，应立刻食用，不要再次倒回原处;

三是若食物过烫，不宜用汤匙折来折去;

四是不用时，应将汤匙放入自己的食碟上，不要放在桌上或汤碗里。

碗 碗主要用于盛放主食、羹、汤。在正式的宴会上，使用碗要注意:

1. 不要端起碗进食，尤其不要双手端起碗进食。

2. 碗内的食物要用餐具取，不能用嘴吸。

3. 碗内的剩余食物不可往嘴里倒，也不可用舌头舔。

4. 暂不用的碗不可放杂物。

盘 稍小一些的又叫碟子。在餐桌上，盘子一般应保持原位不动，并且不宜将多个盘子叠放在一起。(图 7-4)

图 7-4

每个人面前的食碟是用来暂放从公用菜盘取来的菜肴的。使用食碟要注意:

不要取放菜肴过多;

不要多种菜肴堆放在一起相互“串味”;

不要将不宜入口的残渣、骨、刺吐在地上、桌上，应轻放在食碟的前端，由服务人员撤换。

水杯 中餐的水杯主要用于盛白开水、饮料、果汁的，要注意:(图 7-5)

图 7-5

1. 不要用于盛酒;

2. 不要倒扣水杯;

3. 喝入口中的东西不能再吐回去。

湿毛巾 宴会前的湿毛巾是用来擦手的，不能用来擦脸擦汗。宴会结束时的湿毛巾是用来擦嘴的，不能用来擦脸、擦汗。

餐巾 应铺放在并拢之后的大腿上，不能围在脖子上，或掖在衣领里、腰带上。餐巾可用于轻揩嘴部和手，但不能用于擦餐具或擦汗。

二、用餐要求

由于中餐的特点和食用习惯，参加中餐宴会时，尤其要注意以下几点：

（1）上菜后，不要先拿筷子，应等主人邀请，主宾动筷子时再拿筷子，主人拿起筷子说声“请”，大家便可以开始吃了。当主人举起杯子向客人敬茶时，身为客人的你，在礼貌上也要喝一口茶。取菜时要相互礼让，不要争抢。取菜要适量，不要把适合自己口味的菜一人“包干”。

（2）为表示友好、热情，彼此之间可以让菜，劝对方品尝，但不要为他人布菜，不要擅自做主，不论对方是否喜欢，主动为人夹菜、添饭，让人为难。

（3）不要挑菜，不要在共用的盘子里挑挑拣拣、翻来覆去、挑肥拣瘦。取菜时，要看准后夹住立即取走。不能夹起来又放下，或取回来又放回去。

三、就座和离席

（1）应等长者坐定后，方可入座。

（2）如有女士，应等女士坐定后，方可入座。如女士座位在隔邻，应招呼女士入座。

（3）用餐后，须等男、女主人离席后，其他宾客方可离席。

（4）坐姿要端正，与餐桌的距离保持适宜。

（5）离席时，应帮助隔座长者或女士拖拉座椅；离席后及时将椅子放回桌下，以便他人通过。

第三节　西餐宴会

西餐是西式饭菜的一种约定成俗的统称，大致可以分成欧美式和俄式两种，以法国菜、意大利菜为主流，是以其在西餐中的位置就如中餐的粤菜、川菜。西餐菜肴主料突出，营养丰富，讲究色彩，味道鲜香，其烹饪和食用同中餐有很大的不同，体现了西方文化。

中西方文化表现在吃方面的差异具体为中国的锅文化和西方的盘文化。吃中餐是填饱肚子或一团和气；而吃西餐则是吃情调，壁炉、水晶灯、烛台、美酒，再加上优雅迷人的举止，简直就是一幅动情醉人的油画。

一、西餐宴会规范

传统的法式菜单通常超过12道菜，那是传统习惯下的丰盛大餐。现代西式菜单，越来越简化，目前流行的西式菜分为5道菜：头盘—汤—副菜—主菜—甜品，外加餐前酒和佐餐酒。具体细节为：

1. 西餐宴会的席位排列

同中餐相比，西餐的席位排列既有许多相同之处，也有不少不同。由于人们对席位的排列十分关注，排列时要多加注意。

（1）排列的规矩

在绝大多数情况下西餐宴会席位排列主要是位次问题。除了极其盛大的宴会，一般不涉及桌次。了解西餐席位排列的常规及同中餐席位排列的差别，就能够较好地处理具体地席位问题。

女士优先 在西餐礼仪里，往往体现女士优先的原则。排定用餐席位时，一般女主人为第一主人，在主位就位。而男主人为第二主人。

距离定位 西餐桌上席位的尊卑，是根据其距离主位的远近决定的。距主位近的位置要高于距主为远的位置。以右为尊。排定席位时，以右为尊是基本原则。就某一具体位置而言，按礼仪规范其右侧要高于左侧之位。在西餐排席时，男主宾要排在女主人的右侧，女主宾排在男主人的右侧，按此原则，依次排列。

面向门为上 在餐厅内，以餐厅门作为参照物时，按礼仪要求，面对餐厅正门的位子要高于背对餐厅正门的位子。

交叉排列 西餐排列席位时，讲究交叉排列的原则，即男女应该交叉排列，熟人和生人也应当交叉排列。一个就餐者的对面和两侧往往是异性或不熟悉的人，这样可以广交朋友。

（2）席位的排列

长桌的排列。最正规的西餐桌是长桌，其排位有：

一，男女主人在长桌的中央相对而坐，餐桌的两端可以坐人，也可以不坐人。

二，男女主人分别坐在长桌的两端。

三，用餐人数较多时，可以把长桌拼成其他图案，以使大家能够一道用餐，要注意的是长桌的两端尽可能安排举办方的男士坐。

西餐宴会一般不用圆桌。方桌的排列是，就座于餐桌四面的人数应相等，并使男女主人与男女主宾相对而坐，所有人各自与自己的恋人或配偶坐成斜对角。

2. 西餐上菜顺序

由于饮食习惯不同，西餐的菜序与中餐有明显不同。正规的西餐宴会，其菜序既复杂又非常讲究。一般情况下，完整的西餐正餐由下列 8 道菜肴组成。

开胃菜　开胃菜就是打开胃口的菜，也叫头盆、前菜，一般是由蔬菜、水果、海鲜、肉食所组成的拼盘。

面包　西餐正餐面包一般是切片面包，吃面包时，可根据个人口味，涂上黄油、果酱和奶酪。

汤　有两大类，即浓汤和清汤，也有很好的开胃作用。正式喝汤时，才算正式开始吃西餐。

主菜　主菜的内容非常广泛，包括了水产类、畜肉类、禽类和蔬菜类菜肴。正式的西餐宴会上，大体要上一个冷菜，两个热菜。两个热菜中，讲究先上一个鱼类，由鱼或虾及蔬菜组成。另一个是肉菜，为西餐中的大菜，是必不可少的。它多用烤肉，配以蔬菜，往往代表着此次用餐的最高档次和水平。

点心　吃过主菜后，一般要上一些蛋糕、吐司、三明治等西式点心。

甜品　点心过后，接着上甜品，最常见的有冰激凌、布丁等等。

水果　吃完甜品一般还有些干鲜果品。

热饮　在宴会结束前，还要为餐者提供热饮，一般为红茶或咖啡，以帮助消化。

3. 西餐餐具的使用

（1）餐具的摆放

西餐的餐具主要有刀、叉、匙、盘、蝶、杯等，讲究吃不同的菜要用不同的刀叉，饮不同的酒要用不同的酒杯。其摆放为：正面放着汤盘，左手放叉，右手放刀，汤盘前方放着匙，右前方放着酒杯。餐巾放在汤盘上或插在水杯里，面包奶油盘摆放在左前方。

（2）西餐用餐方法

自助西餐

原则上按照生菜、色拉、主食、甜点、水果顺序取菜，一次取 2—3 样。盘子如果堆得太满，既不雅观，又混淆原味。选用牛排、猪排、鱼排等食物时，须遵照西餐的礼仪食用。

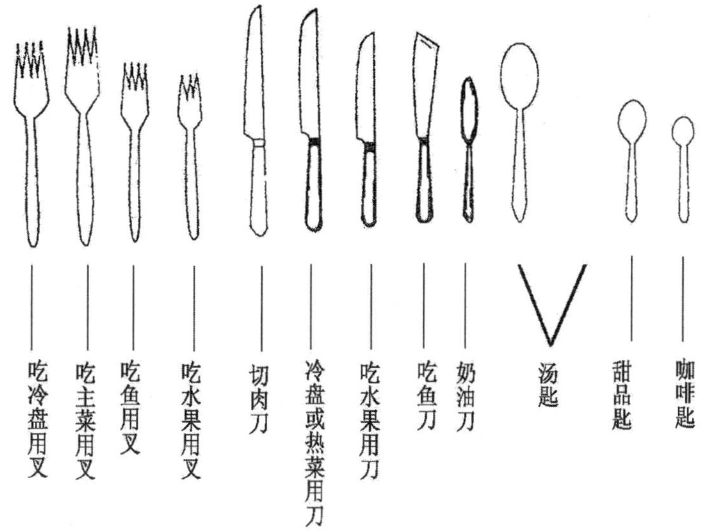

（见西餐刀叉摆放图）

不要混用专用菜夹。用过的餐盘不可再用。

既不可浪费，又不可抱着“捞本”和“不吃白不吃”的心态，暴饮暴食。

餐具的使用

左叉固定食物，右叉切割食物。

餐具由外向内依次取用。

几道菜会放置几把餐具，每个餐具使用一次。

就餐过程中，需要暂时离开或与人攀谈，应放下手中的刀叉，刀右、叉左，刀口向内、刀齿向下，呈“八”字形摆放在餐盘上。表示：此菜尚未用毕。

使用完的餐具刀右、叉左并排放在餐盘上，刀叉向上，刀齿朝内，握把皆向右，等待服务的侍者来收取。

进食的方法

色拉：用小叉食用。不可出声。

汤：用汤匙由内往外舀，不可将汤碗端起来喝，喝汤时不出声，不要用嘴吹，不要身子俯得太低。

面条和面包：面条用叉子卷妥食用。面包用手撕成小块放入口中，不可用嘴啃食。

主菜：用刀切割，一次吃一块。不可一次切完再逐一食用。口中有骨头或鱼刺时，用拇指和食指从紧闭的唇间取出。

水果：用叉子取用。嘴里有果核，先轻轻吐在叉子上，再放入盘内。

咖啡和红茶：不能大口吞咽，小口细品才能显示出品位和高雅。

品饮咖啡

端咖啡杯。右手拇指和食指捏住杯把，把杯子轻轻端起。

给咖啡加糖。先用糖夹子把方糖夹到咖啡碟的近身一侧，然后再用咖啡匙把糖加入杯中。

搅拌咖啡。喝咖啡前应仔细搅拌，待搅匀后饮用。把咖啡匙放在托碟外边或左边。

品饮咖啡。品饮咖啡不能用匙子舀，匙子是用来搅拌咖啡或加糖的。不用时，应将其平放在咖啡碟中。喝咖啡只需将杯子端起即可，不要将下面的接碟一并托起。

坐姿与话语

坐姿端正，不可用嘴就碗，应将食物拿起放入口中。

取用较远的东西，应请别人递过来，不要离座伸手去拿。

嘴里有食物，不可谈话。

说话文明，并不要影响邻座的客人。

二、赴宴礼仪

出席正式的宴会，必须遵守宴会的礼仪规范，注意自己的文明举止，维护国家、单位以及个人的良好形象。

1. 应邀

接到赴宴的邀请，能否出席应尽早答复对方，以便主人做好安排。如不能出席应向主人解释、道歉。

应邀参加活动前，要核实宴请的主人、活动时间、地点，活动的性质，是否邀请配偶参加，服饰上有什么要求，是否需要带礼物等，提前做好准备，防止出现差错。

2. 仪容仪表

吃饭时穿着得体是欧美人的常识。男士要穿着整齐的上衣和皮鞋；女士要穿着正装和有跟的鞋子，避免非常随意的服装。我的一位朋友，初次相识的法国朋友邀请他去某高档西餐厅一起就餐，这位朋友因为没有合适的服装出席，便拒绝了。当然因为服装问题而拒绝邀请有些不适，但足见这位小资女友对自己形象的要求。作为现代人，准备几套便于出席正规而浪漫场合的服装是非常有必要的。

3. 掌握好时间

出席宴请活动，抵达的时间不可过早、迟到、早退，我国的习惯是正点或提前两三分钟到达。

4. 抵达

进餐厅时只要你和老外在一起，就应充分体验女士优先。作为女士你千万不可矫揉造作半推半就，反而显得不识大体并表现你的不尊重，进入餐厅时，往往男士开门，请女士进入或者服务员带位，女士应走在前面到达后，应先到衣帽间脱下大衣和帽子，然后前往迎宾处主动向主人问候，并根据活动内容向主人祝贺。

参加庆祝活动，可按当地的风俗习惯和相互关系赠送花束或花篮，赴家庭宴会，可酌情给女主人赠鲜花。

5. 入座

应尊重主人的安排，并注意与其他人谦让。最得体的入座方式是从左侧入座，当椅子被拉开后，身体在几乎要碰到桌子的距离站直，领位者会把椅子推进来，腿弯碰到后面的椅子时，就可以坐下，调整一下自己和餐桌的距离以便使用餐具为佳，但注意避免拉椅子时发出刮地板的声音。不要将外衣或随身携带的物品放在餐台上。就座后要表现出公主的样子，手肘不要放在桌面上，脚放在本人座椅下，不要跷足，不可玩弄桌上的酒杯、盘碗、刀叉等餐具。点完菜后，在前菜送来前的这段时间把餐巾打开，往内折 1/3，让 2/3 平铺在腿上，盖住膝盖以上的双腿部位。

6. 进餐

大家入座后，主人应招呼客人用餐。在中餐是男主人提议，在西餐则是女主人宣布就餐开始。

吃东西要文雅，要闭嘴咀嚼，不要发出声音，嘴里有东西不要张嘴说话。热汤不要用嘴吹。要注意吃相，既不要狼吞虎咽，也不要过细过慢。

要讲究卫生，不要吸烟。在餐桌进餐时，不要咳嗽、清嗓子、吸鼻涕、打喷嚏，如有此需要，应起身去卫生间处理。万一不能控制，也要用餐具捂住鼻子嘴巴，事后向周围的人道“对不起”。

要尊重不同的食俗。各国的餐饮都有自己的传统习惯，要注意尊重。如中餐，有的地方吃鱼时忌鱼翻身，在餐桌上不要故意违反。

专家建议：

1. 主人应早于约定时间为客人服务，以示诚意。

2. 当侍者领入位时，应该让客人先落座。

3. 把最好的位置让给客人，主人坐在客人的左边。因为主人右边的人是最重要的人。

4. 主动询问饮食喜好和忌口；请客人先点；双肘不要放在桌上。

5. 在吃西餐时，不要点让你难以处理的食物，如法国洋葱汤、大虾、意大利粉等。

6. 不强迫客人喝酒，如果客人点酒，主人也应点酒；如果你不喝酒，可以点非酒精饮料。

7. 无论食品多么美味，都不要用“叭叭”的响声来赞美。

8. 喝汤时不要发出“嗞嗞”的声音，把汤送入口中而不是吸入口中。

9. 把适量的食物送入口中，不要像饿汉一样让口中塞满食物。

10. 不要把不能咽的东西，在众目睽睽之下吐出。应侧向一旁，在不引人注目时吐入餐巾纸内。

11. 不要过于热情与别人分享食物，不要用自己的餐具为别人夹菜。

12. 不要像动物一样地用手抓食物。

13. 不要坐立不稳、弄手抬脚，把餐具弄得作响。

14. 不要在吃东西时说话，必须回答别人时，先咽下口中的食物，再回答。

15. 不要张开大口当众剔牙。

16. 不要在用餐时吸烟。

17. 尊重别人的选择。

18. 不要抱怨食物不好。

19. 不要吹汤或菜，让它自然凉。

20. 边喝边透过酒杯看人、吃东西时喝酒、口红印在酒杯沿上等，都是失礼的行为。

第八章　公共礼仪

章前启示

面必净，发必理，衣必整，纽必结；头容正，肩容平，胸容宽，背容直；气象勿傲、勿暴；颜色宜和，宜静、宜庄。

——南开中学镜铭

德可以分为两种：一种是智慧的德；另一种是行为的德。前者是从学习中得来的；后者是从实践中得来的。

——亚里士多德

第一节　国旗礼仪

国旗，通常指的是一种经由国家法律规定的、具有一定正式规格与式样的旗帜，用以在正式场所内进行悬挂。是一个国家的标志和象征。在正式活动中，往往通过升挂本国国旗，来表达自己的民族自尊心、自豪感以及对祖国的无比热爱。为了维护国旗的崇高地位，各国对升降本国或外国的国旗大都通行的做法，并且逐渐形成了一些有关国旗使用的惯例，即国旗礼仪。我国于2009年颁布和实施了《中华人民共和国国旗法》，加强对国旗神圣崇高地位的尊重和维护。《中华人民共和国国旗法》规定："中华人民共和国国旗是中华人民共和国的象征和标志。每个公民和组织，都应当尊重和爱护国旗。"每位公民在面对或者使用国旗时，必须对国旗礼仪严格地加以遵守。举行升旗仪式时，在国旗升起的过程中，参加者应当面向国旗肃立致敬。全日制学校除假期外，每星期一的早晨要举行升旗仪式，重大节日或纪念日也要举行升旗仪式。

1. 中华人民共和国国旗

中华人民共和国国旗旗面为红色象征革命。长方形，其长与高为三与二之比，旗面左上方缀黄色五角星五颗。一星较大，其外接圆直径为旗高十分之三，居左；四星较小，其外接圆直径为旗高十分之一，环拱于大星之右。旗杆套为白色。旗上的五颗五角星及其相互关系象征共产党领导下的革命人民大团结。五角星用黄色是为了在红地上显出光明，四颗小五角星各有一尖正对着大星的中心点，这是表示围绕着一个中心而团结，在形式上也显得紧凑美观。

2. 升降旗仪式的程序

（1）出旗

旗手持旗。护旗在旗手两侧，齐步走向旗杆，全体立正站立。

（2）升旗

《中华人民共和国国旗法》规定：升旗时，必须将国旗升至杆顶；当听到“奏国歌，唱国歌”时，全体人员应立正、脱帽，行注目礼。神态要庄重，保持肃静。切忌自由走动、嬉闹谈笑、东张西望。

（3）国旗下讲话

可由领导或先进人物等作简短而有意义的讲话。

（4）降旗

降旗仪式不限，可以由旗手降旗，降旗时应态度认真恭敬，要立正脱帽，行注目礼，并注意保管好国旗。降下时，不得使国旗落地。

第二节　图书馆礼仪

图书馆是查阅资料、借阅图书或进行自修学习的地方，是知识的殿堂，因此进入图书馆要遵守特别的行为规范。

（1）保持安静，不可高声谈笑。

（2）借阅图书，要依次凭借书证借书。阅毕或者借期已到，应及时归还。

（3）遵守寄放书包制度。不得在阅览室抽烟、吃东西；不可占位。

（4）切勿在书上乱涂乱画，撕书、窃书都是不道德的行为。

（5）开架的图书杂志阅后要放回原处。

图书馆是人们追求精神文化生活的地方，要求每位读者在求知的同时，爱护图书，遵守图书馆的规章制度，显示应有的教养。

第三节　体育赛事礼仪

现代社会中，竞技体育的竞争不仅是技术实力的竞争，也是礼仪文化意识的竞争。运动员、教练员、裁判员、赛事工作人员乃至观众，能否文明遵守礼仪文化，直接影响着运动员的发挥、裁判员的公正评判、观众的现场观赏和赛事的顺利进行。一名运动员，如果不懂得尊重裁判和尊重观众，即使是运动水平再高，也不可能获得良好的社会声誉，不可能获得拥护的掌声。一些不文明的现象看似都是一件件小事，但因为赛场是人们关注的焦点，这些所谓的“细节”小事，既代表个人，也代表着一个群体、一座城市，乃至一个国家的形象。

一、体育比赛的基本礼仪

任何的体育竞赛活动，对双方运动员、观众等相关人员都有一些基本的礼仪规定。

1. 比赛前，运动员要向裁判员表示敬意，比赛后要向裁判员表示谢意。

2. 比赛中要服从裁判，如果对裁判的决定由异议，要心平气和地向裁判寻求解释，如果裁判坚持判决，必须服从判决。

3. 比赛中双方队员发生摩擦，要注意克制自己的情绪，理智对待，不能采取报复手段。对抗性比赛中被侵队员应宽宏大度，接受对方歉意。

4. 比赛中，运动员与观众不得为场上比赛情况或裁判的决定因不顺意而喝倒彩、起哄，甚至谩骂。

5. 运动员在观众的加油声中不过于兴奋，不应动作粗野无礼，也不能因某些观众的不礼貌行为的干扰而失态，要保持理智状态，比出高水平，赛出好风格。

6. 在双方实力悬殊时，强队不能敷衍比赛，更不能戏弄对方。

二、运动员应该遵守的基本礼仪

运动员的风度和精神，往往比成绩更令人赞赏和钦佩。无论竞赛结果胜利或是失败，都要保持良好的风度，不要抱怨自己或者别人。此外，运动员也要有基本的礼仪修养。

1. 服从教练指挥

在比赛时，应服从教练员的指导。资深的明星队员，不可倚仗自己的技能而藐视教练。对于球场上的管理调度，所有队员都要以理性的态度与教练或教练团队沟通。如果对教练的管理有疑虑，应该通过正常渠道反映。

2. 遵守裁判判罚

绝对遵守裁判的执法，不得作无礼的表示。国际（国内）竞赛活动裁判的遴选，一般均经过严格的筛选。赛场上竞争激烈，在客场比赛时，更有可能会觉得裁判不公。既然经过大会的指派与认定，所有运动员均应尊重赛程与规则，而不应在竞技场内争执。

3. 遵守竞赛规则

比赛时不得以小动作干扰对方，更不可以暗算对方。例如篮球、足球这类竞赛，观众有时会发现比赛双方为求胜利不择手段，甚至还会有故意挑衅、致人受伤等行为，这些均属不道德的行为。

4. 队友相互支持

各队都有明星队员，队友间应该相互尊重，切忌跋扈或要大牌。如有争执，切忌动粗互殴，应该礼让、尊重长者。赛事的成功或失败，属于整个团队的荣誉，而非个人的荣辱。唯有相互配合，互信互爱，才可能会获得最后的胜利。

5. 正确对待比赛结果

所有的竞赛都会分出胜负，绝不要将对手视作敌人。如果对方获胜，要给予真诚祝贺；如果自己方获胜，应答谢对手的祝贺。比赛前及比赛后，务必记住要相互行礼致意。若是自己比赛失利，应该虚心检讨，期待下一回合的胜利。

6. 虚心接受祝福

比赛时遇到观众喝倒彩，不宜有厌恶或不友善的表示，应该安心参赛。国际竞赛场合有的观众是跨国组队组团来捧场的，对于这些热情观众的忠诚支持，无论是主客场都要保持风度。运动员在比赛中，要保持冷静，不要受到对方的干扰。

7. 互相交换礼物

运动员之间常常互换纪念品，如队旗、纪念章等，收到纪念品后要表示谢意。国际性质的赛事，各国球员的礼品准备无须过分铺张，以纪念性质的小礼物为主，方便携带和运输。

三、观众应该遵守的基本礼仪

体育观赛礼仪是人们在观看体育活动或比赛中所应该具有的行为规范。观众的观赛礼仪素养不仅是整体国民素质和文明水平的重要体现，更与体育比赛的良好运作有密切的关系。在体育比赛中，观众的角色不仅是赛事的旁观者更是重要的参与者。观众的言行对运动员有着重要的影响。观众的文明举止能为运动员提供良好的竞技环境，并能通过适当的语言或声响激发运动员的斗志、鼓舞士气。而缺乏相关赛场素养的观众的行为则会打扰、阻碍运动员的正常发挥，甚至可能导致比赛无法进行。因此，观众礼仪素养水平的高低，显示着一个国家国民的整体文明素质。

1. 语言和举止文明

观众无论观看什么项目的比赛，都要做到语言文明和举止文明。

观众之间要互相尊重。为运动员加油的标语口号，内容要健康文明。当地的观众更要表现出东道主的气度，对来客要以礼相待。赛前的运动员介绍，无论是对主队还是客队队员，观众都应该鼓掌欢迎。比赛当中，对对方的精彩表现要掌声鼓励。

2. 准时入场观赛

观众入场和退场都要遵守秩序。观赛应提前到场，这是对运动员、教练员和裁判员最起码的尊重。迟到的观众不可由正门出入，也不可进入贵宾区。现场工作人员要随时注意管制，并且留意安全。

3. 禁止携带危险物品入场

玻璃瓶、易拉罐饮料都不允许带进场地，只允许带软包装饮料。这可以避免场地凌乱肮脏，避免观众将其抛入场内妨碍竞赛正常进行。观众携带的物品与垃圾，在离开场地时要用方便袋自行带离。

4. 注意服装和仪态

观众的衣着要整洁、大方，不能太随便，尤其是在温度较高的游泳馆，不要赤膊。在体育馆观赏比赛，不要吸烟。在比赛开始时，要保持安静，不吃东西或互相聊天，不大声喧哗。观看比赛中，不随意走动，注意在球员交换场地休息时，方可起身活动或如厕。离场时应做清理自己的座位，将现场回复到原样。

5. 禁止使用闪光灯

要记住不能在体育场馆内随意使用闪光灯。比赛进行时，有很多瞬间非常精彩，这时运动员心理压力大且需集中精力，观众应该屏息静观，不能使用相机。

在比赛结束后，直到获奖选手绕场一周向观众致意时，方可拍照留念。

6. 妥善安排好手机

手机要处于关机或振动（静音）状态，特别是在比赛中、升旗仪式、开闭幕式、颁奖仪式等，要注意手机的使用问题。比赛中，运动员的心理和精神必须做到高度集中，现场必须保持安静，任何的噪声都会令选手分神。

7. 及时的鼓励

运动员发挥出色，观众要鼓掌鼓励；发挥得不好，也要给予运动员一定的支持和理解，不能喝倒彩。观众加油声应协调一致，在球队进攻、进球或有精彩表现时，应给予配合，尽情欢呼。观众可用肢体语言表达自己的情绪，但手势应保持文明。

8. 保持风度

在观看比赛时不允许扔果皮、饮料瓶等杂物，以免发生伤害事故。对于自己喜爱的球队失利，观众不应将这种情绪转嫁给队员，甚至迁怒客队队员以及裁判，而做出过激行为。比赛结束后，未经许可不能冲入场内向获胜运动员索要签名，或要求合影。观看比赛时，不要乱吹哨子，模仿裁判员的判罚，而干扰比赛。不允许围攻裁判员，若对比赛裁决有疑问，应通过合法途径反映。

9. 严禁向运动员递水

在观看马拉松跑、竞走等比赛时，严禁观众给运动员递水。在比赛路线上每隔 5 公里设置一个饮料站，饮用水和湿海绵提供站设在两个饮料站之间。在那里，运动员经过时可以取到饮用水，还可以用海绵挤水冲洗头部，起到冷却作用。

10. 面对国旗肃静起立

比赛结束，如遇到为优胜者颁奖，演奏国歌、升国旗时，观众应面向国旗肃立，出嘘声是对一个国家极大的不尊重。

11. 不在场内抽烟、不随意走动、文明助威

在观看比赛时，不要在赛场随意走动，禁止吸烟，保持现场空气清新。入场后，要对号入座。不要因为自己的座位不好，而占据别人的座位。可以携带一块表达标语牌，但尺寸不要太大，文字不可粗俗。

第四节　旅游礼仪

一、旅游观光基本礼仪

1. 爱护公物保护环境

旅游观光者应爱护观光地的公共建筑、设施、文物古迹和公共财物，不得随意破坏。不得在任何公共设施和建筑上乱写乱画。垃圾应丢放到垃圾桶里。不得随地吐痰、随地大小便、随处乱扔垃圾。

2. 遵规让行安全第一

不要为了抄近路而翻越围墙、栏杆、绿篱；乘船时，穿越桥洞或狭窄水道时不要争先抢行；行走在曲折小路、桥中时，要主动为老幼妇孺让行；遇到狭窄、险峻的山道路口要互相关照，缓慢而行，攀山越河，一定要量力而行。

3. 合理拍照细语说话

拍照时，如有人走近且妨碍镜头时，应该礼貌地向他人示意，等他人过去再拍，不要叫嚷、斥责或是上前推拦。路遇他人拍照时，应先示意或是等候别人拍照后再通过。如果几批游人要在同一地方照相时应该互相谦让，不要争抢。拍照时不要长时间占用景点。

公共场合说话声音要小，切忌公共场合大声喧闹，人与人之间发生不愉快，也要文明解决。

4. 公共场所禁止吸烟

在公共场所是吸烟是不礼貌不负责任的行为。二手烟有害健康，也影响了旅游环境。香烟也会为古迹带来隐患。公共场所吸烟不仅仅是缺乏公德及礼仪，很可能酿成大祸。

5. 尊重习俗文明出行

（1）出游前提前调查目的的历史渊源、文化背景、宗教习俗。带好各种证件。尊重目的地习俗，例如：日常打招呼，中国人大多使用“吃了吗？”“上哪儿呢？”等等，这体现了人与人之间的一种亲切感。可对西方人来说，这种打招呼的方式会令对方感到尴尬，甚至不快，因为西方人会把这种问话理解成为一种“盘问”，感到对方在询问他们的私生活。在西方，日常打招呼他们只说一声“Hello”或按时间来分，说声“早上好！”“下午好！”“晚上好！”就可以了。而英国人见面会说：“今天天气不错啊！”在信奉佛教的泰国，头则是灵魂之所不可随便乱摸。此外，也不可用手指指东道西。

（2）乘车（机）时应注意，无论是候车（机）大厅，还是车（机）上的座位不是用来放大衣和行李的，而是用来坐的。走廊等公共空间尽量保持顺畅。不要放置行李或让小孩在那里玩耍。

（3）乘坐飞机时，上机时不得违规携带有碍飞行安全的物品。通常规定：任何乘客均不得携带枪支、弹药、刀具以及其他武器，不得携带一切易燃、易爆、剧毒、放射性物质等危险物品。登机时应当认真配合例行的安全检查。在进行安全检查时，每位乘客都要通过安全门，而其随身携带的行李则需要通过监测器。如有必要，对乘客或行李使用探测仪进行检查，或手工检查。不应当拒绝合作，或无端进行指责。

准时登机，依次入座。上下飞机时，要注意依次而行。

飞机飞行时务必遵守有关安全乘机的各项规定。登机后主动关闭手机等无线电设备。

需要乘务员帮助时，可以按呼叫铃，不要大声喊叫。乘务员服务后应致谢。上下飞机时，对空中乘务员的迎送问候要有所回应。

在机上放置自己随身携带的行李时，与其他乘客要互谅互让。飞机未停稳时不抢先打开行李舱取行李，以免行李跌落砸伤人。

在自己的座位上就座时，要维护自尊。不要当众脱衣、脱鞋，尤其是不要把腿、脚乱伸放。如果是长途飞行，脱下鞋后应在外面再罩上护袜。

休息时，不要使身体触及他人，或是将座椅调得过低，从而有碍于他人。

与他人交谈时，不要影响其他人休息，不要谈论令人不安的话题。

保持舱内整洁卫生，因晕机呕吐时，应使用机上专用呕吐袋。

机上读物阅后整齐放入面前插袋。

不要乱动飞机上的安全用品及设施。飞机上的救生衣是飞机遇险、在海上迫降时供乘客逃生使用的，切勿随意打开或带下飞机。

（4）入住酒店的礼仪

①尊重服务员的劳动，口头表述你的感激和称赞。在部分国家，除了前台之外，停车场的服务人员、提行李、收拾房间、送餐的服务生都需要给小费。

②酒店通常晚上 10 点后进入休息时间，要保持安静。住宿不可大声喧哗，以免影响他人休息。

③遵守酒店里的规定。

二、旅游接待礼仪

1. 尊重原则

"宾客至上"，主动热情地去满足宾客的合理需求和愿望。在宾客所有的需求和愿望中，尊重的需求是最强烈和最敏感的，同时也是正常的、合理的和起码的要求，是宾客的权利。

2. "一视同仁"原则

服务工作中的"一视同仁"，不能厚此薄彼。可视具体情况因人而异，根据不同的交往对象，采取不同的礼仪形式，但是在对客人表示恭敬和尊重态度上一定要一视同仁。

3. 热情原则

积极主动解决客人的各种合理要求、满足客人的各种心理需求。

4. 合宜原则

现代礼仪强调人际之间的交往与沟通一定要把握适度性，注意社交距离，控制感情尺度。因此礼仪行为要特别注意在不同情况下，礼仪程度、礼仪方式的区别，坚持因时、因地、因人的合宜原则。

5. 宽容原则

不要过分计较对方礼仪上的差错过失。既要严于律己，更要宽以待人，要多理解他人、体谅他人，切不可求全责备、斤斤计较，甚至咄咄逼人。面对宾客提出的过分的甚至是失礼的要求，要冷静而耐心地解释，决不要穷追不放，把宾客逼至窘境，否则会使宾客产生逆反心理，形成对抗、引起纠纷。当客人有过错时，我们要"得理也让人"，学会宽容对方。在客人对我们提出批评意见时，本着"有则改之，无则加勉"态度，认真倾听。

6. 自律原则

礼仪的最高境界是自律，即在没有任何监督的情况下，仍能自觉地按照礼仪规范约束自己的行为。旅游工作者不仅要了解和掌握具体的礼仪规范，而且要在内心树立起一种道德信念和行为修养，从而获得内在的力量。在对客服务中从自我约束入手，时时检查自己的行为是否符合礼仪规范，在工作中严格按照礼仪规范接待和服务宾客，而且做到有没有上级主管在场一个样，客前客后一个样，把礼仪的规范变成自觉的行为、内在的素质。

第五节　影剧院礼仪

1. 提前入场。如在演出或电影开场后到场则应轻轻地入座，穿过座位时姿态要低，脚步要轻，不要影响他人观看。对起身让座的观众要致谢。

2. 要自觉遵守场内规则，不吃能发生响声的食物，不随地吐痰、乱扔果皮、纸屑。

3. 观看时坐姿要稳，不要时常左右摇晃。不要把脚蹬在前排的座位背上，以免弄脏别人的衣服。

4. 节目演出或电影放映时要保持安静，不要大声讨论、说话。

5. 遇到咳嗽、打喷嚏时要用手帕捂住鼻口，以防飞沫溅到他人的身上。

6. 演出或影片放映中不应随便走动，也不应随便退场，不得已退场，离座动作轻、身姿放低，不要站在过道或剧场门口。

第六节　校园礼仪与修养

在现实生活中，知礼、守礼、行礼的人会赢得别人的尊敬和信任；反之，非礼、弃礼的人往往为社会所唾弃。作为一名学生，在公共场合更要注重文明礼仪。然而，下列实例常有发生：

【例 1】某高校在举行高雅音乐会，学生观众头脑中似乎还没有丝毫的“观剧礼仪”意识，他们有的把会场当成了休闲娱乐场，时而使劲摇座椅，时而喧哗和随意走动；有的则带了零食饮料进场，演出进行中，还不时听到各种器物碰撞摩擦的声响。

【例 2】学生上课迟到，连一声“报告”也不打，就旁若无人地走了进来。

【例 3】在图书馆也常听见手机铃声响个不停，打破了整个安静的环境。

【例4】在食堂里，不少学生是用书包占位，一个人打多份饭，全然不顾长长的队伍。

礼仪修养决不仅仅是一种外在的表现形式，它是与人内在的道德、文化和艺术修养密切相关的，是其内在的道德、文化和艺术修养的反射和折射。古人云："相由心生。"说明了这两者之间的关系。现在人也曾提出这一观点：知识美容论。即掌握丰富的知识，深化自己的内涵，是一种深层次的化妆，生命的化妆。因为人的精神面貌的塑造，在很大程度上取决于其思想境界、道德情操和文化素养这些内在的品质。这才是人生命美的常青树。

例如，有的人尽管穿着高级的名牌衣服，但他的服饰样式、色彩的选择都不合适，穿在身上整体效果并没有显示出美的效果；有的人礼仪语言表达很动听，但给人的感觉是言不由衷；有的人在社交场合尽管按要求做了一些礼仪动作，但只是形似没有神似，因为他没有外在表现的根基——内在的修养。为此，我们学习行为规范的同时，还要注重自己的内在修养，在勤奋求知中不断地充实自己，以提高自己的礼仪水平。

一、注重内在修养

1. 思想道德修养

思想道德修养是反映一个人的道德意识、信念、行为和习惯的磨炼与提高的过程，同时也是指达到一定的境界。有德才会有礼，缺德必定无礼，道德是礼仪的基础。现实生活中，为人虚伪、自私自利、斤斤计较、唯我独尊、嫉妒心强、苛求于人、骄傲自满的人，对别人不可能诚心诚意、以礼相待。因此，只有努力提高思想道德修养，不断地陶冶自己的情操，追求至善的理想境界，才能使人的礼仪素质和礼仪水平得到相应的提高。

2. 文化修养

风度是人格化的表征，是精神化了的社会现象，它是人们长期而又自觉的文化思想修养的结果。有教养的人大都懂科学、有文化。他们思考问题周密，分析问题透彻，处理问题有方，而且反应敏捷，语言流畅，自信稳重，在社会交往中具有吸引力让人感到知识上获益匪浅，身心上愉快舒畅。相反，文化层次较低的人，缺乏自信，给人以木讷、呆滞或狂妄、浅薄的印象。因此，只有自觉地提高文化修养水平，增加社交的"底气"，才能使自己在社交场合温文尔雅、彬彬有礼、潇洒自如。

3. 艺术修养

艺术是通过塑造具体、生动的感性形象来反映社会生活的审美活动。艺术作品积淀着丰厚的民族文化艺术素养，更凝聚着艺术家的思想、人生态度和道德观念。因此，我们在欣赏艺术作品时，必然会受到民族文化的熏陶，同时也受到艺术家世界观、道德观等方面的影响，倾心于艺术家所描述的美的境界中，获得审美的陶醉和艺术的升华。思想道德得到启迪，高尚的道德情操和文明习惯就会培养起来。因此，要有意识尽可能地多接触内容健康、情趣高雅艺术性强的作品，如文学作品、音乐、书法、舞蹈、雕塑等，它对人们提高礼仪素质大有裨益。

二、建立和谐师生关系

1. 尊敬老师

（1）学生见到老师要礼貌地打招呼，无论何时何地，见到老师都应问好。问好时应注视着老师，面带微笑，语气语调都要真诚，如果遇到几位老师同时走过来，可直接称“老师们好”，这样既不用一一问候，又不会冷落任何一位老师。

在楼口或狭窄的通道碰到老师，应侧身让老师先行；和老师一起外出，乘坐交通工具，学生应照顾老师，请老师先上；遇到年纪大的老师，应主动搀扶；有空位置，应请老师先入座。

（2）学生进入办公室先要轻敲门，老师允许后方可进入办公室，进入办公室不要东张西望，更不能乱翻老师的东西。不要在老师的办公室逗留过久，否则会打乱老师的时间安排，还会影响其他老师的工作。

学生和老师谈话时，切不可老师站着而学生大大咧咧坐着，应该是老师坐着，请学生坐下时，学生方可坐下与老师谈话。说话时态度诚恳，谦恭地注视着老师，认真与老师交谈。老师进行拜访时，无论在家或是在宿舍，都应热情接待，老师离开时应送别。

（3）佳节来临，学生应向老师表示祝贺，尤其是老师自己的节日——教师节。送老师的礼物不一定要奢侈，应该是班级里人人都能送的东西，不应该使班级的任何一个人因为自己送不起礼物而感到为难，这一点很重要。植物、CD、书籍都是很好的礼物。更好的做法是全班同学共同给老师做一件有意义的礼物，比如在卡片上贴上全班同学签名的集体照。

2. 信任老师，虚心求教

教育是一个师生相互配合的过程，同学们是这个过程的最终受益者，应尊重老师的劳动。老师把几乎所有的知识无私的、毫无保留地教给学生，如果他们希望得到什么回报的话，就是希望看到学生成长、成才，在知识的高峰越攀越高。所以学生要理解老师的苦心，服从老师的管理和教导，当有不同意见时，应以诚恳的态度、恰当的方式向老师提出。

做学生时，经常会发现“那个老师并不怎么样”，“他的水平太低了”，长大以后才会明白这种看法多么天真。就像作弊者从来都认为老师发现不了，其实，只要往讲台上一站，谁在下面干什么都一目了然。勤学好问不仅直接使学生受益，还会增多、加深和老师的交流。每个老师都喜欢肯动脑筋的学生，向老师请教往往是师生间交往的第一步。

3. 拜访老师

到老师家拜访应注意的礼节：

（1）要有约在先。拜访老师应该事先约好，临时拜访、不速之客不礼貌。预约时间要尽量准确，并且要照顾老师的时间。拜访时间不宜太早，白天避开吃饭和休息时间，晚上不要太晚。约时间的同时要说清楚拜访事由，让老师事先有准备。

（2）守时践约。拜访老师要准时，不要提前，更不要迟到。若提前到了可到外面转转，到时再进。因为到居室拜访，提前去，别人没准备好，容易引起尴尬。迟到是很不礼貌的事，因不可避免的原因不能按时到达，应想办法提前通知老师并诚恳道歉；通知不了老师，过后一定要专门道歉，争取谅解。

（3）礼貌登门。到了老师家门口要先按门铃或敲门（门即使开着的也要敲门）。按门铃或敲门动作要轻，要有节奏的停顿，仔细听是否有回音。不要连续不断用力敲门。

（4）见面礼节。老师开门后要问候老师。若去不认识的老师家拜访应先确认老师的身份，然后再问候，然后作自我介绍。如果敲错门要道歉。老师请你进门后你再进门。进门后，屋里若有其他的人应与其他人点头致意。

（5）拜访中的礼仪。进门后东西不要乱放，老师请坐后再坐下，并向老师谢坐。与老师交谈时注意交谈礼节。

（6）拜访时间不应太长，一般不超过20分钟为好。到吃饭、休息时间应告辞。有其他客人来访时也应告辞。不要老看表，让人觉得你急着想走，也不要在老师说完一段话或一件事后，立即提出告辞，这样会使老师觉得你不耐烦和不感兴趣。告辞时一般遵从“先谢后辞”的原则。如恭敬地对老师说：“打扰多时了，我该告辞了，谢谢您的帮助指教，再见。”老师相送，应及时请老师留步。

三、真诚与同学交往（图 8–1）

图 8–1

1. 同学间礼仪

（1）热情待人，相互帮助

这是与同学相处的一个基本原则。俗话说，“与人方便，与自己方便。”关心别人的人常常会得到别人更多的关心。当同学有困难时，应主动帮助。早出晚归要顾及同寝室其他同学。借用同学的东西时要讲礼貌，归还时要表示感谢。

（2）严于律己，宽以待人

这是中华民族的传统美德之一，也是人际交往中的礼仪原则。孔子在《论语》中说过“己所不欲，勿施于人”，其道理众所周知。但在日常生活中有的同学对别人的缺点缺乏宽容心，对自己的不足之处却视而不见；有的同学得理不让人；有的同学自以为是，喜欢以我为中心。这些行为与大学生的身份是格格不入的。

2. 宿舍礼仪

（1）遵守制度，维护秩序

为了保证同学们正常的生活和休息，宿舍制定了作息制度，规定了起床、就寝、用餐、熄灯的时间。宿舍里的各项活动都应该按照规定的时间进行。

（2）爱护公物，维护卫生

要爱护宿舍里的一切公共设施和公物，注意节约用水用电。无意中损坏了集体宿舍的设施，应主动报告并自觉赔偿，同时，要注意维护公共卫生。

（3）走访同学的礼仪

到宿舍串门，一定要注意时间，不可在多数同学要处理生活问题时，更不可选择在夜间熄灯之后走访。进寝室后，应主动向其他同学打招呼问好，而后坐在走访同学的座位或床铺上，不能随便乱坐。不可随便移动或翻看其他同学的东西。谈话声音要轻，时间要短，以免影响其他同学的学习和休息。

（4）接待来访礼仪

接待友人或外人来访时，应主动热情、礼貌周到。 宿舍区有接待室，原则上应在接待室接待亲友或外人，如无接待室，则可在寝室接待。亲友在进入自己的寝室前，自己应向寝室里的同学打招呼，亲友进入寝室后，自己应为同学主动介绍来访者，说明来访者与自己的关系，然后请访者坐在自己的座位或铺位上。若是异性来访者，应提前打招呼说明情况，所有人都有所准备后，方可进入。

注意自我介绍和介绍他人的礼节。自我介绍的礼仪：

①自信大方、微笑亲切自然、眼神友善可掬。

②先向对方点头致意、问好或询问对方的单位、姓名，得到对方有愿意结识的回音后再从容大方地自我介绍。

③介绍内容应简洁明了，一般是简单介绍姓名、身份、单位，并加以寒暄语。如“我是中文系 2009 级的学生，叫某某某，认识你很高兴”。

④介绍的语气应自然和平、明快。

⑤女同学一般不宜主动向陌生男同学自我介绍，不然容易被对方误解为轻浮。

介绍他人是帮助同学互相认识的常用形式。其礼仪有：

①先了解双方是否有结识的愿望。特别是男女同学之间。

②介绍通则：受尊重的一方先了解对方。所以介绍他人的顺序是：A. 把低年级的同学（年纪小的同学）先介绍给高年级的同学（年级大的同学）；B. 双方年龄差不多，把与自己亲密的同学引见给另一同学；C. 把一人介绍给众人；D. 群体介绍按座位次序一一介绍；E. 把晚到的同学介绍给早到的同学。

③介绍的站位和手势。介绍人、被介绍人、中介人成三角之势。手势：手心向上，四指并拢，拇指与四指约呈 30°礼貌地示意被介绍人，眼睛看着要告诉的人，千万不要用手指指介绍人。（图 8-2）

图 8-2

④介绍内容：单位、姓名、身份。有时为了向双方提供话题，还可介绍些特长、爱好。

⑤一般介绍时，被介绍人、中介人应起立。

⑥介绍完毕，被介绍的双方应立即相互问候。如可说“你好！认识你很高兴”。

⑦被介绍双方交谈后，介绍人才可离开。

其他同学应注意，当同学有亲友来访时，应主动大方地向客人打招呼问好。当同学与他人交谈时，其他同学应适当回避。午休或晚睡时不应在寝室接待来访，以免影响同学的休息。

四、尊重课堂教学

1. 课前礼仪

学生应在预备铃响时进入教室，保持安静，做好上课准备。教室里肃静的气氛，既能为老师取得良好的教学效果创造一个良好的环境，又能密切师生关系。在走廊里行走时要靠右行，不要快速奔跑猛拐。

2. 课中礼仪

（1）如果迟到了，应先喊报告，待老师允许后迅速走向自己的位置。

（2）老师提问时，应先举手，待允许后起立回答问题。不可坐在位子上七嘴八舌地发言。老师未点到自己的名字时不要抢答。

（3）回答问题时，态度应严肃认真，不可搔首弄姿；说话声音要清朗。

（4）上课时不能扇扇子，冬天课堂上不能戴口罩。不能吃东西、喝水、嚼口香糖、听耳机。坐姿要端正。

（5）注意保持教室的卫生和秩序，不要在黑板、墙壁、课桌椅上乱写乱画，不在教室乱扔果皮、纸屑、不随地吐痰。

3. 下课礼仪

听到下课铃响时，若老师还未宣布下课，学生应当安心听讲，不要忙着收拾书本，或把桌子弄得乒乓作响，这是对老师的不尊重。下课时，全体同学仍需起立，与老师互道："再见。"待老师离开教室后，学生方可离开。

专家建议：

1. 切记中西方礼仪文化有一定的差异性，应相互理解与尊重不同民族和国家的习俗及信仰。
2. 不在公物上乱涂、乱画、乱抹、乱刻，爱护花草树木，节约用水用电。
3. 各种车辆自觉停车，不乱停乱放。
4. 在食堂用餐时要排队礼让，不乱拥挤，要爱惜粮食，不乱倒剩菜剩饭。

第九章　综合交际礼仪

章前启示

一个人永远不要靠自己一个人花100%的力量，而要靠100个人花每个人1%的力量。

——比尔·盖茨

成功来自于85%的人脉关系；15%的专业知识。

——卡耐基（世界人际关系专家）

交际礼仪作为一种文化，是人们在社会生活中处理人际关系，用来对他人表达友谊和好感的符号。得体的交际礼仪可以使人变得更有道德、塑造理想的个人形象，有助于事业的成功，社会的安定。交际礼仪是在社会交往中使用频率较高的日常礼节。掌握规范的交际礼仪，能为交往创造出和谐融洽的气氛，建立、保持、改善人际关系。

第一节　办公交际礼仪

办公室礼仪离不开企业文化。哈佛大学、卡耐基基金会和斯坦福研究所提供的调查报告显示，要找到工作、保住工作或在岗位上得到晋升，85% 取决于人际关系，而只有 15% 取决于技术知识和技能。了解企业文化方面的习惯极为重要。

一、办公室人际礼仪

1. 与下属相处

领导能力体现在带领一组人完成工作的过程中。要充分了解并发挥三种领袖特质：拥有广博知识、适时创造动能，关注小组中的每个成员。

图 9-1

与下属相处，绝不能忽视工作团队的重要性。永远用“我们”来代表所属的部门；当部属受到不公平的指控时，尽力为他们辩护；当部属确实犯错时，积极为他们争取将功赎罪的机会。绝不轻率地侵犯其他经理的业务领域；有效率地主持会议，注意会议议题，避免浪费时间；在可能的范围内，改善员工的工作环境，注意通风、照明、办公桌椅、隔音等设备；当同事或朋友有难事，主动伸出援助之手；制止不当谣言的扩散，并主动予以澄清；在钱财上，不斤斤计较；遵守礼仪规范，懂得对上司表示适度的尊重；懂得如何赞美别人，与接受别人的赞美；拥有良好的电话、书信、传真等礼节；关怀员工，知道部属的专长，并各依所长分派适当的工作；当员工犯错误时，私底下批评他，同时要让他清楚地知道自己错在哪里。这都需要相当成熟的沟通技巧。也要认识员工的个性，一方面，要让员工确信他对公司很重要；另一方面，要避免产生“少做少错，不做不错”的消极心态。要赏罚分明，根据工作表现，给予公平合理的回馈。（图 9-1）

领导要重视以身作则。在征求员工意见时，领导可以要求员工提意见时带着解决方案，而不仅仅是把问题上交或只有对原有方案的否定意见；也可以要求员工在提出重要意见时区分不同的场合，以免影响方案在未来的推行；还可以在方案提交大范围讨论前，先个别征求意见。这样，即使遇到极力反对，也可以从容解决，可以避免在公开场合遇到严重挑战。否则，即使勉强通过，也势必难以实施。而在个别或小范围征求意见时，领导应该有这样的度量：鼓励直截了当地提出不同意见，不需要讲究所谓的技巧。

沟通原则是将积极的信息往下传，消极的信息往上传，而不往下扩散；积极的往下传是为了贯彻和激励，消极地往上传是为了了解问题和解决问题，这也意味着领导要勇于面对上传的消极信息。

2. 与同事相处

团队精神是现代组织的核心，团队作业又是现代组织最重要的成长方式。职场中的优秀者进入团队后能自觉主动地融入其中，并设法确认每个人都了解、接受团队目标，而组织中的工作也公平地分配给了每个人。营造一个良好的人际环境是十分必要的成功条件。这需要你具备良好的合作精神，在团队协作中表现出色。单枪匹马的时代已经不再，不善于协作，纵然是天才也无法获得真正的成功。

（1）透明竞争，不可玩弄阴谋。现代的同事讨厌那些喜欢搬弄是非、玩弄阴谋的人，忌讳任人唯亲或拉帮结派，愿意与那些有才气且志趣相近的同事相处。许多新行业需要的是团队的配合，同事时常一起加班研讨，长时间的共处，彼此更为了解，往往成为知心朋友。这点与传统的职场人际关系完全不同。所以你不要抱着同事是“冤家”“敌人”的成见，否则你将难以立足，很难发展。你与同事的共处原则是彼此尊重、配合，然后尽量施展你的才华，在透明竞争中求发展。

（2）交友有度，不要过问隐私。现代同事的生活方式、思想观念大都比较前卫，许多的私事不喜欢让人知道，哪怕是最要好的朋友。他们比其他的群体更注意捍卫自己的隐私权，所以你不要轻易侵入对方的这个“领地”，除非对方自己主动向你说起。在他们看来，过分关心别人隐私是无聊、没有修养的低素质行为。

二、着装仪态

不管你的衣服是花多少钱买的，只要在清洗上发生一个遗漏或失误，整件衣服的质感就完全消失了。如果你不善于注意小的细节，不妨在家里某处列一张清理查验单，例如在浴室里的镜子上。每当你早上要出门前，读一遍这张查验单，并且一项一项地检查自己，只要你遵照这个方法做，以后大家再看到你，他们就看不见缺点了。（图 9-2）

图 9-2

1. 头部

刮好胡子、敷好面霜、修剪好鬓毛和八字胡。

谨慎的化妆、拔眉毛、擦拭和清洁首饰。

如果要戴围巾，它一定要干净而且烫平过。

梳好、剪好和清理好头发、洗好脸、清洗耳朵、脖子。（图 9-3）

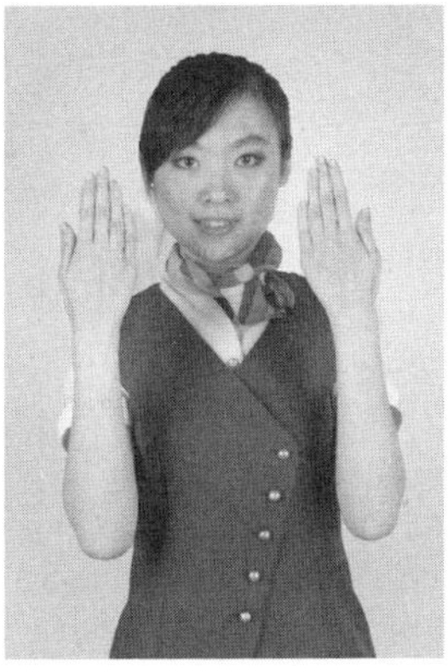

图 9-3

2. 身体

清理衬衫，检查领子和袖口是否磨破，完全干净的领带。

使用少许香水，勿让化妆品沾于衣服，勿露出衬裙。

洗好身体，涂抹防臭剂，换上干净的内衣裤。

穿上无污点和烫平的衣服，纽扣没有掉落。

干净的手帕，检查是否有残余的头皮屑。

3. 手部

指甲要保持光泽，护手乳液，洗手，清理指甲和修剪指甲，清理戒指并用皂丝清洗。

保持表带的形状。（图 9-4）

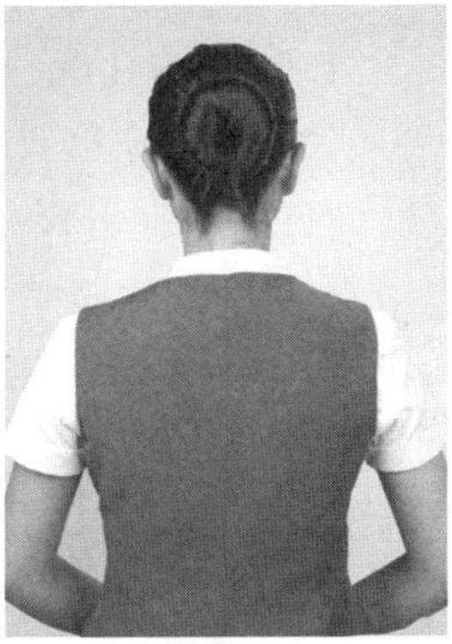

图 9-4

4. 腿和脚

把干净的袜子拉高穿，保持鞋子上边饰的形状，穿紧裤袜，如果有破洞，缝合线要笔直。鞋子要擦亮，鞋跟要保持良好情况。

三、通讯礼仪

1. 接、打电话

（1）准备好电话号码，确保周围安静，嘴里不含东西，琢磨好说话内容、措辞和语气语调。

（2）如无急事，非上班时间不打电话。给客户家里打电话，上午不早于 8 点，晚上不晚于 10 点。

（3）拨错号码，要向对方表示歉意。

（4）做自我介绍，扼要说明打电话的目的和事项。询问和确认对方的姓名、所在部门和职位。记录对方谈话内容并予以确认。

（5）如果对方不在，而事情不重要或不保密时，可请代接电话者转告。相反，应向代接电话者询问对方的去处和联系方式，或把自己的联系方式留下，让对方回来后回电话。

（6）感谢对方或代接电话者，并有礼貌地说声“再见”。

（7）注意音量、语气、声调。

2. 手机礼仪

（1）由于手机随时随地都可能响铃，因此，在听报告、讲座、音乐会时一定要把手机状态调于振动的位置。

（2）餐厅、候机厅、酒吧等公共场合使用手机时，说话声音一定要小。比较合宜的做法是走到门外去接听电话，而且音量要适中。

四、会议、公文礼仪

1. 会议的礼仪

会议是一项重要的公务活动。要想取得较好的效果，一要确定实在、必要的会议内容；二要讲究会议的种种程式，使之符合礼仪。

（1）会议的组织程式

①确立会议议题、中心。每一个会议都有其目的、重点，大到国家人代会，小到班组学习座谈会，都必须在会前明确议题，否则，目的不明、可开可不开的会议还是不开的好。

②拟发会议通知，确定会议议程。一方面要及早通知参加会议的时间、地点、主题和议程，以及参加会议者的食宿，应准备的发言材料、学习资料等事项。而

整个会议议程要事先拟定，使整个会议能够有条不紊地进行。

③安排布置好会场。要根据会议的规模、大小来选择会场。会场布置也要和会议内容相统一，主席台上方要挂会议名称的横幅，会场中要有宣传会议的标语、主席台人员的名单牌、参加会议代表团的标牌、指示路线的路标及表示欢迎的室外标语等。还要事先装配、调试会场灯光、音响设备以及采购、准备会场茶水、饮料等物品，一些大型会议还得配备保安、医务人员及有关设施。

④做好迎接接待工作。凡是一些大型、中型的会议，一定要安排好与会者的接待迎送工作，不然，与会者不知如何报到、食宿、回程，容易延误会议，对客人来说也是十分不礼貌的。所以会议组织者一定要安排好这一项工作，如果对方是德高望重的领导、权威或是老弱病残，还应该安排车辆、人员前往机场、车站接送，会议期间的食宿起居应安排专职人员服务。

（2）会议主持人的礼仪

①组织者礼仪。作为会议组织者自始至终要保持清醒的头脑和细致的洞察力，在会议组织过程中要热情、耐心，发现问题及时解决，力争做到有求必应，有问必答，不厌其烦，准备充分，整个工作要以严肃、认真的态度来完成。

②主持人礼仪。主持会议者一般来说都是由具有一定职位的人来担任，因此，更要注意一举一动符合身份，要自然大方。走姿步伐应自信、刚劲、有力，体现一种胸有成竹、沉稳自信的风度和气质，步幅、步频要依据不同性质的会议而定。一般的纪念、悼念性会议，步频慢，每秒约1—2步，且步幅小。欢快、热烈的会议步频较快，每秒约2.5步左右，步幅应较大；主持庄严的大会，步频以每秒2步为好，步幅自然。行走时挺胸抬头，目视前方，摆臂自然。遇见熟人不能打招呼，更不可寒暄闲谈，但落座后会议还未正式开始时可适当点头，微笑致意。

坐姿要端正，腰部挺直，颈部梗直，面对前方、虚视全场，双臂前伸，两肘轻按桌沿，呈对称的“外八字”。站姿要双腿并拢，腰背挺直，持稿时，右手持稿底部中间，左手五指并拢自然下垂，双手持稿时要与胸高，与身体呈45°角。主持时，注意不能出现用手抓头、揉眼、搔脸、抖腿、手舞足蹈等不雅观的体态动作。会议主持人的言谈要根据不同的会议气氛，或庄重，或幽默。要处处尊重他人的发言和提问，口齿清楚，思维敏捷。注意调节、控制会议气氛和把握议题，会议出现僵局或冷场后要及时引导，不以动作、表情或语言对不同意见者表示不满。

（3）例会礼仪

例会是一制度化的会议，开会时间、地点、人员均固定，以讨论工作、沟通信息为会议内容。例会的一般程序与礼仪为：

①与会者都应准时参加。例会不发通知和告示，与会者如遇意外不能参加，一

定要事先请假，以免其他人无端等候，如果因事取消或推迟会议要通知有关人员。

②会议布置宜紧凑。通常是圆桌或长桌，与会者可团团围坐，显得集中。

③会议时间要简短、议题要明确。“短小精悍”是例会的基本风格，每一个与会者发言时应一个接着一个，不要冷场，讨论工作时要议题集中，主持人及时控制不要岔出主题，切忌把例会开成“马拉松”式的长会。

（4）座谈会礼仪

这是种邀请有关人员交谈讨论某一专题的会议，“平等”“轻松”应是座谈会的基本风格。开座谈会的礼仪要求是：

①发送邀请通知要提前 3 天

会议通知应明确会议时间、地点、议题，以便与会者了解。

②会议中要积极创造平等和谐的气氛

会议主持人的座位不宜太显眼，要与其他人员围圈而坐。主持人宣布开会后，要简要说明会议的宗旨、时间、出席单位或个人、会议内容、原则，在引导座谈讨论过程中，要就重点难点或不清楚的问题，启发思路，让大家畅所欲言，并归纳、整理、重述结果。

③在座谈会上应鼓励插话和争论

座谈会可以你一言我一语，使会议气氛尽量显得活泼一些，使与会者做到知无不言，言无不尽。

（5）庆祝表彰会礼仪

“热烈、欢快、隆重”是庆祝表彰会的基本氛围，为体现这一点，就必须做到：

①会场布置采用大红横福、彩旗、宣传标语、敲锣打鼓来体现这种气氛。会场大小要与与会人数相当。

②做好迎送工作，对上级领导或被表彰人员要热情、妥善地迎送，会场可播放轻松的乐曲，主席台人员入座时，全体与会人员要报以热烈的掌声。

③会议发言要短小精悍，每一个人发言结束时，主持人要引导全场热烈鼓掌，这既是对发言者的尊重，也是为了进一步渲染、烘托会议气氛。

④表彰时先由领导宣布表彰决定，并为受表彰人颁发奖状、锦旗或奖金，宣读祝贺词。庆祝会可在其间穿插宣读贺电、喜报、捷报等，宣读时口齿要清楚，声音要洪亮，语调要欢快，要符合整个会场热烈的气氛。

⑤会后可安排联欢会、电影招待会、舞会或庆功宴会、座谈会等形式与之呼应。

（6）新闻发布会（记者招待会）礼仪

新闻发布会是政府、企业、社会团体或个人邀请各新闻媒体记者参加，公布有关消息或情况，并通过记者向社会公众进一步传播信息的会议活动形式。

其特点是正式、隆重，规格高，成本高，传播广，事先需要充分的准备。

新闻发布会的常规程序为：

第一步 主持人宣布开会；

第二步 介绍应邀参加会议的政府官员和主要发言人；

第三步 宣布记者提问时间、提问规则等；

第四步 宣布提问开始，并指定提问记者；

第五步 宣布提问时间到，提问结束；

第六步 组织参观或宴请。

举办新闻发布会应注意以下礼仪要求：

①选择恰当的新闻媒体。确定信息是否具有专门召集记者前来并予以报道为新闻的价值，确认该信息发表的紧迫性和最佳时机。

②选择一个良好适宜的环境。选择室温、灯光、音响、座椅等方面均显得气氛和谐、主宾平等的环境来举办新闻发布会，往往容易收到更好的效果。

③主持人与发言人要求。主持人要尊重记者的提问，并能随时把握会场气氛，讲话措辞要典雅而有力量，风趣而不失庄重。主要发言人应该是权威人物，如新闻发布单位的法人代表等，这些是能够准确回答有关重大问题的人士，发言人应头脑机敏、口齿清楚，具有较强的口头表达能力。

④议程安排要有章有节、准备充分。为了开新闻发布会，可预先准备好视听辅助工具，如图表、画片、照片、录音带、录像带等，还可安排现场参观、采访、摄像、拍照等，但时间不宜过长，应控制在1小时以内。

⑤仪表仪态要求。新闻发布会上的主持人、发言人与记者都应讲究仪表整洁端庄。对记者的提问，作为主持人和发育人都应以礼相待，不能用任何动作、表情或语言阻止记者发言。记者提问不可涉及人身攻击等内容。

2. 公文礼仪

（1）公文礼仪的特点

格式固定化。公文的格式包括：标题、主送机关、正文、附件、发文机关、发文日期报送单位、文件版头、公文编号、机密等级、紧急程度、阅读范围等项。对公文不讲格式、随意乱造，是不尊重收文者、阅读者的表现。

行文关系化。公文的关系应以原有的行政关系、职能关系、隶属关系为依据，如无特殊情况，应一级一级依次行文，不应越级行文。拟文涉及部门职权的公文，主办单位要主动与有关部门会商，在取得一致的意见后联合行文。平行或不相隶属的单位之间，只能使用平行文，不能使用下行文或上行文。另外，抄、送、发的关系要明确。

辞章逻辑化。提高公文写作技巧、写作水平也是讲究礼仪的具体表现。文书写作中的词语组合要严密精确，不会产生歧义。在一篇具体的文书中，如何称呼，用何种语气，都要和内容相一致，都要考虑对方能否接受，会做出什么样的反应、文书语言中的不得体，不仅失礼，对解决问题还会起反作用。

（2）公文礼仪的规则

公文礼仪具有以下基本规则：

各级国家行政机关的行文关系，应根据各自隶属关系和职权范围确定。

政府各部门在自己的权限内，可以互相行文，可以同下一级人民政府的有关业务部门互相行文；也可以根据本级政府授权和有关规定，对下一级直接行文。

向下级机关的重要行义，应抄报直接上级机关。

凡部门间未对有关问题协商一致时，一律不得各自向下行文。

政府各部门可以联合行文。

各级国家行政机关不得越级请示。因特殊情况，必须越级行文时，应抄报越过的机关请示的公文，一般应一文一事。除领导直接交办的事项外，请示不要直接送领导者个人，也不要同时抄送同级和下级机关。

受双重领导的机关上报公文，应根据内容写明主报机关和抄报机关，由主报机关负责答复请示问题。上级机关向受双重领导的下级机关行文时，应同时抄送另一上级机关。经过批准在报刊发表的国家行政机关公文，应视为正式公文依照执行。如不另行文，应在报刊发表时注明。

（3）公文办理的要求

公文办理一般包括登记、分办、批办、承办、催办、拟稿、审核、签发、缮印、用印、传递、归销、销毁等程序。凡需办理的公文，文书部门应根据内容和性质，送领导人批示或送交有关业务部门办理。紧急公文，文书部门应提出办理时限。

凡涉及其他部门或地区的问题，主办机关应主动与有关部门或地区协商、会签。上报的公文、如有关方面意见不一，要如实反映。已送领导人批示或交有关业务部门办理的公文，文书部门要负责检查催办，防止漏办和延误。

公文写作中要符合国家政策、法律，人名、地名、数字、引文要准确属实，时间要用具体的年月日，数字书写一般用汉字，同一公文中的数字写法要前后一致，使用简称时必须先用全称，并加以说明。各行政机关发出的公文，由机关领导人签发。重要的或涉及面广的，由正职领导人或主持日常工作的副职领导人签发。有的公文，可由秘书长或办公室主任根据授权签发。

各级领导人审批公文要认真负责，文件主批人要签署自己的意见、姓名和时间。

拟写、签发公文时应使用黑色钢笔或毛笔。

各级国家行政机关的办公室在将公文送领导人签发之前，应认真做好审核工作。审核重点：是否需要行文，公文内容、文字表述、文件使用、格式等是否符合有关规定。

上级机关的发文，除绝密或注明不准翻印的以外，经下一级机关的秘书长或办公室主任批准，可以翻印、转发。翻印时，要注明翻印的机关和时间。

传递秘密公文时，必须采取相应的保密措施，确保文件安全。

公文办完后，应根据文书立卷、归档的有关规定，及时将公文定稿、正文和有关材料整理立卷。

公文立卷应根据其特征、相互联系和保存价值分类整理，保证齐全、完整、正确反映本机关的主要情况，便于保管、查找和利用。

立好的案卷，应按照有关规定定期向档案部门移交。个人不得保存存档的公文。

没有存档价值和存查必要的公文，经过鉴别和主管领导人批准，可定期销毁。销毁秘密公文，要进行登记，有专人监督，保证不丢失、不漏销。

（4）常用公文写作的礼仪

①简报　简报的写作要求，一是简明扼要；二是快速及时；三是真实准确；四是符合格式。

简报根据其内容大体可分为会议简报、工作简报、情况简报三大类。会议简报主要通报会议议题、发言要点、会议决议及会场花絮等背景材料。

工作简报是一种向外单位和内部员工、下属机构通报工作情况、交流工作经验的简报形式，具有较强的公共关系作用。

情况简报是一种涉及面广、容量大，类似于动态消息的简报类型。简报其有固定的格式，由报头、正文和报尾三部分组成，报头往往统一印制好待用。

报头。在简报第一页上方，约占全页1/3的位置，由简报的名称、期号、编制单位和印发日期四部分组成。其中名称字体较大，可套红印制，可用“××简报”或“××动态”等形式。

正文。报头下用一条较粗的横线隔开后，接着就是简报的正文，正文是简报的主体，要求内容简洁，材料翔实，有的简报还要在正文之前加上目录或标题。标题要求能简要地概括正文的内容，如果是重要的正文，文前可加编者按。

报尾。正规的简报在末页正文下面用一条略细的横线隔开，注明这期简报的发送单位，“报”指给上级单位，“发”指给下级单位，“送”指给平行或不相隶属的部门。

②会议记录和会议纪要　会议记录是指在会议进行的同时用书面文字的形式，把会议的基本情况、议题、决议等有关内容，如实地记录下来，以备事后查考

的材料。会议记录人一般由大会工作人员或秘书担任，也可由会议主持人临时指定。

会议记录由开头、正文、结尾三部分构成：

开头。应记录会议名称、开会时间、会议地点、出席人、列席人、会议主持人和记录人七项内容。

正文。主要包括会议主持人的讲话，会议报告与传达，与会者的发言，讨论的问题及会议决议等内容。一般简要记录只需重点地摘要记录，而详细记录要把整个会议的各项议程，自始至终地记录下来。

结尾。正文记录完毕后，要另起一行空两格写上“散会”，如中途休会时也应注明“休会”。正式的会议记录，最后要由主持人和记录人在正文的右下方签名，并写上签名时的日期。

③公函 公函是上下级和平等机关或不相隶属的单位之间在洽商、联系工作、询问、答复问题以及委托和告知某一事项、情况时所使用的公文类型，内容涉及的都是较为重要的公务活动。

公函的作用是用于机关之间洽商和联系工作、询问问题，用于答复对方询问的问题，用于向上级部门请求批准某事项，还可用于上级单位对下级处理问题中做指示、通知、补充、更正和介绍等。

公函的使用范围较广，凡是不便使用其他文种的公务活动，都可以用函行文，它的行文比较自由，篇幅简短，简便灵活。

公函的写作格式与一般书信大致相同，但公函正文前有标题，结束语的写法也与一般书信的祝愿不同，一般宜用“请函复”“请予以大力协助”“为盼”“特此函复”“此复”等词，署名后还要加盖公章以证明其效力。

第二节　舞会交际礼仪

舞厅是一个文明、健康的群众娱乐场所，它带给人们的不仅是精神上的愉悦，而且是多方面的审美感受。在这里，人人是演员，又是观众，既充分展示才华，得到心理满足，又可自由地尽情饱览他人优美的舞姿，聆听演奏，进行艺术熏陶。所以出入舞厅的人要学会带有优雅、文明格调进行交际，以建立纯洁的友谊，创造和谐、温馨的美。

一、参加舞会前的梳妆打扮

由于舞厅是一个宽松、美妙、和谐的环境，身临其境的人从心理上都愿为此处的美景添色彩，而不愿由于自己的邋遢和埋汰而亵渎美。所以，参加舞会前，要注意衣着、发型、饰物、鞋子等的选择搭配，从服饰上表现出一种异于平时的外表美，进而规范礼仪，显示教养。

跳舞时，还要注意神态和表情，应面带微笑，自然大方，既不要过于严肃，面容凝重、呆板，也不要目不转睛地凝视对方，引起误会和反感。即使是夫妻或热恋中的情侣，在舞会上也不应过分亲昵，在社交场合这样做是不礼貌的。

二、邀请舞伴的礼节

周到而必要的礼节，潇洒而大方的举止，文雅而得体的谈吐，往往是能够邀到舞伴且彼此融洽、协调的关键。

1. 邀舞的顺序

正式的舞会，第一支舞曲是主人夫妇、主宾夫妇共舞；第二支舞曲是男主人与女主宾，女主人与男主宾共舞。接下来，男主人须依次按照礼宾顺序，邀请第二位、第三位男宾的女伴共舞，而这些女士的男伴应同时邀请女主人共舞。男宾也应主动邀请女主人和主人方的其他女士共舞。男女结伴参加舞会，依惯例第一支舞曲应一起跳，舞会的最后一支舞曲，如有机会两人也应同跳。但整个舞会，同跳应以两次为限，不能够两人从舞会开始一直跳到结束，而应有意地交换舞伴，以扩大自己的交际面。

2. 邀舞的礼仪

按常规，主动邀请舞伴者多为男性。为达到邀到舞伴的目的，邀请者应当注意观察，学会“三相”：一相女方神情，是否疲惫，来了解女方能否有体力跳舞；二相女方身边有无男伴或丈夫陪同，以决定是否前去邀请；三相女方与他人是否谈兴正浓，以掌握恰当的时机邀舞。

当决定邀舞时，可轻轻走近女方身边，含笑询问：“小姐，可以请您跳舞吗？”得到允许后，男士表示感谢，随即伸出右手，双双进入舞池。舞毕，男方再次表示感谢，并陪送女方回到座位，方可离开。

同性不宜共舞

根据国际惯例，两位男士共舞等于宣告他们不愿意邀请在场的任何一位女性，无形中表明他们是同性恋关系。两位女士也应尽量不共舞，尤其是在有外宾的情况下以及在国外的舞会上，我们尤要注意这一点。

当女方主动时

一般情况下，女士是不用主动邀请男士的，但特殊情况下，需要请长者或者贵宾时，则可以不失身份地表达："先生，请您赏光。"或："我能有幸请您吗？"

两位男士同时发出邀请时

从国际礼仪的角度考虑不难解决，女士面对两位或者两位以上的邀请者，最能顾全他们面子的做法是全部委婉的谢绝。要是两位男士一前一后走过来邀请，则可以"先来后到"为顺序，接受先到者的邀请，同时诚恳地对后面的人："很抱歉，下一次吧。"并要尽量兑现自己的承诺。

3. 谢绝邀请的礼仪

舞会上，被人邀请跳舞是受到尊重的表示，无故谢绝男士的邀请是失礼的。女士不愿意接受对方的邀请也可谢绝，但要注意委婉、客气，礼貌待人。如可以说："对不起，我想休息一下。""对不起，这支舞曲我不太会跳。"等等。被拒绝后，男士应有自知之明，礼貌退下，不要赖着不走，反复纠缠。

拒绝一位男士的邀请后，就不宜马上接受另一位男士的邀请。如果已接受一位男士的邀请，对另一位则应表示歉意："对不起，等下一曲吧。"当女士已拒绝一位男士的邀请后，如果这位男士再次前来相邀，无特殊情况，不应再次拒绝。同舞伴一起来跳舞，别人邀请自己的女伴时，不能代女伴回绝。

三、约束男女舞伴的目光

男女舞伴款款起舞时，双方应约束各自的目光。女舞伴的眼光最好平射男方肩头，或穿过肩膀，以显得端庄、平静、娴雅。男舞伴则宜将眼光停留在女方的额头或秀发上，以显得神情专一，心静如水。从而反映出舞风的高雅，举止的文明，表现出品德的优良，目的的纯正，有利于博得舞伴的好感，取得交际成功。

四、舞厅无声语言的使用

一般在较高规格舞厅内，是不允许两个男性共舞的。因为这是对女性的不尊重，易引起女伴反对和不满。而两女共舞，则意味着她们没有男伴，男士掌握了这一无声语言的含义，便可在恰当时机进行邀请。

另外，在同一次舞会上超过三次邀请同一位女士跳舞，易被认为是想同其发展关系。在舞会上，如有人将女士介绍给男士，男士应与其跳舞，以示友好。

五、舞姿与风度

参加舞会，应注意自己的舞姿和舞技，但更重要的是跳舞时的举止风度，要符合礼仪的规范要求。步入舞池时，要尊重女舞伴，女在前，男在后，由女士选择跳舞的具体位置；跳舞时一般男士领舞引导在先，女配合于后；一曲终了，应立于原处，向乐队或主持人鼓掌表示感谢，再将女伴送回原处。

舞姿要标准，动作要协调，跳舞时要保持身体端正，如果是一般舞伴共舞，男女之间应保持一定距离，过近显得轻薄浮躁，太远又令人感到勉强冷漠，最佳距离约为 15—46 厘米之间。

六、所握男女舞伴的手位

男女共舞时，双方手位有一定之规。男方右手掌心向下向外，大拇指背向靠在女方腰部正中，左手与肩形成水平线，掌心向上，拇指平展，将女十右手托住，以显得举止文雅得体，训练有素。作为女士不可抓住男士肩头，以免显得缺少风度。

舞会是人们尤其是青年人喜爱的社交活动，它不仅可以增进交往，加深友谊，还可以丰富人们的文娱生活。

第三节　涉外交际礼仪

目前，全世界有 100 多个国家，各国的政治、经济、文化状况都不大相同。社交礼仪当然也各有特点。俗话说：“入境问俗，入国问禁。”只有了解各国不同的习俗、礼仪和禁忌，熟习异国情调。才有利于与这些国家的人士交往和相互了解。

随着国际间交往的日趋频繁，逐渐形成了一些各国共同遵循的外事礼仪。各国运用时虽不完全相同，却也大同小异。我国作为联合国的常任理事国，在国际事务中正发生着愈益重要的作用。外国国家元首、政府首脑和其他贵宾络绎不绝地来华访问，为我国了解并且运用各种外事礼仪提供了丰富的实践。掌握有关外事的知识，不仅有助于与外宾友好地交往，而且了解更重要的是，关系到我们伟大社会主义祖国的形象。这比了解各国的礼俗文化，自然又加重了一层意义。

【例1】1972年2月，时任美国总统尼克松对中国进行“破冰之旅”访问。2月21日中午，尼克松的专机抵达北京，周恩来总理等人到机场迎接。当尼克松夫妇出现在飞机舱门时，周总理并没有鼓掌，而是等他们走到舷梯一半位置时才开始鼓掌。等尼克松夫妇下完舷梯最后一级，周总理也不是主动迎上去握手，而是站在原地。这时尼克松主动走上前去，身体微向前倾，先伸出手握住周总理的手说：“我非常高兴来到中华人民共和国的首都北京。”

接下来的欢迎仪式上，按照惯例悬挂两国国旗，奏两国国歌和检阅仪仗队等。不过，还是与当时我们接待其他国家贵宾的仪式有所区别，最明显的就是没有群众欢迎场面。

欢迎宴会上，在周总理的安排下，中国乐队演奏了美国民歌和尼克松家乡的歌曲，这让尼克松夫妇感到非常亲切。接下来的祝酒碰杯，一般情况下，周总理与其他国家领导人碰杯时，总是让自己酒杯的上沿去碰对方杯子的中间部分。但这次在向尼克松敬酒时，周总理却特意将杯沿和尼克松的酒杯杯沿持平后再碰杯。这一细微的举动，既不失礼，也不过分。

与外国友人的交往，实质是在进行中外文化的交流。礼仪也是一种文化形态。不同国家的礼仪代表着不同的文化。不同文化的交流、撞击，又有助于共同的发展。因此，掌握涉外交际礼仪，既是中外文化交流的开始，又为交流的深入和发展提供了重要的条件。

一、和外国友人交谈

由于中外地理环境、文化背景、风俗人情各异，在涉外交际中要特别注重言谈举止，处处显得彬彬有礼。既要尊重对方意见，又要不失中国人的君子风度，同时还要相互平等，友好待人。唯此，才能在国际社交场合体现出良好的修养。

和外国人交谈，需要注意的有以下几个方面：

1. 讲究话题的选择

和外国友人交往，首先要注意谈论话题的选择。避免涉及有关个人的事情，比如对方工资、婚姻、年龄、生意等问题。在他们看来，这是属于个人隐私，不能随便过问。这一点和中国人交往特点迥然相异。中国人见面时，常询问对方姓名、职业、工资、年龄以及婚姻状况，以此表示亲切友好。而这种话题在国际场合中千万不能谈论，免得为对方所厌，造成中国人好询问人家底细的不良印象。其次是避免涉及有关身体不适的问题。一般情况下，中国人在交谈时，如遇身体有病，常毫无顾忌地说："我最近拉肚子""我头疼得不得了！"等一类言辞，这些在外国友人面前也是应有所忌讳的。特别在外国女士面前，有关脚、腿、胃、肠等字眼都不应说为宜。如肚子不好受，只可含糊地说："我不舒服。"而作为听者，也不必刨根问底，询问对方究竟身体哪个部位不适。最后是要避免谈及有关政治见解的话题。欧美等国党派较多，政见不同，在交际场合提到这些问题，容易引起争论。尤其是外交关系，瞬息万变，谁是谁非，无从判断，若单凭一纸新闻轻信人家的宣传，盲目加以褒贬，会导致对方不快，造成关系疏远。一般比较稳妥、安全的话题是天气、电影、娱乐、游艺、竞技之类的内容。

2. 礼貌地回答对方的提问

通常在中国人之间的普通交际场合中，不懂对方或不赞成对方的谈话内容时，出于礼貌，不愿追根问底或直率表达，可含糊其辞，敷衍过去。但与外国人交谈，则应采取坦率的态度为好。如没听懂对方意思，可直截了当地说："对不起，我没有听懂你的话，请再说一遍好不好？"或"这个问题，我一点也不相信。"以此显示态度认真，十分有诚意。如果遇到难以回答的问题，可大方地回答："对不起，我不能回答你的问题。"

3. 不必过分客气谦让

中国人之间的交往中，以"礼多人不怪"为处理原则，有时甚至表现出十分的谦虚客气。如做报告时，发言人常说几句客气话："我今天准备仓促，对这方面研究不够，浪费大家时间，随便听一点吧……"有些中国女青年受到外国人赞扬时，不是愤愤不平就是谦虚地回答："我长得不美"或"哪里，还差得远呢。"倘若接待外国客人吃饭，也难免客气一番："饭菜做得不好，凑合着吃吧！"这种过分谦虚客气的习惯对外国人来讲并不适宜。对方会以为既然准备不足，何必来讲？明明长得漂亮，为什么不让赞美？所以在国际社交场合，应以国际交往礼节对待外国友人。无论讲学讲话，还是受人赞扬，抑或请客吃饭，都应实事求是，真实表达自己的感情。或表明："关于这个问题，我作认真的准备，现在谈谈自己的看法。"或回答："非常感谢您的夸奖。"或告之："这是我特意为您准备的饭菜，请品尝！"表现出落落大方，真诚友好的文明风范。

【例】美国总统克林顿来到中国的幼儿园视察。很多小朋友都说"欢迎克林顿爷爷"。克林顿听了并不高兴。最后有个孩子说："你好，比尔。"

克林顿很高兴，把他抱起来照相。在中国文化中特别讲究称谓，身份不一样就要有不同的称呼。在称呼中标示出辈分差异是一种礼节。西方人平等的意识比较强，直呼其名字并不觉得冒犯，反而感到亲切。

二、迎送外宾

外宾接待工作是涉外交际的重要组成部分，特别是迎送程序和宴请礼节，都有一定的要求。了解和掌握这些内容，对于显示修养、宣传中国、建立感情、促进合作有着不可忽视的作用。

1. 迎送

迎送外宾应首先了解对方身份和来访性质，以及两国关系等因素，安排合适的迎送活动。其次是掌握外宾抵离时间，提前到达机场、车站或码头，以便顺利接送，又不过多耽误迎送人员的时间。

迎接时，应在飞机（车、船）抵达之前到达机场（车站、码头）。送行时，则应在客人登机（乘车、船）离开时，送客人员要挥手告别，直到客人看不见我方人员时才离开。

接送客人一般都使用小型轿车。位置是主左客右，也就是当主人陪车时，请客人坐在主人的右侧。如果是三排座轿车，译员坐在主人前面的加座上；如果是两排座，译员坐在司机旁边。上车时，最好让客人从右侧车门上车，主人从左侧车门上车，避免从客人座位前穿过。假若客人先行上车，并坐在主人的位置上，则不必请客人挪动位置。

当客人与迎接人员见面时，要互相介绍。通常由工作人员或请迎接人员中身份最高者介绍，先将前来欢迎客人的人员介绍给来宾。介绍时，要将姓名、职务说清楚。

外宾到达住处后，一般不要马上安排活动，应稍事休息。然后，根据客人要求、安排会见、会谈、宴请或游览等活动。

2. 宴请

宴请要顾及主客双方人数和身份的对等，而采用何种宴请形式，应根据当地习惯，一般规格较高、人数较少以宴会为宜，人数较多则以冷餐或酒会更为合适，妇女界活动多用茶会。

宴请时间的确定应以主客双方都满意为标准。要注意避开有星期五的 13 日。最好先征求对方同意再确定具体时间。

宴请地点一般选择在客人所住宾馆或带有当地风味和特色的涉外饭店。

宴请外宾应发出请柬，以表示礼貌尊重，同时也对客人起提醒、备忘作用。如果便宴或宴请客人较少，也可不发请柬。

宴请要讲究程序。宴请时，主人应在门口迎候客人，主要陪同人员同主人排成一行迎接客人。迎宾线排列顺序，主人在前，其余陪同人员按职务高低排列。迎宾线应保持到客人进门存衣之后进入休息厅之前，主人及陪同人员同客人握手后，由工作人员将客人引进休息厅，或者直接进入宴会厅。宴席讲话，可安排在一入席即开始。宴请席位的安排根据参加人数多少而定。如是大型宴会，最好排好席位，以免混乱。一般桌次高低以离主桌位位置远近而定，原则上是右高左低。同一桌上，席位高低以离主人的座位远近而定。外国习惯男女穿插安排，以女主人为准，主宾在女主人右边，主宾夫人在男主人右边。我国一般按个人身份、职务排列，以便谈话。如夫人出席，通常把女方排在一起，即主宾坐男主人右方，其夫人坐女主人右方。如有译员，一般安排在主宾的右侧，以便交谈。至于用餐，则应遵守宴请礼仪。

三、会见外宾

近年来，许多外国企业纷纷将目光转向中国。它们在华投资办厂、捐资赞助，不少学术文化团体也纷至沓来，进行科学技术方面的广泛交流。同时，一些友好城市的代表频繁来访，寻求合作，进行贸易洽谈。这样，不可避免地要会见外宾，并与其会谈等。于是精心组织、认真安排这些活动，以加强了解、促进感情，就成为涉外交往中的一项重要工作。

会见，在国际上一般称接见或拜会。凡身份高的人士会见身份低的，或是主人会见客人，称为接见或召见。反之，凡身份低的人士会见身份高的，或是客人会见主人，称为拜会或拜见，接见和拜会后的回访，称回拜。我国国内不作上述区分，一律统称会见。

会见有礼节性的、事务性的、政治性的。礼节性的会见时间较短，话题较广泛；事务性的会见一般有外交交涉、业务交流等；政治性的会见涉及双方关系、国际局势等重大问题。

会见，一般要求上级出面，领导人即是主持人。参加人员不宜过多，只要求有关人员参加。会见地点，大都安排在客人所住宾馆的会议室。如会见时间在会谈之前，可在客人抵达的第二天或宴请之前进行。当然，机关的办公室、会客室和小型会议室也可作为会见地点。会见座位安排一般是客人坐在主人右边，译员、记录员分别坐在主人和主宾的后边或右边，其他客人按礼宾顺序在主宾一侧就座，主方陪见人在主人一侧就座。座位不够可在后边加座。

四、会谈礼仪

会谈一般是双方为解决实际而具体的问题而进行的双边谈判。会谈参加人员一般不受限制，但要慎重选择，既要考虑出席者的个人素质，又要注重整体形象。注重选用善于言辞、交际和应变的人才，并确定主谈人。会谈地点可安排在客人所住宾馆会议室，如果人少也可以在客人房间进行。日程应在客人抵达前安排妥当，并做好材料准备。

会谈座位安排有一定的规定。会谈通常采用长方形、椭圆形或圆形桌子就座。宾主相对而坐，以门为准，主人占背门一侧，客人面向正门。主谈人居中。我国习惯把译员安排在主谈人右侧，有的国家则让译员坐在后面。一般应尊重主人安排。其他人员按礼宾顺序左右排列，记录员在后排。如果会谈是长桌，其一端面向正门，则以入门方向为准，右为客方，左为主方。

会见、会谈还有一些必要的礼节。如会谈前，主人应提前到达，并到正门口迎接，也可由工作人员在大楼门口迎接，再引到会谈室，主人在会谈室门口迎接。

会见时间可控制在半小时之内。如需合影，可安排在宾主握手之后。合影时，由主人居中，按礼宾次序，以主人右手为上，主客双方间隔排列，两端由主方人员把边，合影后再入座。会见结束时，主人应将客人送至车前或门口，握手、目送客人离去再退回室内。

五、赠答礼品

在涉外友好交往中，互赠礼品已成为一种国际惯例，习以为常，因为送礼既不是为满足对方欲望，也不是显示自己的富有，而是为了增进感情、加深友谊、促进合作、表示感谢。送礼要掌握三点：

1. 适时

送礼要掌握恰当时机。业务往来中的初次见面一般不要送礼，因为这不符合欧洲人的习惯，又易产生贿赂之嫌。如只可能和对方有一次见面的话，也可送礼。私人朋友往来时送礼应避开公开场合，而业务往来互赠礼品应选择公共场所。送礼的具体时间可定在生日、婚礼、宴请、探病、圣诞节、复活节，以及其他一些可送礼的节日。

2. 适量

送礼要把握礼品数量的多少和礼品价值的高低。一般西方人认为13是个不吉利的数字。它源于上断头台前要迈上13级台阶。以及出卖耶稣的犹大是耶稣的第13个门徒，因此无论是现代宾馆，还是豪华饭店，都没有13这个数字。送礼也不例外。还有日本，对礼品数量有一些特殊的讲究，如日本避讳4和9两个数字，却推崇奇数，如3等。

礼品价值的高低对外国人来讲是次要的。他们主要看重礼品的实用价值和纪念意义。但礼品太轻则被人看不起，太重又易产生行贿的印象。故以适中为好。

3. 适需

送礼要察人所需，了解对方的爱好情趣。一般比较好的礼品是具有民族特色的工艺品，如瓷器、漆器、刺绣、丝绸、茶具、字画、景泰蓝等。但一般不送香水，以免误会。也不要送带有本公司标志的礼品，以被人认为是在为其公司做廉价的广告。

【例1】中秋节快到了，送点月饼给法国朋友应该很好吧？

恰恰相反，很多法国人并不喜欢外国牌子的蛋糕或者酒，送个带有中国特色的小名片夹也许更受欢迎，千万不要邮寄。

【例2】法国使馆举行活动，是不是应该给每位来宾都准备点小礼品？

不，法国人很不喜欢集体礼品，法国的各种会议也基本不分发礼品，因为这使来宾感受不到特殊性和尊重感。

除此之外，送礼还有一些具体规则和要求：赠送的礼品要有精致的包装，包装纸的颜色以花色为好；礼品一般要当面赠送，尽量不要托人；赠送礼品是要用右手或双手递过去；赠礼时应在刚进入受礼人家时呈递，不要在告辞时再送；送礼人对呈递的礼物应做简短的介绍。此外，祝贺生日、节日、探望病人、参加婚礼的场合，送礼时应说几句祝词或问候的话语。如委托他人代送礼物，礼品中不要放名片，可在纸上亲笔书写问候、祝贺或纪念的话语。接受礼物时应双手去接。欧洲人习惯当着送礼人的面打开礼品包装，并极力称赞后放在醒目的位置；送礼人不要对受礼人家中的某个物品长时间盯视，以免对方提出赠送，造成尴尬局面。

社交应酬，礼尚往来，既是人之常情，也是建立人际关系、拓展交际范围不可缺少的一部分。中国人与外国人交往时，可根据上述规则，针对不同国家的风格，并注意礼品颜色、图案的选择，从而赠送恰当的礼品，以达到交流感情、增进友谊的目的。

专家建议：

1. 国际涉外宴请遵照外国习惯，男女掺插安排，以女主人为准，主宾在女主人右上方，主宾夫人在男主人右上方。

2. 涉外迎宾时，献花适用于贵宾，献花须用鲜花或由鲜花扎成的花束。献花时要注意保持花束整洁、鲜艳。通常由儿童或女青年向贵宾献花。在迎送主要领导人时与客人握手后，献花人员将花献给来宾，并向来宾行礼。

3. 涉外交往不宜问的问题：(1)收入问题；(2)年纪大小；(3)婚姻家庭；(4)健康状态；(5)个人经历。

4. 在涉外活动中，人们在拍照时，必须不能违犯特定国家、地区、民族的禁忌。凡在边境口岸、机场、博物馆、住宅私室、新产品与新科技展览会、珍贵文物展览馆等处，应严忌随意拍照。在被允许的情况下，对古画及其他古文物进行拍照时，严忌使用闪光灯。凡在“禁止拍照”标志的地方或地区，人们应自觉忌讳拍照。在通常情况下，应忌讳给不相识的人（特别是女子）拍照。

第十章　求职应聘礼仪

章前启示

礼节及礼貌是一封通向四方的推荐信。

——伊丽莎白（西班牙女王）

这是一个两分钟的世界，你只有一分钟展示给人们你是谁；另一分钟让他们喜欢你。

——罗伯特·庞德（英国形象设计师）

生活是一种不断的竞争和自我的超越。不管你是什么身份、做什么工作，都需要全部的投入，千万不要存着一种“客串”的心理，得过且过地混日子，那是最划不来的事了。

——席慕蓉《流泪的春天》

随着人才市场和劳动就业市场的不断发展与完善，通过受聘方式找到工作已成为时代的必然。在招聘、受聘过程中注重求职礼仪，能够更好地帮助你抓住每一次机会，以最快的速度找到自己理想的栖身之所。心理学家奥里·欧文斯说："大多数人录用的是他们喜欢的人，而不是最能干的人。"一个懂得求职礼仪且仪表出众的人，在求职面谈中更能得心应手，也较别人有更大的成功机会。如果"望之不似人君"，则会让人怀疑其工作能力。今天的商业社会，注重形象包装，即使有卓越的才干、丰富的经验，也得配合适当的仪表，才能令个人的潜能发挥更加淋漓尽致，事业前途更加得心应手。

第一节　求职应聘基本礼仪

一、求职应聘礼仪的意义

礼仪规范是一个人道德水准的外在表现，不可避免地要受道德规范制约，是一个人心灵文明程度的反映。一个讲文明、懂礼貌、爱社会、爱集体、尊敬长者、尊重他人的人，一个较高道德素养的人，在他的礼仪行为中，必然处处体现出较高的道德素养。招聘者与求职者在接触时间较短，总体的感性了解，只能从求知者的行为礼仪中探索和了解。

求职礼仪是发生在求职过程中，求职者首先要有一种"求"的心态，无论自己条件多么好。无论人才市场的供求状况对自己怎么有利，都不能摆出一副舍我其谁的架势。因此，求职过程中求职者更要讲究对人的尊重，讲究礼貌修养，希望给招聘者留下一个良好的印象，希望自己所中意的招聘单位能录用自己，如愿以偿。但从另一角度讲，求职虽说"求"，并不意味着人格的低下，要不卑不亢，要有礼节的提出和维护自己正当的利益、要求和尊严。无论是招聘者还是求职者，都是站在同一公正、平等、互尊的位置上相互审视的，彼此互为选择。

求职礼仪能够体现:(图 10-1)

求职礼仪能体现求职者的个性特征:

(1)求职礼仪能体现求职者的文化素质

一般说来,文化层次不同的人,其对礼仪规范的广度与深度的理解也不同。文化层次越高,对礼仪的掌握越多,理解也越深,他们不仅懂得礼仪规范的一般要求,而且懂得礼仪规范在不同场合的特殊要求。招聘者往往能从求职者所表现出的礼仪规范中看出其文化修养。

图 10-1

(2)求职礼仪能体现求职者的道德水准

人与人相比较,个性特征是各不相同的。招聘单位对人才的挑选,包括对求职者个性特征的了解虽然不同岗位需要有与之相适应的个性特征者胜任,但是,要求求职者具有良好的个性特征是一致的。比如是自信还是高傲、是谦虚还是自卑、是文雅还是内向、是爽直还是粗鲁,等等。礼仪体现着求职者的个性素质、修养和境界,有经验的招聘者往往十分注意并且能从求职者的求职礼仪中发现具有自己企业所需要的个性特征的求职者。

(3)求职礼仪能促成顺利完成求职面试的全过程

求职招聘中,招聘者除了重视求职者的素质外,理所当然地也需要了解求知者的知识、能力、经验等方面情况。因而,询问与掌握这些情况,也是求职面试的重要内容。然而,要了解求职者的知识结构、能力与风度、工作经验,又与求职礼仪规范有密切的联系。因为礼仪行为是相互获得尊重了解的行为表现,一个求职者如不懂得、不讲究礼仪,首先就缺乏尊重人的前提,招聘者往往就不与之深谈,也不可能进一步了解其知识与学历情况。一个注重求职礼仪的人,既反映了他个人举止文明修养,又给人以美的享受,使人乐于与他交谈。招聘者就会有兴趣和耐心进一步了解其各方面情况,甚至当与其他应聘者相比,虽有欠缺的地方,也能给予理解、关怀和鼓励,从而使其求职事半功倍,脱颖而出,最终被录用。

(4)注重求职礼仪能树立企业形象、创造良好工作环境

一个人的礼仪素质高,在代表国家、政府、团体、企业进行对外活动的时候,往往能够给人留下良好的印象,促进彼此进一步的了解和交往。对别人任何失礼的行为,都显示了自己是无礼貌的人,只会给别人留下不良的印象。如果这些失礼行为不及时纠正,养成习惯,可以想象,在他今后的工作交往中必然会受挫折。并给单位造成损失。现在,许多单位都在提倡"愉快工作环境",这个环境除了

工作场所的安静整洁、有条不紊、光线充足外，还需要职员彬彬有礼，平和友爱，这样才能充分发挥职员的潜能，提高他们的工作效率，所以，每个职员都应该为己、为他人、为单位，不断提高自己的礼仪修养，将自己培养成知书知礼的人。

据说，现在香港许多银行、公司的老板，在招工时已将“礼仪”作为录取新职员的条件之一，礼貌素质差的人不容易被录取。而在工作中粗心大意，不讲礼貌，得罪顾客的人随时会被抄“鱿鱼”（解雇）。可见，香港人中，“礼仪经商”的观念很明确。

二、个人简历

求知应聘一定要重视简历的包装，但包装虽然重要，决定胜负的却是内涵。是否真具有单位所需要的才能才是应聘成功与否的关键。个人简历一般应单独出示，内容包括个人基本信息、职业目标、教育背景、所受奖励、校园及课外活动、兼职工作经验、培训、实习及专业认证、兴趣特长。信函求职在毕业生求职过程中是最常用的、最主要的方式。

1. 简历的成功要诀

（1）目标清晰明确，有的放矢。不要把求职信写成一种能到处撒网的求职信，然后大量复制，到处投递。这种不管三七二十一的狂轰滥炸，很少能击中目标。有效的求职信都具有很强的针对性，或针对公司的某一具体职位而写，无关的甚至妨碍你求职的内容不要叙述。

特别提醒：在求职材料的封面、求职信的右上角清楚写明求职单位和求职岗位，用这种形式来强化求职的针对性。

（2）设置两个左右的兴趣点，突出你的过人之处。写出你自己关键的经历、最好的成绩、重要的特长以及自己的愿望、心情和信心等。表明你所特有的教育、技能、个性特征和将会为招聘单位做出的特殊贡献等。如你有演讲才能并得过大奖，你应详尽描述，这会有助于你得到营销职位。

（3）特长词句加黑加粗，视觉上的美观和利于阅读。在求职信的格式上，对需要特别强调的词语用另一种字体打出。例如，“主要特长”用加黑、加粗的字体显示，便于浏览。对特别的段落，采取两端各缩进两字的方法处理，更能吸引招聘者的目光。突出要点，避免使用大块的段落文章。

（4）用事实和数字说明你的强项，加个小故事或者事例。在每个人的成长过程中总有一些特别的经历，对自己的人生道路和人生的看法发生重要的影响，会改变一个人对于机会、金钱和世界观的看法。尤其是重大的挫折、人生的转变或者一个悲剧，这样的事例更能反映出自信、有责任感、不轻言放弃等人皆推崇的品质。应举例说明你曾经如何说服别人，如何与一个和你意见相左的人成功合作。这样才有说服力并给人印象深刻。

（5）逆向思维，胜人一筹。求职应聘不附和、不随俗、不从众，是有主见的表现。有一位同学这样写道："其实我并不觉得贵公司条件有多好，只是感觉比较适合我的专业。而且觉得最后能不能入选，关键在于实力而不在于运气。"这种写法往往能使招聘者眼前一亮，起到好的效果。

（6）适当地自负一些。"我虽刚刚毕业，但我年轻，有朝气，有能力完成任何工作。尽管我还缺乏一定的经验，但我会用时间和汗水去弥补。请领导放心，我一定会保质保量完成各项工作任务。"口气坚决，信心十足，给人以精力旺盛，"初生牛犊不怕虎"的感觉。

（7）适当表达对招聘单位的关注及兴趣。这会引起招聘人的注意和好感，同时可以请求面试机会。

2. 简历的照片

当简历具有"能否有第一次见面机会"的决定权时，简历上的细节部分也被格外重视起来。比如小小一张照片，几乎成了大学生求职的开端。一位大学应届毕业生说，"照片会给我带来意想不到的机会。现在和以前不一样，竞争这么激烈，履历表上的照片就是'门面'，如随便拍一张的话，你就输在第一印象上了。"

因为这种风气，所谓的"神奇"照相顺风而生，再加上媒体轰轰烈烈的炒作，一时间，倒真的以为如果没有那张连自己都不认识的完美照片，职场之路将一片黑暗。事实真的如此吗？简历照片在 HR 心中的位置是什么样的？一张照片的好坏，真的能决定你的前程吗？

（1）照片的重视度只有 5% 。招聘方在筛选简历时对照片的认可程度有多少？根据专业人士的调查，照片在浏览简历的几分钟时间里，最多只能占到 5% 的重视度。甚至很多没有照片的简历，因为其出色的内容，也能迅速得到 HR 的认可。

（2）别为照片浪费时光。简历照片朴实、大方就好，公司招人，主要还是看求职者的知识、技能，看你毕业的学校和专业，看你接受过什么样的培训，参加过哪些项目……如果求职者过分看重照片的作用，难免有"本末倒置"之嫌。况且，并不是所有公司都看重简历照片的。比如在很多"技术挂帅"的高科技公司，在"知识密集型"的 IT 公司，还有在很多公司技术部门的招聘信息上，求职者很难找到"请在简历里附上一寸近照"的要求。

（3）招聘方猎奇心态 。照片不需要费太多精力准备，并不代表所有的用人单位都不重视外貌。有些职位比如文秘、公关、销售，对外貌还是有一定要求的。

但这种要求并不是所谓国色天香、玉树临风，而是端庄、整洁、大方。如果求职者把自己拍成大美女、大帅哥的艺术照片放上，也有可能引起招聘方的兴趣，毕竟美总是令人向往的。但前提是你对自己的容貌要有绝对的自信，如果招聘方因猎奇心态注意了你，但见面之后大失所望，恐怕结果会更糟。

专家建议：

拍简历照片注意事项：

1. 照片尽量与自己的气质相符，不要有太大差距。

2. 整洁的发型很重要，避免蓬头垢面。

3. 服装尽量挺括，不要皱痕明显。

4. 精神焕发，不要萎靡不振。

5. 一定是近照，不要把大一求学时的照片拿出来。

6. 对照片重视不等于艺术照片。永远记住，真实和诚实是必须遵守的求职法则。

3. 求职简历模板

个人简历（毕业生适用一）

个人概况:

求职意向: ____________

姓名: ____________　　性别: ______

出生年月: ____年 __月__日　　健康状况: ________

毕业院校: ____________　　专业: ______________

电子邮件: ____________　　传呼: ______________

联系电话: ____________

通信地址: ____________　　邮编: ______________

教育背景:

____年— ____年 ________ 大学 ________专业(请依个人情况酌情增减)

主修课程:

____________________________________(注:如需要详细成绩单,请联系我)

论文情况:

____________________________________(注:请注明是否已发表)

英语水平:

* **基本技能:** 听、说、读、写能力
* **标准测试:** 国家四、六级；TOEFL;GRE……

计算机水平:

编程、操作应用系统、网络、数据库……(请依个人情况酌情增减)

获奖情况:

____________、____________、____________　（请依个人情况酌情增减）

实践与实习:

____年__月— ____年__月 ________公司________工作

____年__月— ____年__月 ________公司________工作（请依个人情况酌情增减）

工作经历:

____年__月— ____年__月 ________公司________工作　（请依个人情况酌情增减）

个性特点:

______________________（请描述出自己的个性、工作态度、自我评价等）

另：

个人简历（毕业生适用二）

姓 名	李##	性　别	男	籍贯	河南
婚否	未婚	爱好	体育	特长	足球
政治面貌	团员	健康状况	良好	出生日期	1978. 05
学历	本科	专业	国际贸易	入学时间	1996. 09
毕业学校	##信息工程学院				
联系地址	##信息工程学院 2863 信箱一五级一班				
电子邮件	Clear2@263.net	寻呼	6617868—24		
联系电话	010–6627868	邮编	100028		
所学课程	略				
自学课程	略				
培训课程	Frontpage2000　网页制作, Flash　课程, Office　系列 Photoshop　等				
社会实践	略				
自我鉴定	对工作兢兢业业，尽心尽责，不怕苦，责任心强，创新意识好，相信个人发展离不开公司的进步。				
求职意向	希望从事网页设计、数据库系统软件开发等相关工作。				

4. 视频简历

文字简历是招聘单位对于应聘者个人情况了解的基础，而视频简历就好比是一场初次的面试。由于单纯的文字简历难以展现个人的气质与综合素质，使得许多求职者专注于文字简历的“创作”，反而使许多诚实有才华的求职者得不到应有的面试机会。许多招聘单位也常常抱怨文字简历水分太大，使得面试的工作效率较低，而视频简历对解决上述问题提供了帮助。

以影视的方式进行介绍自我。相较纸质简历，视频简历更能立体地展现求职者的言谈举止。微信时代视频简历浏览起来更加方便，更加直观。

如何让视频简历给自己的求职锦上添花？求职者制作视频简历需要加强针对性。介绍时间不宜过长，控制在几分钟内即可。为了有别于纸质媒体，除年龄、毕业学校等基本信息介绍外，个性化不可缺少。更重要的是，不是所有的岗位都适合用视频简历。应聘一些需要展示个人才艺的岗位，比如创意类工作、电视节目主持人、公关等，视频简历可用来展现个人魅力。而应聘普通的管理、技术类岗位，视频简历的优势并不能凸显。同时，也并非所有的求职者都适合制作视频简历，对那些外表普通、表达能力不够好的求职者来说，视频简历恰把个人的弱点凸显了出来，反而对应聘不利。

三、求职者心态剖析

面对竞争激烈的就业市场，求职者往往心情过于迫切，由此便容易掉入企业设计的陷阱。因此，心理咨询顾问建议大家，在求职时不应该只看到某个职位的诱惑，而应该事先意识到，求职本身是有风险的，可能会遇到一些陷阱。

求职者应该保持相对冷静的心态，要有客观冷静的意识。事实上，很多求职陷阱都有清楚的破绽可寻。例如，以某种名义向求职者索取钱财，这是明显的可疑行为。但是，由于人在本能上有趋利避害的心理，往往在此时不容易保持冷静的态度。从而产生一种侥幸心理，认为或许付出 100 元或者几百元就能获得一个职位。

对于求职所做的付出，求职者应该要有心理底线。很多人在求职中受骗也是个人侥幸心理导致的。要把握自我，不能失去判断，尤其不要有依赖心理，不要把改变的权利永远放在对方手中。例如，公司一再拖延实习期，让你陷入无限期等待状态，此时，留或不留应该早做判断。

专家建议

1. 择业前一定要花点时间了解自己，找出自己的优势及弱点，确定自己的职业方向。然后要选择目标企业及职位，了解目标企业及职位需求情况，了解市场行情。切不可不考虑自身特点，不考察企业情况，盲目模仿他人的简历和择业目标。

2. 写简历前先决定你的求职方向，可以通过专业测评机构，也可以通过其他方式。

3. 简历通常需要中英文各一份。简历前附一封简短求职信，有时会有出奇的效果。

4. 求职中最忌讳的就是“缺乏诚信”，事实上，这也已经成为大学生求职中的一个普遍问题。简历、测评作假的直接后果是用人单位对毕业生诚信度大打折扣，这是给所有大学生拆台。即使利用虚假简历进入企业，自身能力无法造假，最后只能得不偿失。

第二节　求职应聘方法与技巧

求职面试的基本方法主要有信函自荐、电话自荐、考试录用、网上应聘等，在这各种方法之中也有很多应试技巧，掌握这些方法和技巧，会有助于求职面试取得成功。

一、信函自荐

求职信即自荐信，由开头、正文、结尾和落款组成。

开头　要有正确的称呼和格式，

在第一行顶格书写，如："尊敬的人事处负责同志：""尊敬的张教授："等，加一句问候语" 您好"以示尊敬和礼貌。

正文 主要是个人基本情况即个人所具备的条件。求职信的核心部分要从专业知识、社会实践能力、专业技能、性格特长等方面使用人单位确信，他们所需要的正是你所能胜任的。

结尾 可提醒用人单位回复消息，并且给予用人单位更为肯定的确认："您给我一个机会，我会给您无数个惊喜！"结束语后面，写表示敬意的话，如"此致""敬礼"。

落款 署名并附日期。

如果有附件，可在信的左下角注明。

求职信的信封、信纸最好选用署有本学校校名的信封、信纸，忌讳选用带有外单位名字的信封、信纸。字迹清晰工整。如果写有一手漂亮的书法，最好手写，因为更多的人相信"字如其人"。如果字写得不好看，就不如用打印出来。篇幅要适中，不宜过长，1000 字左右较为合适。求职信是个人与单位的第一次接触，所以，文笔要流畅，可以有鲜明的个人风格，不可过高地评价自己，也不可过于谦虚；要给用人单位留下较为深刻的印象，最后要留下自己的联系方式。

1. 求职信基本内容

（1）写明用人信息的来源及自己所希望从事的工作岗位，否则，用人单位将无法回答。

（2）愿望动机，这是自荐信的核心内容。说明自己要求竞争所期望的职业的理由和今后的目标。

（3）所学专业与特长，将大学四年所学的重要专业课程写入，但不要面面俱到，以免使主要的专业课程"淹没"在文字之中。对自己熟悉的、有兴趣的，特别是与期望单位所需人才职业关系紧密的课程，可多写一些。

（4）兴趣和特长，要写得具体真实。

（5）最后应提醒用人单位留意你附带的简历，请求给予回复等。

2. 一封理想的求职信应该按照以下几个方面来构思

（1）对你自己的知识水平、能力和价值做出恰当的评估，陈述你的兴趣和动机。

（2）调查职业、工种和用人方情况并做出评价。

（3）确定自己的求职目的事业目标。

（4）写一份专业水平的简历。

（5）设计并逐步实施你的求职活动。

（6）申请参加面试。

（7）选择一份适合于自己的工作。

虽然就写求职信本身来说，只与后三个步骤有直接的关系，但是值得注意的是，它是整个求职过程中关键的一环。

3. 求职信的写作原则

求职信也是交际的一种形式，它可以反映出一个人的专业水平。从用人单位的角度出发考虑问题是使求职信产生积极效果的重要方法。求职人应该采取换位思考的方法，通过分析用人单位提出的要求，了解他们的需要，然后有针对性地向他们提供自己的背景资料，表现出自己独到的智慧与才干，使他们从你的身上看到希望，并做出对你有利的决定。应该铭记，在交际过程中占主动地位的是撰写求职信的一方，而非阅读信件的用人单位。

寻求工作的人在写求职信时，应遵循以下几个基本原则：

（1）根据求职的目的来布局谋篇，把重要的内容放在显要的位置上，并加以证实。

（2）对相同或相似的内容进行归类组合，段与段之间按逻辑顺序衔接。从阅信人的角度组织内容。

（3）信件要具个人特色，亲切且能体现出专业水平。切不可过于随意，也不能拘泥于格式——商业信函应该是一种既正式又非正式的文体。

（4）意思表达要直接简洁，这样能表现出你珍惜他人的时间。

（5）书写要清晰、简单明了，避免使用术语和过于复杂的复合句。

（6）内容、语气、用词的选择和对希望的表达要积极，应该充分显示出你是一个乐观 、有责任心、有创造力和通情达理的人。

（7）句子结构和长度应富于变化，使阅信人总保持兴趣。

（8）用具体事例提高阅信人的注意力，消除他们的怀疑心理。

（9）提供阅信人感兴趣的信息和内容。

（10）提供一些反映阅信人兴趣的信息。

4. 求职信的类型

交际能力是你在工作中表现出来的最重要的能力，而你的求职信就是向用人单位展现你在这方面竞争力的第一个机会。求职信应该有说服力、通俗易懂且亲切近人。第一个交际行为都是关于你个人的一个信息。

在求职过程中可能会用到以下七种信函：申请信、求职函、信息型信函、感谢信、接受信、撤回申请信、拒绝信。

每种类型的信件都有其独到的作用，应根据实际情况需要进行选择，下面逐一介绍这几种类型的信息。

（1）申请信：这类信函的作用是使用人单位有兴趣看你的简历并为你安排面试。你应考虑采取的策略是说明你是符合招聘要求的人选。仔细研究招聘要求，然后选择一个或几个能有力说明你适合这份工作的方面，如受教育程序、经历、兴趣或责任心等等，还要将你过去的工作表现和经历与申请的工作联系起来。

（2）求职函：这类信函的作用和写作方法与申请信大同小异，它不适用于在异地寻求工作。信函的形式要与具体的求职目标相对应。写这类信件更应注重从职业和所在机构的角度来陈述自己能够适应工作环境要求的理由。

（3）信息型信函：这类信件可以为你提供一次参加咨询的机会，而不是一次面试。你会在咨询会上见到一些人，他们会给你提供有关你申请的那个工作的情况，你想得到一次面试机会的初衷可能会有所改变，但是你希望与一些人联系并得到他们的帮助的意愿应始终保持真诚。这类咨询会，也可以称之为人才交流会，在近年非常盛行，但是许多求职者都不能很好地利用这样的机会。它并不是一个简化了的面试过程，也不会提供更多的就业机会；但是它要求参与者精心地准备，诚恳地参与。信息型的信函正是为你提供了这样一个参加人才交流会的机会。通常情况下，这类信函不需要加附个人简历，但简历在人才交流会上也许用得着，以便用人单位更了解你的意图。

（4）感谢信：这是一个非常重要但却在求职过程中很少被运用的一种信函。它可以帮助你树立良好的信誉，表达你的感激之情，或许不能增加你成功的概率。每一个帮助过你的人都值得你去感谢。在参加完面试之后，如果你打算写一封感谢信，一定不要超过 24 小时，而且要给每一个你会过面的人都发一封。对那些在人才交流会上见过面的人和那些给你提供过帮助的人，你也应该给他们发感谢信。

（5）接受信：如果你接受了对方提供的条件，应该发一封这样的信对此加以确认，也应该积极肯定用人单位的选择，通常情况下，在你发出这类信函之后，应该给对方打个电话，以进一步讲清有关的细节性问题。

（6）撤回申请信：你一旦接受了一份工作，出于礼貌你应给其他你所申请的单位发一封信，以撤回你的申请。对这些单位对你的申请所给予的考虑表示感谢。你应从个人的角度来说明接受另一份工作的原因，千万不要说你选择了一个更好的工作。

（7）拒绝信：这类信函并非只有用人单位可以发。求职者可能发现用人单位提供的条件与他的求职目标不符，因此应该考虑巧妙地拒绝用人单位提供的条件，但是在采取这一行动之前，求职者应充分考虑那些条件，在认为确实不适合自己时才这样做，同时也不要忘记发一封感谢信，对用人单位给予的机会表示谢意。

所有上述方法都是因人而异的。求职者首先对自己要有全面和正确的了解，才能在求职信中体现个人的特色，展现出才华与个性。只要稍加练习，每个人都能成为写求职信的专家，写一封专业水平的求职信可以增加求职成功的概率。

二、电话自荐

见到心仪职位后如何与公司方进行电话联系？面试后如何打电话询问结果？突然接到公司打来的电话面试怎样从容应对？接到招聘方电话如何巧妙对答？如今，电话作为最为便捷的通信工具之一，被频繁地运用于应聘双方的初次沟通上。通过电话推荐自己，也是常用的一种求职方式，如何充分地利用电话接通后的短暂时间，用最简洁明了的语言清楚地表达自己，能否给对方留下一个深刻清晰的印象，是求职者十分关心的问题。

打电话之前，一定要做好充分的准备工作。谈话内容上，要了解用人单位的有关情况，尽量做到心中有数。其次要对自己有一个客观、公正的认识。最后要根据用人单位的需求情况，结合自己的特长，列出一份简单的提纲，讲究条理并重点突出地介绍自己，力争给受话人留下深刻印象。另外还要调整好自己的心态，做好充分的心理准备，努力控制好说话的语音、语调、语速，在短暂的时间里，展现自己积极向上、有礼有节的个人良好品质。

电话接通后应有礼貌地询问："请问这是某单位人事处吗？"在得到对方肯定答复后，应作简短的自我介绍，并说明来电意图。求职者一定要言简意赅，并着力表现自身特长，与所求职位相互吻合。

场景一：看到广告后如何与公司电话联系

某人下午5点多在报摊上买了份招聘类报纸，查阅到了一个心仪职位。为在第一时间与招聘方联系，就立刻拨通了对方电话："喂，请问是××公司吗？我看了报纸，想来应聘……"还没等她说完，对方就表示人力资源部负责人正在开会，且下班时间快到没空细聊，但还是记下了她的手机号码，表示第二天会联系她。

专家点评：这位求职者没有在合适的时间找到合适的人，主动致电变为了被动等候，是一次很失败的电话应聘。正确的电话应聘应该注意以下几点：

（1）选择恰当的通话时间。一般来说，应该在公司工作时间打电话，一般来说，上午9：30—11：00以及下午1：30—4：30之间较为合适。此外，在刚上班的时段内，对方会比较繁忙，而临近下班时又会归心似箭，无心工作，应该避开这些敏感时段。

（2）找到合适的人。求职者要注意广告上的联络人姓名，避免转接或误接，甚至给人留下糊涂的印象。

（3）找到安静的环境。不要在喧嚣的马路或吵闹的环境下打电话。这样可以避免漏听、重复叙述的情况发生。

（4）准备通话要点。虽然是简单应聘，但还是需要准备好问题，以免遗漏。如职位要求、招聘人数、用简单的语言概括出自己符合职位的特长和擅长的技能，简明扼要地介绍自己的经验。询问招聘流程、面试时间、上岗时间等。

场景二：如何应对突然的电话面试

某人正逛街，突然接到某公司的电话面试。此时周围有商场背景音乐和人群的嘈杂声，对面试不利。于是该求职者非常礼貌地告诉对方："不好意思，我正在外面，环境比较吵闹，是否能过 10 分钟给您打回去？"对方应允，并留下电话。

专家点评：很多企业在收到简历后，为节约时间，会先通过电话面试做初步筛选。电话面试会准备几个目的性问题，用以核实求职者的背景，考察求职者的语言表达能力。通话时间一般在 15—20 分钟左右。不管企业是否有电话面试环节，为获取胜率，求职者最好还是做好充分准备以备不时之需。这样当突然接到来电时就可顺畅对话。若接电话时正好有事，上面这位求职者的做法值得借鉴，同时也可利用"时间差"来理清思路。"喂，您好""请问""谢谢"等礼貌的电话用语能给自己加印象分。此外，电话面试还应做好以下几点：

（1）拿着简历回答问题。若接电话时正好手边有简历，记住一定要把它拿出来，对照着回答问题。一般来说，面试方会进行常规的简历信息核实。对于一些跳槽多次、工作经验复杂的求职者，对照着简历可以避免错报数次以及跳槽时间等内容，免得留下"不诚实"的印象。

（2）在手边准备纸和笔。有时公司会出一些小技术题或逻辑题请应聘方回答，手边有纸笔可方便记录和计算。

（3）注意语速。人的语速有很大差别，注意尽量配合面试官的语速。若面试官语速相对较慢，你就该放弃一贯快速的说话方式，转为和对方语速同步。同时注意不要抢话，要等对方提问完毕后才回答。另外，回答时不要滔滔不绝，也不能只答"是"或"好"。

（4）控制语气语调。在通话时要态度谦虚、语调温和，语言简洁、口齿清晰。并且语气、态度也应该配合对方，这样有利于双方愉快地交流。

场景三：如何巧妙应答招聘方电话

月薪 8000 元的小王突然接到招聘方电话。对方首先询问小王是否会 ×× 技术，在等到肯定答复后说，现在市场上会 ×× 技术且有 6 年经验的人不多，现有个月薪 1.5 万元的职位，你是否有兴趣?

小王谦虚地答："我走了要赔钱给现在的公司的。其实会 ×× 技术的人多了，我的同学、周围同事都会的。"

专家点评：小王的做法一方面过于谦虚，否认了自己的价值；另一方面过快回绝一个月薪翻倍的职位，也是不明智的。接到招聘方电话，首先，应与招聘方保持良好的关系。即使目前没有跳槽打算，也不要贸然回绝；其次，通过对话了解公司的背景，确认公司的可信度和专业性，了解招聘方本人的专业性；最后，倾听职位信息和要求，这也是了解市场行情、充分认清自我价值的一个良好途径。

场景四：面试过后如何打电话询问结果

小李自认第一轮面试回答顺利，应该能有复试结果。然而三天后仍未接到电话。焦急的小王按捺不住致电对方："喂，您好，我是王 ××，我想请问一下你们第二轮复试是否已经开始？""对不起，我们的复试已经开始，若你没有接到通知说明没有进入第二轮面试。"公司方简单地回绝了小李。

专家点评：若没有接到再次参加面试的通知，表示此次应聘失败，即使打电话询问也无可挽回。当然，若是第一次面试自认为给对方留下了非常深刻的印象，且双方交流愉快，那么也不妨打个电话提醒一下。要注意一点，就是找到当天和你对话的面试官。因为一般会有很多位面试官面试不同的人员，你必须找到和你对话的那位，然后报出你的名字，提醒他面试当天的场景，当他回忆起来后，可以给你一个真实的理由。

三、考试录用

笔试是常用的考核方法，笔试限于一些专业技术要求很强，对录用人员要求很高的单位，如一些涉外部门或技术要求高的专业公司等。参加笔试前，应了解笔试的大体内容。一般而言，用人单位的笔试包括以下几个方面的内容：

（1）对于知识面的考核，包括基础知识和专业知识；

（2）智力测试，主要测试受聘者的记忆力、分析观察力、综合归纳能力、思维反应能力；

（3）技能检测，主要是对其处理实际问题的速度与质量的测试，检验其对知识和智力运用的程度和能力。

参加笔试要按要求准时到场，不能迟到。卷面要整洁、字迹要工整，给阅卷者留下良好印象。考试过程中，绝对不能作弊或搞小动作，对于这一点，用人单位是尤其看重的。

四、网上应聘

据统计，规模较大的企业一般每周要接收500—1000份电子简历，其中的80%在管理者浏览不到30秒钟后就被删除了。要让别人在半分钟内通过一份E-mail对你产生兴趣，其难度与跟用人单位直接见面相比难得多，关键在于你是否拥有一份个性化的电子简历。

网上求职首先要准备一份既简单又能吸引用人单位的求职信和简历。求职信的内容包括：求职目标——明确你所向往的职位；个人特点的小结—— 吸引人来阅读你的简历；表决心——简单有力地显示信心。

在准备求职信时还要注意控制篇幅，要让人事经理无须使用屏幕的滚动条就能读完；直接在邮件内编辑，排版要工整；要做到既体现个人特点又不过分吹嘘。对于网上求职来讲，简历的准备相对比较简单，在“中华英才网”等人才网站上都提供标准的简历范本。需要注意的是，学历和工作经历要按时间顺序倒着填，也就是把最近的工作经历和学历写在最前面，以便招聘方直观地了解你目前的状况。在填写工作经历时，很多求职者只是简单列出工作单位和职位，没有详细描述工作的具体内容，而招聘方恰恰就是根据你做过什么来评估你的实际工作能力的。除非应聘美工职位，否则不要使用花哨的装饰或字体。

在网上填简历，要严格按照招聘方的要求填写，要求网上填写的就不要寄打印的简历；要求用中文填写的就不要用英文填写；有固定区域填写的就不要另加附件。发送简历是网上求职关键的一步，如果是自己在网上通过E-mail发简历，应该以“应聘 ×× 职位”作为邮件标题，把求职信作为邮件的正文，再把简历直接拷贝到邮件正文中，这样既方便对方阅读，又杜绝了附件携带电脑病毒的可能性。如果通过人才网站求职，可以直接把填好的简历发送给招聘单位，网站的在线招聘管理系统还能把个人简历以数据库的方式存储起来，根据求职者的要求，供招聘单位检索和筛选。

简历中有几栏是用来给对方留下深刻印象的，也是决定对方是否给你面试机会的关键。如何写好这几部分的内容很重要。

1. 成绩 以你的骄人业绩去打动未来的雇主。突出你的技能和成绩，强化支持标题。集中对能力进行细节描写，运用数字、百分比或时间等量化手段加以强化。强调动作，避免使用人称代词如“我”“我们”等。

2. 能力 对各方面能力加以归纳和汇总，扬长避短，以你无可争议的工作能力和个人魅力征服未来的雇主。用词应简单明确，观点鲜明，引人入胜。

3. 工作经历　应当包括你所有的工作历史，无论是有偿的还是无偿的，全职的还是兼职的。在保证真实性的前提下，尽量扩充与丰富你的工作经历，但用词必须简练。不要只针对工作本身，业绩和成果更为重要。

4. 技能　列出所有与求职有关的技能。你将有机会向雇主展现你的学历和工作经历以外的天赋与才华。回顾以往取得的成绩，对自己从中获得的体会与经验加以总结、归纳。你的选择标准只有一个，即这一项能否给你的求职带来帮助。

5. 嘉奖　简历中的大部分内容是经历和成绩的主观记录，而荣誉和嘉奖将赋予它们实实在在的客观性。这是一个令雇主注意到你已获肯定的成绩的机会。强调此奖项是你资历的重要证明，突出此嘉奖与你所求职务的相关性。

6. 职业生涯　着重强调你在相关行业中所获得的特殊专业技能和取得的成就。在提及你的技能与成就时应越具体越好。此栏专门针对一些具体职业，需说明你所在的具体行业。

第三节　求职应聘形象设计

一、个人形象的内涵

个人形象（图 10-2），一般是指一个人在社会上所形成的公众印象，以及社会公众由此对其产生的基本看法和做出的总体评价。在涉外活动中，尤其是在比较正式的涉外场合，个人形象自始至终都会受到交往对象的高度关注，并且在一定程度上影响着涉外活动的开展。因此，每一个人在涉外活动中都要重视个人形象、规范个人形象、维护个人形象。

图 10-2

（1）个人形象真实地体现着个人教养、生活态度与精神风貌。只有充分表达出自己认真、负责、自尊、自信的生活态度，以及热情开朗、豁达大度、朝气蓬勃、奋发进取的精神风貌，才会在涉外活动中真正为人所信赖，受人尊重。

（2）个人形象客观上展示了其对待交往对象的重视程度。在国际社会里，人们普遍认为，在正式场合，特别是在国际交往中，每一名参与者的个人形象不仅体现了个人的教养和素质，而且与其对交往对象的重视程度直接相关。一个人在涉外交往中如果形象甚佳，就会被视为对其交往对象极度重视；一个人在涉外交往中如果形象欠佳，则会被视为对其交往对象缺乏应有的重视。

（3）个人形象直观地反映出其所在集体的整体形象。在涉外交往中，通常每一个人的具体身份都是明确的，其个人形象实际上就是其所属集体形象的有机组成部分。因此，作为部门形象、单位形象、机关形象、政府形象、地方形象、民族形象乃至国家形象的具体代表，任何人都绝对不可以对个人形象掉以轻心。

（4）良好的个人形象客观地被人们视为一种宝贵的无形资产。一般而言，在涉外活动中，参与者的个人形象实际上也是其所在集体的一种极其宝贵的无形资产。良好的个人形象实际上就是一种最为直观可信、最具有说服力的宣传。其功效往往要比“纸上谈兵”强过百倍，不仅可以宣传其所在集体的形象，而且还可以直接为集体带来一定的效益。

总之，重视个人形象，是对人们参与涉外活动提出的一项总体要求。每一名参与者须将此项要求确实落到实处，以自己的实际行动规范个人形象，塑造集体形象，维护民族形象与国家形象。对于被通知第一次面试的人来说，初次面试等于是工作机会，非常重要，身上穿的、手上戴的均能反映出求职者对所申请职位的理解程度。

二、衣着服饰

1. 原则

女生：优雅、美丽、精致；男生：稳重、整洁。

2. 求职着装指导

（1）外套是重点所在

参加面试，在衣着方面不要过分讲究花哨华丽，面试时你所穿的西服、衬衫、裤子、皮鞋、袜子都不宜给人以崭新发亮的感觉，但也要注意整洁大方，不可邋遢，不可修饰过分。无论是男装或女装，对质料要略有讲究。好的面料可以使剪裁合体的服装更加合身、相得益彰。合乎自身形象的着装会给人以干净利落、有专业精神的印象，男生应显得干练大方；女生应穿得整洁、明亮，显得庄重高雅，叮当作响的珠宝饰物、过浓的香水、没拉直的丝袜、未修过的指甲或是蓬松的头发等，都足以抵消求职者给予考官的良好印象。

从自己的服装调色盘中挑出件中性色系、质料较好的外套，不要搭配有花边的衬衫，这会让你看起来稚气未脱、不够庄重，最好能与外套、裙子搭配，并有剪裁简洁的衬衫，七分袖西装外套适合初入社会的新鲜，青春又不失端庄。

（2）选择服装的关键是看职位要求

应聘银行、政府部门，穿着偏向传统正规；应聘公关、时尚杂志等，则可以适当地在服装上加些流行元素。除了应聘娱乐、影视、广告这类行业外，最好不要选择太过突兀的穿着。应届毕业生允许有一些学生气的装扮，可以穿休闲类套装。此外应聘时不宜佩戴太多的饰物，这容易分散考官的注意力。

（3）可适当穿休闲类套装

优雅的裙子

不论是否为套装，坐下时的裙长绝对不可以短于大腿的一半，若你需常常将裙子往下拉，以防“走光”，这裙子便有太紧或太短之嫌。

简单的配饰

小巧的钉式耳环最适合年轻的女孩子，不要戴太夸张的手表，表耳上有卡通造型或荧光色表带都不适合。选一双样式中庸、鞋跟高度中等的女鞋，不要穿平底鞋或细高跟女鞋。

不同款式的领带斜纹：果断权威、稳重理性，适合在谈判、主持会议、演讲的场合；圆点、方格：中规中矩、按部就班、适合初次见面和见长辈、上司时用；不规则图案：活泼、有个性、创意和朝气，较随意，适合酒会、宴会和约会；

领带夹：已婚人士之标志，应在领结下 3/5 处。

（4）面试着装禁忌

禁忌1：脏污和皱褶

肮脏、破旧、皱得像酸菜干的服装，也许很“酷”，但绝对不适合穿去面试，如此装扮会让人觉得你个性吊儿郎当，没有诚意。此外，时下流行仿脏污、故意抓皱褶的前卫风服装，也不适合。

禁忌2：装可爱或太花哨

你无法忍受一成不变、特爱“与众不同”，疯狂迷恋粉红色系的娃娃装……忍下来，这场面试决定你的一生，暂时把内心里的“粉红狂”收起来，把身上的粉红娃娃、缤纷花朵、绒毛玩具、公主发夹一一取下，乖乖地去面试吧！

禁忌3：浑身名牌

参加面试，衣着装扮的确要花钱打点，但不代表就得要浑身名牌。浑身名牌，常会给人“败家”“个性娇纵”“不肯吃苦耐劳”的负面印象，就算是应征精品业的工作，也不必如此。

禁忌4：太过性感或裸露

你的身材可能非常性感火辣，但在面试时，最好还是包紧一点，以免火辣的身材，蒙蔽了面试官的眼睛，只看见你的身材，没看到你的才华。

禁忌5：露趾鞋

流行的“露趾鞋”，一直是时尚圈争议的焦点。虽然很多人认为露趾鞋已可登大雅之堂，国外女星甚至还穿着去赴宴呢！不过，专家还是建议能免则免，因为你不知在面试场合上，会不会遇上八股又思想老旧的面试官！

三、仪容化妆

整洁的仪容 头发：整洁、无头屑，头发软者可用摩丝定型。应聘办公室职位，留长发的女士不披头散发；眼睛：清洁、无分泌物，避免眼睛布满血丝；鼻子：别让鼻毛探头探脑，勿当众抠鼻子；嘴巴、牙齿：清洁无异味、无食品残留物；指甲：修剪清洁；男士的胡子：刮干净；佩件及饰物：检查有否污损或被碰歪了。（图 10-3）

必要的妆容 也许你是自然主义者，不爱化妆，但面试时，最好还是上点妆，适当遮住黑斑、雀斑和黑眼圈，让自己的气色好一点。不过太过浓烈的浓妆艳抹

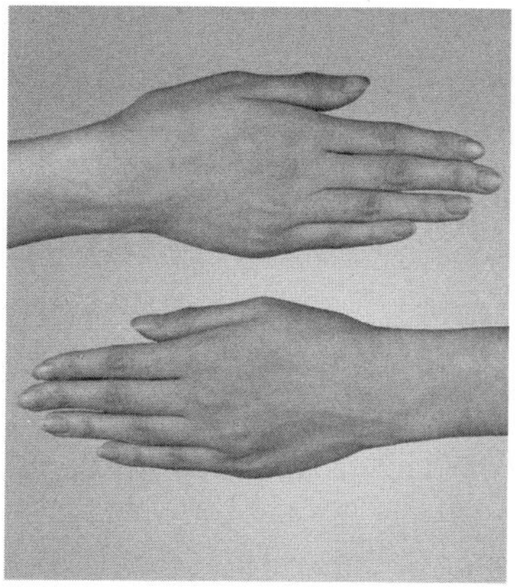
图 10-3

图 10-4

图 10-5

也不合适，会让你显得太过匠气，也要避免。求职应聘时，妆容应以简洁、大方、亲切、自然为恰到好处。女生可以修一下眉，肌肤良好的女性，只要准备腮红、睫毛膏及唇膏即可，肌肤稍有瑕疵者，则可打层薄薄的粉底。你的发式与化妆，也会影响你的总体形象，长发者需将头发束在脑后或高高梳起。应注意的是，头发要保持整洁卫生。（图 10-4）

男生最好在面试前把头发理短，刮刮胡子，让人一看就精干；可以带公文包或大的皮夹，以便随身携带一些个人资料及其他物品，这对于应聘正规的企事业单位或外企来说，很协调；女生可以带一个手袋，但不能太醒目、太昂贵，以免给人一种不像应聘人员的感觉。（图 10-5）

四、仪态

在求职面试过程中，除了运用语言进行交流、交谈外，在传情达意方面，还要借助于大量的体态语言，如扬眉张目，喜乐悲伤，举手投足，坐、立、行的姿态，等等；这种体态语言，即体态语，就是人们在交往中身体各部位的动作、姿势、形态、表情等所体现出人的特定信息、态度和情感。

人类的语言与形体动作是人际交流的两大媒介。但在日常生活交往中，人们更多地重视有声语言，而忽视了无声语言——形体运动语言的作用。其实，形体运动语言在某种程度上来说，比有声语言更丰富、更有效。

1. 体态语运用原则

人的形体姿态实际上也是一种语言，称为身体语言。身体语言是最能够恰当反映一个人态度、性格、意向、风度、气质、能力、自尊心与自信心的信号。两人相对而立时虽默默无语，但仍能够进行交流，它所依靠的媒介便是身体语言。

我们在理解体态的含义时，应该注意以下几点：

（1）体态语言是一种广义的语言

人的各种行为活动，会有相应的动作和表情。没有一定合作和表情的行为活动是不可想象的。从这种意义来说，合作、表情是构成行为活动的形式基础，也是行为活动的表达方式。因此，动作、表情是一种广义的语言。

（2）体态语是一种无声的语言

根据“语”字的含义，它有“相告”的意思。体态语，它不是通过言语来向他人相告自己和思想等各种信息的，而是通过自己的各式各样的动作，各种各样的表情来向他人相告自己思想等各种信息的。动作、表情的功能与言语的功能有相似与一致之处，因此，体态语是一种无声的言语。

（3）体态语是一种非言语的语言

人类的活动与经历是个符号的传播过程。这是从符号学的观点来说的，也就是说，人类的活动和经历可以用不同系列的符号的排列组合来表述。符号既可是语词的，也可以是非语词的。用动作、表情等来表达人类活动和经历含义的符号即称为动作语言，或态势语言，所以说，体态语是一种非言事的语言。

因为体态语有着特殊的作用，所以应聘者在求职过程中，不仅要能读解理会主试人的体态语，还应学会运用体态语。要做到善于运用体态语，必须掌握运用体态语的原则。

差异原则

注意不同地域的体态语的差异。体态语是人们在日常生活中约定俗成的。不同民族、不同地域的人们，由于生活环境不同，文化背景、风俗习惯不一样，活动方式、交际方式也不尽相同，因面，对体态语的理解和运用存在着差异。不同民族、不同地域的人们或有不同的体态语，或同一种体态语所具有的含义不同。在择业求职过程中，必须注意体态语在不同民族和地域的差异性，熟悉对方的习惯。

情境原则

体态语的意义受交往情境的影响。同一种体态语，在不同的情境之中可能具有不同的含义。因为体态语的运用总是与一定的交往情境相联系的，离开一定的交往实际来抽象地运用体态语是没有意义的，实际上也是不存在的。求职中运用体态语，一定要结合当时的交往实际情境来运用。

综合运用原则

人们的情感可以通过多种体态语来表现，同样感情在人们的动作、姿势、表情等方面都可以得到表现。所以，在面试过程中，不能单一地使用某一种体态语，必须综合运用多种体态语以求得好的效果。当然，综合使用体态语时，使用的各种体态语不能互相矛盾和冲突，而必须相互协调。

2. 体态语的具体运用

在求职应聘时，我们除了语言表达之外，还应该重视身体的语言表达。言谈举止由内在决定，但这并不意味着面试前无法准备，特别是对于没有面试经验的毕业生们，适当的“包装”还是需要的。换句话说，就是要在动作姿态上征服对方，达到求职就业的目的。

怎样才能更好地用身体语言说明自己、说服对方呢？

不要擅自走进面试房间。如果没有人通知，即使前面一个人已经面试结束，应聘者也应该在门外耐心等待；如果面试时间到了，进房间之前应先敲门。

（1）面部表情

面部表情主要由人的眼睛、嘴形和眉毛形状变化来完成，三者不同组合就形成了人类喜、怒、哀、乐、爱、恶、欲七种情绪。有意识在面部表情上给以暗示，能够造成对自己有利的印象。表情就像文字一样，可以将我们内心世界表达出来。“脸”是我们传达表情的第一窗口，脸部的表情自己无法看到，但各种情绪或心境都会表现在脸上，面部的表情有先天的因素。但是，一个人后天气质、风度、价值观的变化必然反映在脸上。这就是说，人的惊、喜、怒、悲、傲、惧等基本表情同人的其他素质一样，是由人的文化修养、气质特征等内在变化决定的。所以，也有人说脸部就是人生的一张履历表。

有一次，有人向林肯总统推荐一个人做内阁成员，林肯没有用他，理由是：“不喜欢他的长相。”推荐人认为：“这太苛刻，他不能对自己天生的面孔负责！”而林肯说：“不，一个人过了四十岁，就该对自己的面孔负责。”

眼睛

眼睛是心灵的窗户，可以流露出心灵的秘密。在求职谈话时眼睛应当注视对方，不要闪烁不定，眨眼次数要尽量减少，否则会给人以空虚和无知的感觉。切忌不要在谈话时盯着其他东西，那样会加大说话双方的心理距离。

始终保持用眼神交流。面试一开始就要留心自己的身体语言，特别是自己的眼神，对面试人员应全神贯注，眼神要热情，善于用眼神跟对方打招呼，目光始终聚焦在面试人员身上，在不言之中，展现出自信及对对方的尊重。

眉毛

眉毛要平直，不论是成功与否都不要皱起眉毛，或是将眉毛提升或下降，这样可以给人以自信、坚定的感觉。眉毛迅速上下跳动，是亲切、同意、愉快的表现。

嘴

嘴形应该自然闭合，谈话时不能频繁变换嘴形，更不要打哈欠或是张开嘴露出牙齿，否则会给人以不拘小节、不求上进的印象。

不要忽视眉毛和嘴的形态。眉毛和嘴也能做出各种表情。在面试时，要善于通过眉毛和嘴的形态来表达自己择业求职的热心、诚恳等心情。

善于微笑

想要带给别人美丽的印象和好感，其实并非完全取决于一个人的长相，反而一张笑眯眯的脸、一双神采奕奕的眼睛才是左右第一印象的关键。笑容是无声的语言，也是人际沟通的桥梁。能够使初次会面的人解除防卫，“有笑容的脸”是成功的一大因素，公关人员在与公众打交道时，最常用的礼仪形式就是面带微笑。因为笑容带给人一种亲切、友善、鼓舞的信息，对于第一次见面的人，向对方展示善意的微笑，也就是暗示可以在互相信赖的关系上进行沟通，双方就很容易进入谈话的情境。所以说笑容是人际关系最好的润滑剂。

国外曾有一句处世格言：“一个人的微笑价值百万美元。”这话一点也不夸张，它足以说明一张笑脸对人际交往、对个人事业来说有多么重要。面对不同的场合、不同的情况，如果能用微笑来对待他人，可以反映出本人高超的修养和待人的至诚，非常容易被别人接受。

笑是面部表情总的体现。求职过程中要善于微笑，在跟对方见面时要带着微笑；在跟对方交谈时，要面带微笑；在跟对方告别时，要以微笑相别。当然，微笑要发自内心，自然、坦诚，要给人以友善、可亲、融洽之感。人的许多情感都可以通过笑来表达。求职者在求职过程中，必须善于解读各种笑的含义。

无表情的脸，表示拒绝的态度。喜怒不形于色的人，一般来说头脑比较冷静、清醒，能周详地考虑问题。

露出笑容以后，随即收起，或把笑容突然收起，脸下沉，说明此人不好对付。不置可否的微笑，表示一种婉转地拒绝。

（2）身体姿态

鞠躬

鞠躬时，应从心底里发出向对方表示感谢和尊重的意念，从而体现在行动上，给对方留下诚恳、真实的印象。

鞠躬的场合与要求：遇到主考官需要表示感谢或回礼时，可行15°鞠躬礼；遇到尊贵客人、老人时，行30°鞠躬礼。行礼时面对对方，并拢双脚，视线由对方脸上落至自己的脚前1.5米处（15°礼）、脚前1米处（30°礼）或脚前0.5米处（45°礼）。男性双手放在身体两侧；女性双手合起放在身体前面。

在面试中，坐姿很重要。因为面试大都在房间里进行，有不少时间是坐着的。一个人的坐姿，不仅表现着他体态美的程度，也体现了他的行为美。面试时，在坐姿上要注意以下几个问题：

恰当选择座位。如何就座，是很讲究的。由于座位有上尊下微之分，所以你选择什么位置就座，往往就显示了自己的态度和倾向。因为面试过程中，面对的一般都是自己的长者，或是用人单位的领导和有关人员，因此，应该选择在对方的下座，或者比对方座位低一些的沙发和椅子。有两种坐姿不可取：一是紧贴着椅背坐；二是只坐在椅边。这两种坐法，一种显得太放松，另一种则太紧张，都不利于面试的进行。建议最好坐满椅子的2/3，保持轻松自如的姿势。

讲究坐相。坐相要给对方一个讲文明，有教养，有风度的感觉。为此，面试时，应该采取一种恭敬有礼的坐相。坐时要轻而缓，人要坐端正，起坐时也要轻而缓。

注意坐向。坐，也有一个方向问题。面试中，坐的时候要让自己面对着对方，表示自己对对方的礼貌和尊重。

站姿。面试时，一个人的站姿同样反映出他的文明程度。

为此，必须注意以下几个问题：注意距离面试中与他人交谈时，要与对方保持一定的距离，不要站得太近。因为任何人在自己的意识里都有个人空间领域。如果你站得太近，就会使人感到个人空间受到侵犯。这种距离一般在210厘米左右较宜。当然，距离远近怎样为好，重要的是要看对方所处的文化历史背景，还要注意性别差异，要看双方关系的发展程度。

注意站向。面试中，与用人单位的有关人员交往时，站立的方向应该是正面对着对方，表示对对方的尊重。

注意站的体形。面试中，站立时应该背脊挺直、挺胸，这样可以给他人一种自信的感觉。站立时，两手自然地垂于身体两侧，不要两手叉腰，也不能双手插入口袋或把双手交握在背后，否则会给对方一种轻佻之感。

走路姿态和站姿态也能传达很多信息。求职就业时走路应该端正，步频、步幅要适应，走时就挺直前身，手自然垂于胸前或交叉在胸前，一般不要跷二郎腿。切忌不要将手扶在椅子上，或是一手搭在椅背，一手放于胸前，也不要玩弄手，那样只能使人认为你紧张、懒散和拖沓。如果对方气势太盛或谈话时间太长，也可以端起或跷起二郎腿，这样可在气势上压倒对方。

站立时不要低头，含胸，手不要随意乱动，比如一会儿拉拉椅子，一会儿摸摸耳朵。这种手足无措的动作会使人认为你内心空虚种紧张。

走路、站立和坐下等身体动作不要太快，幅度不要过大，无关运动尽量减少。每一个动作相对保持的时间要略长一些。反过来，走路速度过快，磕磕碰碰，站起、坐下太快或频繁变化姿势会使人产生不良感觉。

总之，在面试时要擅长用动作来表达自己的意思，使对方感到录用你完全可行。同时也要借助形体动作使对方充分了解你的特点。形体动作把握得恰当充分，就能达到无声胜有声的强烈效果。

一位人事部经理曾说："因为职业的缘故，我接触到许多美女。我觉得女人很了不起，能随时随地表现不同的美。不过，她们也能随时随地毁灭美，多可怕！在多数情况下，那些漂亮的女客人会站着或端坐在我面前，愉悦、祥和的表情、优雅自然的体态和漂亮合体的服装，让我觉得她无论是在家中还是单位都是受到尊敬和爱戴的。不过也有一些女孩子，虽然穿得漂亮时尚，可一坐在那里整个人就松松垮垮的，一副无精打采的样子，看上去很不自信。最不能让人容忍的是，有的客人坐在那里等候时，跷起二郎腿不停地抖动，像是一副不耐烦的样子，遇到这种没礼貌的人，我通常是背向着她，不去看她。她穿着再漂亮的衣服我也觉得不美。"

"有些女孩不懂美，以为只要穿上漂亮的衣服自己就美了。事实上，是舒展的体态决定了你身上服装的效果，而不是相反。再漂亮的服装也无法改变一个萎靡不振的人带给别人的坏印象。"

对于女性来说，正确的站立姿势是：抬头、挺胸、收紧腹部，双肩放松，前脚轻轻点地，重心全部放在后腿上，站立的时候双脚呈"T"字形。自我感觉好像有从上面来的力将头部和身体向上拉起，双手则轻轻放在旁边。很舒服、很大方的立姿传达给周围人的是镇定、冷静、泰然自若的信息。

正确的坐姿是进入基本站姿后，后腿能够碰到椅子，然后轻轻坐下来。两个膝盖并起，双脚放在中间或两边均可。如果要跷起腿的话，双腿也应是并住的。

（3）面试时体态语剖析

人们在求职面试时常常会情不自禁地做出一些动作，从这些动作往往可以看出一个人的精神面貌和心理状态：

捏面部的任何部位（眉毛、鼻子、耳朵或嘴唇）：没有把握；

看表：缺乏耐心；

玩弄圆珠笔、戒指或其他：心不在焉；

正视前方：感兴趣、注意力集中和自信；

姿势放松：没什么好隐瞒的；
身体前后摆动：紧张和有疑问；
舒心和真诚的微笑：积极向上；
搓手：不耐心；
手臂交叉：采取守势；
姿势"过于舒适"：傲慢；
啃指甲或将指甲放在嘴边：无把握；
眼光向下：不相信所听到的；
两腿交叉和一只脚不停摆动：厌烦和懈怠；
脚歪着放，脚尖相对和脚跟分开：神经质和紧张；
手掌伸开向上：真诚和抱有意；
揉眼睛，挠鼻子：有疑问。

专家建议：

避免消极的身体语言：

1. 避免抓耳挠腮、摸眼、捂嘴等具有说谎嫌疑的动作。
2. 避免双臂交叉在胸前，它表示抵触、抗议、不屑一顾、防范。
3. 腿脚不要不停地抖动，它在告诉别人你内心紧张、不安。
4. 不要做不必要的身体移动，这样会显得紧张、焦虑。

积极的身体语言：

1. 身体的接触，传递亲和力。

交流时人与人的距离尽可能缩短，以增加情感距离；但是也不要太近，不要侵犯个人的空间距离。

2. 倾听时，身体前倾，目光全神贯注。
3. 入门时，目光平视、挺胸、抬头。
4. 就座时，尽可能占领空间。
5. 交谈时，不要忘了点头。
6. 开会时，坐在领导的左边，而不是右边。

可以利用的身体语言：

1. 倾听时，把手放在脸颊——评估和分析对方说话。

2. 手放在下巴上——考虑你的意见。
3. 双手指互对并指向上方——展示出自信。
4. 双手掌互贴——说服、请求。
5. 眼睛迅速上挑——对话题很感兴趣。
6. 双手互搓——积极参与。

第四节　面试礼仪

求职面试是指用人单位派人对应招聘或毛遂自荐者进行有目的的面谈，是主考官求职者的一种考察办法，主考官通过观察及与对方交谈的过程中得到有关资料：

（1）求职者的外表、仪态、衣着以及行为举止。

（2）求职者辞令及应对技巧。

（3）求职者所具有的知识，例如口才、辞令等方面或各种语言天才、谈吐技巧或专门性的技能。

（4）求职者待人接物的态度及生活的体验、礼仪素质。

（5）求职者的社交经验、应对能力及与人相处的能力。

（6）求职者的热诚、进取心及责任心。

（7）求职者的情绪是否稳定及个人本身的成熟程度。

（8）求职者的理想、人生观及上进心等。

一、见面前的礼仪

1. 见面时要遵时守信

求职者最好提早 10—20 分钟到达面试地点。一来可以先熟悉一下环境，找出准确的面试场所；二来可以稍稍休息一下，稳定情绪，免得一到就气喘吁吁，慌里慌张进入面试室。如果你有客观原因需改期面试或不能如约按时到达，应事先打个电话通知主考官，以免对方久等。万一已经迟到，不妨主动陈述原因，宜简单表达，如“真对不起，路上塞车太厉害”，这是必备礼仪。迟到和违约都是不尊重主考官的一种表现，也是一种不礼貌的行为。

2. 面试时要放松心情

许多面试者一到面试地点就会产生一种恐惧心理，害怕自己思绪紊乱，词不达意，出现差错，以至痛失良机。

3. 对接待人员也要以礼相待

对候试室或面试室门口的接待人员要以礼相待，注意细节，恰当的表达礼貌，不要忘记向他多说几声“谢谢”“请你”之类的客套话。在等候面试时可翻阅杂志，但不要吸烟或嚼口香糖。说几句话打破沉默，例如赞美一下漂亮的办公室、有趣的图画等。

4. 面试时要关掉手机

面试时，要主动自觉将手机关掉或拨到振动状态。

5. 进入面试室时要先敲门

敲门时要注意敲门声的大小和敲门速率。正确的是用右手背的手指关节轻轻地敲三声，问一声：“可以近来吗？”得到允许后再轻轻推门进去。再转身静静地把门关好，动作轻便，尽量不发出声音。

6. 面带自信的微笑

“面带微笑”是一种常用的见面体态语。求职者在踏入面试室，与主考官四目相接时，便面露微笑，用自信和颜来与对方见面。交流中目光要注视对方，但万万不可死盯着别人看。如果不止一个人在场，要经常用目光扫视一下其他人，以示尊重和平等。

二、见面的礼仪

求职者与主考官相识之后，便要稍微收敛笑容，集中精神，平静的面容有助于你达到目的，千万不要不停地笑下去。

1. 主动地向主考官打招呼问好

求职者应主动地微笑向主考官点头、打招呼，礼貌地问候“您好！”或“大家好！”。如果你一入室，便听到主考官亲切、热情地问候“你好”或“很高兴见到你”等等，则应视情况回答“你好”或“见到您我也很高兴”或“谢谢您给我这次面试的机会”之类的话。这是一种起码的见面礼节，见到主考官不打招呼或当别人向你打招呼而不予回答，都是一种失礼行为。

2. 不要贸然与对方握手

面试的握手是一个“重头戏”，因为不少企业把握手作为考察一个应聘者是否专业、自信的依据。如果先前没有太多和别人握手的经验，可以事先练习一下。注意，握手不要有气无力，而要让对方感受到你的热情，要有“感染力”。行握手之礼，应是主考官先伸手，然后你再单手相迎，右手热情相握。若你拒绝或忽视了主考官伸过来的手，则是你的失礼。若非主考官主动伸手，你切勿贸然伸手与对方相握，这是基本的礼仪。

当面试官的手朝你伸过来之后，握住它，握手应该坚实有力，双眼要直视对方。不要太使劲，不要使劲摇晃；不要用两只手，用这种方式握手在西方公司看来是不够专业的。手应当是干燥、温暖的。如果你刚刚赶到面试现场，用凉水冲冲手，使自己保持冷静。如果手心发凉，就用热水焐一下。

3. 对方“请”你时再入座

进入面试室不要自己坐下，要等主考官请你就坐时再入座于主考官指定的椅子上，并应表达谢意。如果椅子不舒服或正好面对阳光，你不得不眯着眼睛，那么最好提出来，可以说：“光线直射我的眼睛我看不清你。如果你不介意，我打算换个位置。”如果没有特意为你留座位，你可以选一个与面试人面对面的位置，这样在交谈时可以直视对方，而不必在位置上将身子扭来扭去。不要紧贴着椅背坐，不要坐满，坐下后身体要略向前倾，注意坐姿端正。一般以坐满椅子的 2/3 为宜。这既可以让你腾出精力轻松应对考官的提问，也不至让你过于放松。

在面试时不可以做小动作，比如折纸、转笔，这样会显得很不严肃，分散对方注意力。不要乱摸头发、胡子和耳朵，这可能被理解为你在面试前没有做好个人卫生。用手捂嘴说话是一种紧张的表现，应尽量避免。

4. 递物要大方得体

带上个人简历、证件、介绍信或推荐信等必要的求职资料，见面时，一定要保证不用翻找就能迅速取出所需资料。如果要送上这些资料，应双手奉上，表现得大方和谦逊。

递名片要把握时机。如果有名片，在递给面试人员的时候要把握时机，如果你的面试官双手都是你的资料，千万不要急着送上自己的名片，以免显得不成熟；将名片调转 180° 递给对方，方便别人的阅读。

三、自我介绍

1. 要充满自信，举止大方

自我介绍时要充满自信，落落大方，态度诚恳，言辞之间充分展现求职者的聪慧与自信，有一定的吸引力。只有自信的人才能使人另眼相看，才能有魅力并能使人产生信赖的好感，如果流露出羞怯的心理，则易削弱对方的信赖感。

2. 表述时可用一些幽默语言

自我介绍时，适时引入幽默的语句，易于赢得欢笑与好感，诙谐的真话笑话，比庄重严肃的表白更深入人心。

有一求职者自我介绍时说："我姓江。"有主考官问道："江青的江？"这位求职者幽默地说："不，不是江青的江，是江泽民的江。"一来一往，幽默引起大家哈哈大笑，从而对其加深了印象。

3. 要注意自尊与自谦

神态得意扬扬，目光咄咄逼人，大有不可一世的气势，用这种态度自我介绍不过是孤芳自赏，只能给人留下骄傲自大的印象。正确的方法是在说"我"字时语气平和，切忌用鉴定式的语言、大而空的套话来勾画自己，目光亲切、神态自然才能从"我"字中让人感受到自信、自立、自尊又自谦的美好形象。

4. 自我介绍的内容要有针对性

开门见山，简明扼要，应针对应聘岗位有针对性地重点介绍相关的学历、经历、能力及个性特征，不要超过3分钟；实事求是，不可吹得天花乱坠；突出长处，但也不隐瞒短处。所突出的长处要与申请的职位有关。善于用具体生动的实例来证明自己，不要泛泛而谈。说完之后，要问考官还想知道关于自己的什么事情。

5. 缺点要点到为止

有位求职者自述了优势之后言明："我也深知还有不合适这份工作的另一面，但是有在座各位的支持和同事们的配合，我有信心做好工作。"言简意赅，既承认有不足，又含而不露，恰到好处，点到为止，毫无自我贬低之意。

声音圆润、悦耳是女性的先天优势。同样一句话，声音高亢或低沉、语调升降都会影响到表达，给人以不同的感受和评价。有些女性说话时喜欢把声音提得很高，尖尖的、软软的，她们可能自以为很有魅力，其实给人的感觉是很做作。真正有魅力的声音是低沉的，就像美国著名语言专家Doroth Sarnoff对她的学生所要求的那样，把声音降低、再降低，结果他们发现，原来自己的声音越低就会越好听，越显得有修养、吸引人。

四、应答礼仪

语言是求职者的第二张名片，它客观反映了一个人的文化素质和内涵修养。

面试时对所提出的问题要对答如流，恰到好处，又不夸夸其谈，夸大其词。谈吐上应把握以下几个要点：

首先，要突出个人的优点和特长，并有相当的可信度。语言要概括、简洁、有力，不要拖泥带水，轻重不分。

其次，要展示个性，使个人形象鲜明，可以适当引用别人的言论，如用老师、朋友的评论来支持自己的描述。

再次，坚持以事实说话，少用虚词、感叹词。

复次，要注意语言逻辑，介绍时层次分明、重点突出。

最后，尽量不要用简称、方言、土语和口头语，以免对方难以听懂。当不能回答某一问题时，应如实告诉对方，含糊其辞和胡吹乱侃会导致面试失败。

（1）听清题目与要求

必须要让主考官先开口发问，认真听清题目及要求，然后才能针对问题的核心做最正确完善的问答，以便和主考官取得共识，获得较高的评价。

（2）保持轻松自如

（3）遇事冷静不浮躁

（4）善于思索，争取主动

（5）诚实坦率

（6）多谈对方，少谈自己

比如主考官问道："你为什么来报考我公司？"一般人多从自己入题。善于应答的求职者会说："我觉得贵公司力量雄厚，领导得力，上下一心，适合一切有才干的人发展。"这样从对方入题，引起对方的好感，使对方感到你能尊重、关心公司的需要，愿为公司尽绵薄之力。

（7）幽默有助成功

（8）适当提问

侧重工作

（9）恰当提问

不可刨根问底、喋喋不休

（10）忌滔滔不绝

有一个年轻人，去向著名哲学家、演说家苏格拉底请教演讲学。他为了表现自己，便夸夸其谈、滔滔不绝，以求得器重。谁知他谈完后，苏格拉底却让他交双倍学费，那人不明何意，苏格拉底说："因为我要教你两门功课，一门是怎样演讲；另一门是怎样闭嘴。"那人听了，脸色通红。

"激怒法"是刁钻的主考官用来淘汰大部分应聘者的惯用手法，在两个人面对面的斗智中，他们往往会用一个明显不友好的发问，或用怀疑、尖锐、单刀直入的眼神，来剥去对方彬彬有礼的外表，使其心理防线大大溃退……面对主考官的不友好，或者欺人太甚而激起了你的怒火的话，对不起，你一定输掉了。

妙语应答示例：

你并非毕业于名牌大学。

妙答：比尔·盖茨也未毕业于哈佛大学。

你的经历太简单，我们需要的是社会经验丰富的人。

妙答：那么，我确信如果我加盟贵公司，我将会很快成为社会经验丰富的人，我希望自己有这样一段经历。

你的专业与你所申请的职位不对口。

妙答：21 世纪最抢手的是复合型人才，而外行的灵感往往超过内行，因为他们没有思维定式、没有条条框框。

你的学历对我们来讲太高了。

妙答：我带来两张学历证书，你可以从中挑选一张您认为合适的，另外的就请忘掉它。

你性格过于内向，这恐怕与我们的职业不适合。

妙答：据说内向的人往往具有专心致志、锲而不舍的品质，另外我善于倾听，因为我感到应把发言的机会多多留给别人。

面试遇到不利，鼓起勇气说特长

求职者在求职应聘时常常会遇到不具备或不完全具备应聘条件的情形。所谓“术业有专攻”，一个人存在某些方面的缺陷的同时，会拥有另一方面的特长。求职者在面试过程中，不要为了谋取职位而刻意掩饰自己的缺陷和不足，但也不要忘了展示自己的特长和优势。

1992 年，裔锦声取得华盛顿大学中文系博士文凭，一天她在翻阅《纽约时报》时看到了舒利文公司的招聘广告：要求求职者有商学院学位；至少三年的金融工作或银行工作经验；能开辟亚洲地区业务。

裔锦声很快整理好个人资料给舒利文公司寄了过去。此后，她坚持每天主动与公司联系，以致公司人事部门一听到是她的声音，便想着各种理由婉拒。但她并没有灰心，仍然想办法通过各种渠道与对方联系。

最后，裔锦声鼓起勇气拨通了舒利文公司总裁 Donald 的电话。裔锦声在电话里坦言：“我没有商学院学位，也没有在金融业的工作经验，但我有文学博士学位，而文学就是人学，长期的文学熏陶使得我非常善解人意。我是一位女性，在读书期间，遇到了许多歧视和困难，但我不仅没有退缩，反而变得更加坚强。基于我拥有的优点，我相信贵公司会为我提供一个施展才华的平台。如果贵公司感觉在我身上投资风险太大，可以暂时不付我佣金。”

Donald 总裁最终被打动，让她来公司参加面试。

经过七次严格筛选，裔锦声从数百人中脱颖而出，成了本次面试中唯一的胜利者。这个结果出乎很多人的意料之外。

Donald 告诉她：“我们之所以选用你，因为你是一个不会向生活和命运妥协的人。知识不懂可以学，可人的性格是与生带来很难改变的。”

如今，打拼了十余载的裔锦声在华尔街创建了自己的重心集团，专门为美国跨国洋行与中国跨国企业提供全球人力资源与企业的管理咨询。

面对面试无望这一“窘境”，裔锦声没有气馁，她鼓起勇气给舒利文公司的总裁打电话，最后在与总裁通电话的时候，坦诚地诉说了自己的不足，也及时而适时地亮出自己的优势，达到了“扬优补劣”的效果。惊人的勇气加上与众不同的优势帮助裔锦声赢得了很好的工作机会，也伴随着她取得了辉煌的人生成就。

五、告别礼仪

当双方的意愿都表达得差不多时，高潮话题结束以后，或者在考试人暗示之后就应该主动告辞。面试结束时，作为应试者，不妨表达你对应试职位的理解；充满热情地告诉面试者你对此职位感兴趣，并询问下一步是什么；面带微笑和主考官握手并谢谢对你的接待和对你的考虑。

六、面试后续礼仪

在求职的过程中，许多求职者只留意面试时的礼仪，而忽略了面试后的善后工作。以下是五点建议，供求职者参考。

（1）写信感谢旨在加深招聘人员的印象，增加求职成功的可能性。在面试后的一两天内，你应该给某个具体负责人写一封短信。感谢他为你所花费的精力和时间、为你提供的各种信息。感谢信的开头应提及自己的姓名及简单情况以及面试的时间，并简短地谈到你对公司的兴趣、你有关的经历和你可以成功地帮他们解决的问题。

（2）不打听结果。一般情况下，招聘单位最后确定录用人选可能需要三五天时间。求职者在这段时间内一定要耐心等候消息，不要过早打听面试结果。

（3）收拾心情。如果同时向几家公司求职，在一次面试结束后，则要注意调整自己的心情，全身心投入应付第二家单位的面试，不应该放弃其他机会。

（4）如果两星期之内没有接到任何回音，你可以给主试人打个电话，问他："是否已经做出决定了？"这个电话可以表示出你的兴趣和热情。你还可以从他的口气中听出你是否有希望。如果面试看起来很成功，但结果你还是落选了，对此你不要大惊小怪。面试时，大多数的主试人都尽量隐藏他们的真正意图，不会轻易让你看出来。万一他们通知你落选了，你也应该虚心地向他们请教你有哪些欠缺，以便今后改进。一般来说，能够得到这样的反馈并不容易。

如果你在打电话询问情况时觉察出自己有希望中选，但最后决定尚未做出，那你就应在一两个星期后再打一次电话查询。

每次打电话后，你还应该给他们寄封信，哪怕他们已经暗示你可能落选了。这样做的原因是：

①你觉得有必要重新强调一下自己的优点。

②你又发现了一些新的理由、成绩或经验，有必要让他们知道。得到一次面试机会不容易，不要轻易放弃希望。

（5）做好再冲刺的准备。如果在竞争中失败了，千万不要气馁，关键是必须总结经验教训，并针对这些不足重新做准备，以谋求"东山再起"。

例：面试后的感谢信

尊敬的××先生：

感谢您昨天为我面试花费的时间和精力。和您谈话觉得很愉快，并且了解到许多关于贵公司的情况，包括公司的历史，管理形式以及公司宗旨。

正像我已经谈到过的，我的专业知识、经验和成绩对贵公司是很有用的，尤其是吃苦钻研能力。我还在公司、您本人和我三者之间发现了思想方法和管理方法上的许多共同点。我对贵公司的前途十分有信心，希望有机会和你们共同工作，为公司的发展共同努力。并再次感谢您，希望有机会与您再谈。

××

××年×月×日

七、面试问题见招拆招

第 1 问："请先自我介绍。"

专家支招：这是面试的必考题目，在介绍内容上要与个人简历相一致，不能自相矛盾。最好求职前先以文字的形式写出简介，并熟读熟背特别注意突出自己的能力和素质，要与所应聘的职位相关，不谈无关、无用的内容。注意只简单的介绍个人历史，将重点话题很快转到与工作有关的技能和经验上来。

答案样板："我一家三口人，父母都还在工作。中学毕业后，我攻读市场营销学士。大三、大四时还兼职在一家商业机构担任行销执行员，学了不少管理方面的知识。例如，我负责的一个批发销售公司的小业务，销售总额一年为 30 万人民币。在那里我学习到怎么管理人事，在压力下解决问题。我希望能运用我的技能，我的经验和学历让我迎接更大的挑战。"

第 2 问："谈谈家庭情况。"

专家支招：主考官是希望从你的家庭教育背景判断你的素质。注意不要简单罗列家庭人口，宜强调温馨和睦的氛围，宜强调父母对自己教育的重视，宜强调家庭成员对自己工作的支持，强调自己对家庭的责任感，等等。

第 3 问："我为什么要雇用你？"

专家支招：巧妙的回答对他们有利而不是对你有利。这个问题会使你向他们提供证据以证实你可以帮助他们改进工作效率，降低成本解决问题。

第 4 问："你有哪些主要的优点？"

专家支招：你的回答应当首先强调你适应的或已具有的技能。注意："我的学习能力、适应能力很强。""人际关系很好"等都是可提出的优点，但尽可能要提供与工作相关的证据，这会使你与众不同。

答案样板："我具有朝着目标努力工作的能力。一旦我下定决心做某事，我就要把它做好，例如，我的志愿是成为一个出色的公关经理，我喜欢接触不同的人，服务人群，为了实现这个目标。我目前正在修读有关课程。"

第 5 问："有什么业余爱好？"

专家支招：业余爱好也反映一个人的性格特点，不要说自己没有业余爱好，也不要说令人感觉不好的业余爱好，如打麻将之类。最好不要说自己仅限于读书、听音乐等业余爱好，最好能有些户外的业余爱好来"点缀"你的形象。

第 6 问："你最崇拜谁？"

专家支招：一般不宜说自己谁也不崇拜，不说崇拜自己，不宜说崇拜一个明显具有负面形象的人，也不宜说崇拜一个虚幻的或是不知名的人。最好听崇拜的人与自己所应聘工作能“搭”上关系。

第7问：“谈谈你的缺点。”

专家支招：不宜说出严重影响所应聘工作的缺点，可以说出一些对于所应聘工作“无关紧要”的缺点，甚至一些表面上看似缺点、从工作的角度看却是优点的缺点，比如应聘销售，说自己“有时候喜欢胡思乱想，出一些怪主意。”

答案样板：“我需要学会更耐心一点。我的性子比较急，我总要我的工作赶在第一时间完成。我不能容忍工作怠慢。”

第8问：“谈谈你第一次失败的经历。”

专家支招：一般的失败故事表述形式是：之前自己曾信心百倍，尽心尽力，但由于外在的客观原因导致失败。失败之后自己很快又振作起来，以更加饱满的热情面对以后的工作。

第9问：“为什么选择我们公司？”

专家支招：如果自己对该公司有足够了解，那可以把它真正吸引你的地方说出来，但如果不了解，那可用以下参考答案：“我十分看好贵公司所在的行业，我也认为贵公司十分重视人才，而且这项工作很适合我，相信我能做好。”

第10问：“与上级意见不一致怎么办？”

答案样板：“我会给上级以必要的解释和提醒，在这种情况下，我会服从上级的意见。”如果面试你的人是总经理，而你所应聘的职位另有一位经理，且这位经理当时不在场的情况下，可以考虑这样回答：“对于非原则性问题，我会服从上级的意见，对于涉及公司利益的重要问题，我希望能向更高层领导反映。”

第11问：“你缺乏经验，怎能胜任工作？”

答案样板：“我作为应届毕业生，在工作经验方面或许会有所欠缺，因此读书这几年我一直利用各种机会在这个行业里做兼职。我也发现，实际工作所呈现的远比书本知识丰富得多。由于我有较强的责任心，适应能力和学习能力，而且一贯比较勤奋，所以兼职过程中均能圆满完成各项工作任务。请贵公司放心，学校所学及兼职的工作经验使我一定能胜任这个职位。”

第12问：“这项工作有何困难？”

一般不宜直接说出具体的困难，可以尝试采用“虚晃一枪”的迂回战术，比如先说出应聘者对困难所持有的态度——“工作中出现一些困难既是正常的，也是难免的，但是只要有坚忍不拔的毅力，良好的合作精神以及事前的周密准备，任何困难都可以克服的。”

第 13 问："你对以后有什么打算？"

你最好的对策就是诚实。

答案样板："我认识到要在这一领域造就自己，我很愿意从此开始。我想过我要做什么，而且肯定我的技能正是做好这项工作所需要的。"

第 14 问："你为什么要找这样的职位？为什么是在这里？"

答案样板："我花费了很多时间考虑各种职业的可能性，我认为这方面的工作最适合我，这项工作要求的许多技能都是我擅长的。目前你们公司似乎是能让我施展解决问题能力的地方。这个公司工作运行良好，发展迅速，善于接受新思想。你们的销售去年上涨了 30%，而且你们准备引进几项大型新产品。如果我在这里努力工作，证实我自身的价值，我感到我有机会与公司共同发展。"

第 15 问："你想得到的薪水是多少？"

专家支招：在商谈薪酬之前，你已经调查了解了自己所从事工作的合理的市场价值。在与对方商谈时，不妨尽可能插入"合理的和市场价值"语汇。切记，商谈时降低原来的开价轻而易举，但一旦开出低价后想再提上去就难上加难。

答案样板：如果你尚未彻底表现自我价值，面试者就提此问题考你，你不妨参考以下答案：

（1）"钱不是我唯一关心的事。我想先谈谈我对贵公司所能做的贡献，如果您允许的话。"

（2）"我对工资没有硬性要求。我相信贵公司在处理我的问题上会友善合理。我注重的是找对工作机会，所以只要条件公平，我则不会计较太多。"

如果你已经阐明该职位的重要性，可是对方仍旧告诉你给你的报酬已是最好的。

您不妨指出它的工作性质实际上值得你获得更高的报酬；阐明你将如何通过努力缩减公司的开支；说明在工作中你得自我承担哪些费用等，以证明你对公司的价值，和表明你要求更高报酬是以你的工作表现为前提的。但是如果对方不愿妥协，在你未得到肯定的工作答复之前，不要使雇主排除对你的考虑。

（3）你可以问："你们决定雇用我了吗？"如果答案是肯定的，报酬却使你不愿接受，你可以这样拒绝：

（4）"谢谢你给我提供工作机会。这个职位我很想得到，但是，工资比我想要的低，这是我无法接受这份工作的原因之一。也许你会重新考虑，或者以后能有使我对你们更有价值的工作时再考虑我。"

记住：即使拒绝对方，也要为协商留有余地。如果雇主需要你，他会乐于满足你的要求。一旦你对他们提出的标准说"不"，交易就做不成了。

第 16 问："在遇到很大的打击时，你有没有想到过轻生？"

专家支招：现在企业大多青睐那些具有坚强意志的求职者，他们乐观向上，遇事冷静，不会被一时的压力所吓倒，遭遇打击时，他们不气馁，而是努力地去解决困难和战胜挫折。

专家建议：

1. 聆听是必备的礼貌
2. 不要贬低他人
3. 忌讲话狂妄自大
4. 忌妄加评论
5. 忌出言不逊
6. 不要任意插话、注意语调、语气和音量
7. 戒掉口头禅
8. 讲错了话无须慌张

第五节　求职应聘应避免的失误

在求职面试中，没有人能保证不犯错误，只是聪明的求职者会不断地修正错误走向成熟。然而在面试中有些错误却是一些相当聪明的求职者也难免会一犯再犯的，我们权称之为"高级"错误。

一、求职面试六忌

1. 忌缺乏自信

最明显的就是问"你们要几个？"对用人单位来讲，招一个是招，招十个也是招。问题不在于招几个，而是你有没有这百分之一或十分之一或独一无二的实力和竞争力。"你们要不要女的？"这样询问的女性，首先给自己打了"折扣"，是一种缺乏自信的表现。面对已露怯意的女性，用人单位刚好"顺水推舟"，予

以回绝。

2. 忌急问待遇

“你们的待遇怎么样？”“你们管吃住吗？电话费、车费报不报销？”有些应聘者一见面就急着问这些，不但让对方反感，而且会让对方产生“工作还没干就先提条件，何况我还没说要你呢”这样不好的想法。谈论报酬待遇是你的权利，这无可厚非，关键要看准时机。一般在双方已有初步聘用意向时，再委婉地提出来。

3. 忌不合逻辑

面试的考官问：“请你告诉我你的一次失败的经历。”答曰：“我想不起我曾经失败过。”如果这样说，在逻辑上讲不通。又如考官问：“你有何优缺点？”答曰：“我可以胜任一切工作。”这也不符合实际。

4. 忌报有熟人

面试中急于套近乎，不顾场合地说“我认识你们单位的 ××”“我和 ×× 是同学，关系很不错”等等。这种话主考官听了会反感。如果你说的那个人是他的顶头上司，主考官会觉得你在以势压人；如果主考官与你所说的那个人关系不怎么好，甚至有矛盾，那么你这样说的结果很可能就是自我遭殃。

5. 忌超出范围

例如面试快要结束时，主考官问求职者：“请问你有什么问题要问我吗？”这位求职者欠了欠身子问道：“请问你们公司的规模有多大？中外方的比例各是多少？请问你们董事会成员里中外方各有几位？你们未来 5 年的发展规划如何？”诸如此类的问题。这是求职者没有把自己的位置摆正，提出的问题已经超出了求职者应当提问的范围，使主考官产生了厌烦。主考官甚至会想：哪有这么多的问题？你是来求职的呢还是来调查情况的呢？

6. 忌不当反问

例如主考官问：“关于工资，你的期望值是多少？”应聘者反问：“你们打算出多少？”这样的反问就很不礼貌，好像是在谈判，很容易引起主考官的不快和敌视。

二、求职应聘应避免的现象

1. 不善于打破沉默

面试开始时，有些应试者不善于打破沉默，而等待面试官打开话匣，面试中出于种种顾虑，也不愿主动说话，结果使面试出现冷场；即便能勉强打破沉默，语音语调亦极其生硬，使场面更显尴尬。实际上，无论是面试前或面试中，应试者主动致意与交谈，会留给面试官热情和善于与人交谈的良好印象。

2. 与面试官“套近乎”

具备一定专业素养的面试官是忌讳与应试者“套近乎”的，因为面试过程中双方关系过于随便或过于紧张都会影响面试官的评判。过分“套近乎”亦会在客观上妨碍应试者在短短的面试时间内，做好专业经验与技能的陈述。

聪明的应试者可以列举一至两件有根有据的事情来赞扬招聘单位，从而表现出您对这家单位的兴趣。

3. 为偏见或成见所左右

有时候，参加面试前自己所了解的有关面试官，或该招聘单位的负面评价会左右自己面试中的思维，误认为貌似冷淡的面试官很严厉或是对应试者不满意，因此十分紧张。还有些时候，面试官是一位看上去比自己年轻许多的小姐，心中便开始嘀咕：“她怎么能有资格面试我呢？”

其实，在招聘面试这种特殊的采购关系中，应试者作为供方，需要积极面对不同风格的面试官即客户。

4. 慷慨陈词，言而无实

有的应试者谈个人成就、特长、技能时，聪明的面试官一旦反问：“能举一两个例子吗？”应试者便无言应对。面试官认为，事实胜于雄辩。在面试中，应试者要想以其所谓的沟通能力、解决问题的能力、团队合作能力、领导能力等取信于人，唯有举例说明。

5. 不善于提问

有些人在不该提问时提问，如面试中打断面试官谈话而提问，也有些人面试前对提问没有足够准备，轮到有提问机会时不知说什么好。而事实上，一个好的提问，胜过简历中的无数笔墨，会让面试官刮目相看。

6. 对个人职业发展计划模糊

对个人职业发展计划，很多人只有目标，没有思路。比如当问及：“你未来5年事业发展计划如何”时，很多人都会回答说：“我希望5年之内做到全国销售总监一职。”如果面试官接着问为什么，应试者常常会觉得莫名其妙；其实，任何一个具体的职业发展目标都离不开你对个人目前技能的评估以及你为胜任职业目标所需拟定的粗线条的技能发展计划。

7. 假扮完美

面试官常常会问：你性格上有什么弱点？你在事业上受过挫折吗？有人会毫不犹豫地回答：没有。其实这种回答常常是对自己不负责任的。没有人没有弱点，没有人没有受过挫折。只有充分地认识到自己的弱点，也只有正确地认识自己所受的挫折，才能造就真正成熟的人格。

8. 被“引君入瓮”

面试官有时会考核应试者的商业判断能力及商业道德方面的素养。比如：面试官在介绍公司诚实守信的企业文化之后，或索性什么也不介绍，问：“你作为财务经理，如果我（总经理）要求你1年之内逃税1000万元，那你会怎么做”，如果你当场抓耳搔腮地思考逃税计谋，或文思泉涌，立即列举出一大堆方案，就证明你上了他们的圈套。实际上，在几乎所有的国际化大企业中，遵纪守法是员工行为的最基本要求。

9. 主动打探薪酬福利

有些应试者会在面试快要结束时主动向面试官打听该职位的薪酬福利等情况，结果是欲速则不达。具备人力资源专业素养的面试官是忌讳这种行为的。其实，如果招聘单位对某一位应试者感兴趣的话，自然会谈及薪酬情况。

三、女性求职常见错误

在女性的观念里，她们往往很容易地认为她们的成就和技术不如男人，她们常常没有足够的信心来相信和认知自己的能力，她们也认为在信用方面远不如男人。如果你是女性，你在求职时是否也犯了以下这些常见的错误？

1. 不相信自己是优秀的

女人容易过高地（有时是不合情理地过高）要求自己。甚至那些很优秀的女人也有可能过低地评价自己。举例来说，我认识的一个专门做房子清洁服务的女士，她用自己的劳动养活了自己以及她的家庭。但是，当我问她，她是否认为自己是一个职业妇女的时候，她说，她没有那样想，因为她的主要工作只是清洁房子，她不是“真正的”职业妇女。

2. 没有强化自身的经验、技能

我看过一些履历表，其中不少女性在她们的履历表中只是列出了她们曾经的工作情况，而没有对她们的自身优良技术以及从工作中得到的技能加以详细的说明。与此相对比，许多男人却都会毫无疑问地将他们自己的长处表现出来——如果他们以前做过的话，甚至只是很简短的时间，他们也会将这些列出来当成他们自己的技术。有一种说法，一个人往往说的事情比他实际上做的要多得多，人们往往对自己的实际能力轻描淡写。重读你的履历表，问一问你自己，是否你真的在你的履历表里着重描述了你的能力，没有的话，那就加上吧。

3. 对掌握新知识能力轻描淡写

女性很容易对自己能够快速掌握新知识的能力只是作轻描淡写的描述。但是，如果是一个男人，他会从来不告诉潜在的客户，说他还没有做过某项类型的计划。他也从不说谎。他会告诉任何一个向他询问有关工作情况的人说，“我们能做那件事”。其实，这个“能做”实际上是比真实的经验更重要。因为他说，他几乎可以做任何事情。而事情的结果往往是他总是会学到新的东西！

4. 等待招聘单位给她们打电话

这是女性所特有的专利：等待男人给她们打电话。当然，去打搅求职相关部门并不是一个好的主意。然而，每星期一或两次友好的问候电话是恰当的。通常，你应该一直与这样的部门保持电话联系，而且不时向对方提供你自己的近况新闻，直到对方告诉你说“不要再打电话给我们了，如果录用你，我们将打电话给你”为止。

5. 不谈薪水、利益和工作条件

明显的，考官有一个清楚的预算额度：他们能用多少钱来支付你的薪水。一般来说，对于薪水的上限和下限通常有一个可谈判的空间。通常情形下，很少听说因为一个女人在谈判中试图争取更高的薪水而被拒绝继续谈判的。可能发生的情况是，你要求更高的薪水，而他们却没法满足你的要求，之后你决定不接受这个职位。但是，如果你想要更高的薪水，又不想失去这份工作的话，可以向对方提出别的要求。如果你不能得到更多的薪水，你应该试着去商议和争取别的优待，例如，更多的假期、旅行费用、继续教育或者一种弹性的工作时间表。记住，如果你得到了这份工作，谈判的砝码就落在你的手上了。

6. 不要求“试用”

当你没有得到那份工作，但又非常希望到那家公司去工作的时候，那就向对方要求一个计划吧。如果你得到了这样的机会，你就将自己当成职业者来看待。这意味着你做这份工作虽然只得到很少或没有薪资，但你却能展示你的才能和技术。举例来说，你试着到一家大的公司去找一份公司顾问的工作。当它们雇用了另外比你更富有经验的女性的时候，你要求它们给你一个计划来做，这是因为你这样做的话，就可以向它们表明你是有经验和技术的。如果它们给了你一个它们没有时间去做的计划。那么你最终必须把这份工作（计划）完成得很出色。这样做的好处是：你获得了好的经验，而且当它们有了另一个职位的时候，首先想到的便是雇用你！

7. 没去了解为什么没有被雇用

有时候你和考官在面谈之后，他们就不再与你联系了，因此你没有办法知道你没有被雇用的原因。因此，在面谈之后给对方打一个电话或要求一个反馈意见是非常明智的做法。无论任何时候，只要你去参加了面谈，你都应该在对方做出决定之前跟进此事。你对自己不被雇用的理由知道得越多，你以后就越能改变和提高你的面谈技术。

8. 重复自己犯过的错误

你是否将已经面试过程的详细情况进行了一一分析，并且对于你说过的话感到懊悔？你是否担心你说过的事情被误会呢？如果是这样的话，你就是犯了大多数女人犯的错误，与女性相比，大多数男人是不会这么想的。如果你已经犯了一个明显的错误，那就从错误中汲取教训吧。但是不要一次又一次地重复错误。承认并面对自己所犯的错误，告诉你自己，你已经尽力了。这样，在下一次面谈中你便不会再犯同样的错误！

四、案例分析

场景一 ——试用

有些企业在招聘时，并不明确告知试用期，试用期的工资往往很低，企业承诺转正后工资会大幅度上涨。但是，试用期即将结束时，企业便以各种理由炒求职者的“鱿鱼”。

危害：如果长期耗在某个企业的试用期内，不仅会让求职者蒙受很大经济损失，同时也对求职者的职业发展不利。

建议：在确定去这家公司之前，最好找到该公司的员工打听消息，询问那里的工作情况。如果已经去了公司，更应该主动多和同事交流这些情况，及时采取措施避免做“冤大头”。一般同一单位在短时间内连续刊登相同的招聘广告，说明该企业招聘的人数多且急，求职成功的可能性较大。若一个单位数周后再次刊登同样的广告，说明该单位可能在用人方面存在一定问题。

场景二——粉饰招聘岗位

招聘单位在招聘广告上把职位写成是“市场总监”“保险事业部经理”，结果到了岗位，应聘者却发现其实是去做“业务员”“保险代理员”等。有的单位也会以“到基层先锻炼锻炼”为幌子，欺骗求职者，使他们继续工作下去。

危害：粉饰招聘岗位使得求职者就职后往往大失所望，心理落差很大。但是有些求职者由于种种原因，可能选择了安于现状，继续这份工作，从而对自己的职业生涯产生了很大负面影响。

实例：星级饭店招聘男女公关经理，无须工作经验，无学历要求；底薪 4000

元，月薪可达数万元，具体根据个人所得小费而定。要求女身高 165cm 以上，男身高 180cm 以上，长相好。

解读：这样的招聘广告往往是骗人或是让人加入色情行业。所以一定要多加小心，不要盲目前往。

建议：求职的时候要搞清楚职位的具体内容，仔细分析，询问工作细节。某些用人单位提供的虚而不实的职位，常常冠以好听的头衔，却强调无须经验，这里面肯定大有文章。有一些招聘单位虽在招聘广告中列出要招聘的多种职位，其实这些职位都是做业务的，甚至是没有底薪的业务。

场景三——招聘只为获取创意、方案或给现有员工施压

由于聘请专家或者专业人才的费用较高，有些设计公司或者营销公司为了节约成本，通过大规模招聘的方式来获取好的创意或者方案。这类招聘往往要求应聘者做案例，进行创意反馈。

危害：这些公司并无实际岗位，求职者会因此失去了别的工作机会。

实例：某企业招聘，把笔试或者面试地点安排在员工上班可见的醒目位置，或者特设招聘台，或者把笔试和面试时间安排在非员工工作时间。

解读：这种招聘的真正目的，很可能并非为了招新人，而是为了获取创意、方案或给现有员工施压。

建议：求职者事先要和公司约定好策划或者创意的劳动版权问题，声明你的创意或者策划不得随意使用。求职者不要对这些招聘抱太大希望。

场景四——短信招聘

通过发送类似于“某单位因业务发展诚聘业务公关，月薪 1 万元以上，可兼职”之类的手机短信找到可能上钩的求职者，要求求职者在上岗前将一定数额的“押金”或者“培训费”存到某账户。

危害：求职者如果轻信这些短信，会白白浪费了钱财或者透露了个人信息。

建议：要相信天上不会掉馅饼，回个短信或者交点不明不白的钱就可以获得好的职位是不可能的。

场景五——常年招聘

某企业常年招聘，但从不透露到底要招多少人，且招聘的信息从不更换或者很少更换。招聘会上这些公司往往发给求职者很多宣传册、介绍公司文化的资料等。

危害：浪费时间就会错过其他良机。

建议：这类企业的目的，大多是为了宣传或者为公司积累人才库，它们现在实际上并不缺人，所以求职者一定要查清楚底细，再去应聘。

专家建议：

1. 言谈中表现出足够的智慧、幽默、自信和勇气，会使你看起来更果断而可靠，并且基本的礼仪，保持自己良好的形象。

2. 以适度的方式展现自己的才华和内在气质，学会经营个人品牌。

3. 保证所佩戴的完好无损；选择最适合脸型的眼镜，眼镜的宽度与脸颊相配。

4. 不穿牛仔裤；不要把手插在口袋里装酷。

5. 衣服不要太大，要合身、得体；不宜穿高领服装，宜穿衬衫；内衣不能超过衬衫领口。

参考文献

1. 礼仪大全编委会:《现代礼仪》，湖北辞书出版社 2004 年版。

2. [美] 利蒂希娅·鲍德瑞奇:《礼仪书：得体的行为与正确的行事》，修文乔、韩卉译，中国人民大学出版社 2012 年版。

3. 杨静等:《形体与健美》，中国纺织出版社 2001 年版。

4. 张乐华:《美好服饰搭配十大金律》，中国轻工业出版社 2005 年版。

5. 田方等:《广播电视节目策划与艺术》，光明日报出版社 2004 年版。

6. 杨华:《古礼新研》，商务印书馆出版社 2012 年版。

7. 赵关印:《中华现代礼仪》，气象出版社 2002 年版。

8. 任之:《教你学礼仪》，当代世界出版社 2003 年版。

9. 巴义:《老外也会喜欢你》，中国青年出版社 2004 年版。

10. 张文:《求职礼仪——就业面试指南》，华南理工大学出版社 2000 年版。

11. 海英:《礼仪的力量》，北京师范大学出版社 2011 年版。

12. 金正昆:《交际礼仪》，中国人民大学出版社 2015 年版。

13. 袁狄非:《女性现代礼仪》，湖南大学出版社 2010 年版。

14. 雅瑟:《社交与礼仪知识全知道》，企业管理出版社 2016 年版。

15. 何佩嵘:《生而优雅，淑媛礼仪》，中信出版社 2016 年版。

16. 赵晓明、杨晓梅:《公共关系与公关礼仪》，科学出版社 2017 年版。

17. 夏志强:《礼仪常识全知道》，中国华侨出版社 2011 年版。

18. [美] 英格拉姆:《赢在礼仪》，庞喜娥译，黑龙江科学技术出版社 2009 年版。

19. 雷鸣:《秘书礼仪与形体训练》，北京大学出版社 2010 年版。

20. 张玲:《形体与礼仪》，华中科技大学出版社 2011 年版。

后　记

从小喜爱并追求舞蹈和艺术的我，工作后有幸一直从事形体语言艺术教学与训练，并长期进行形体仪态和形象礼仪相关内容的教学、研发、建设和社会培训工作。艺术实践让我深深地感悟到：文雅幽默的谈吐，大方得体的举止，赏心悦目地待人接物的重要性，原来形体语言在我们的日常生活中可以如此演绎，形体与礼仪之间的联系是如此紧密！

将形体、仪态、形象、礼仪相结合进行研究，实在是我“随心所欲”的结果，是一种情结、一种渴盼、一种追求、一种责任。我在生活中不止一次遇到这样的不礼貌情景：奉茶时扶杯口、穿睡衣逛市场、着西装游公园、用食指指他人、用脚指物、左手递接名片、坐姿行握手礼……这不过是细节，但恰恰是细节决定成败！因为无论一个人财富多少，成就如何，学历程度多高，资历多深，他的仪态、举止、言谈都会勾画出自己的形象，都在向别人生动形象地描述他的过去和未来。

形体和礼仪之间的联系真得如此紧密吗？我的回答是肯定的。优美的形体能带给人赏心悦目的感觉，塑造形体的过程既是对形体的训练和形体语言的培育，也是对心灵一种熏陶和养练。从一般意义上讲，向往美、追求美、创造美的人才可能最大程度上施以“礼”；懂得事事处处“谨小慎微”，让自己一举一动，一言一行都含着美、透出美。所以，形体与礼仪是密不可分的。

感谢广大读者对原著《形体礼仪》《形体礼仪实用教程》的肯定和厚爱。为《形体礼仪规范》一书的出版，应出版社的邀请，我在原书的基础上，将十余年从事形体礼仪教学的研究心得，再次系统回顾和梳理，并查阅大量的资料，重新整理了书稿和配图，期待借此机会再与读者交流，进一步拓展和完善自己。长期以来，我的家人、许多热心的师长、朋友和同行是支撑我事业和研究的源泉，他们给予我热诚的鼓励和支持。出版社编辑高度的责任心亦令人感佩，他们做了大量细致周到的工作，付出了艰辛的劳动，我在此一并表示由衷的感谢！

作者
2018 年 8 月 10 日